# 吃货经济学

苏秦◎著

中国财经出版传媒集团
中国财政经济出版社

**图书在版编目（CIP）数据**

吃货经济学 / 苏秦著 . -- 北京：中国财政经济出版社，2023.7

ISBN 978-7-5223-2189-9

Ⅰ . ①吃… Ⅱ . ①苏… Ⅲ . ①经济学—通俗读物 Ⅳ . ① F0-49

中国国家版本馆 CIP 数据核字（2023）第 073962 号

责任编辑：郁东敏　　责任校对：胡永立

封面设计：蔡晓波　　责任印制：刘春年

**吃货经济学**

CHIHUO JINGJIXUE

中国财政经济出版社出版

URL：http: //www.cfeph.cn

E-mail: cfeph@cfemg.cn



社址：北京市海淀区阜成路甲 28 号　邮政编码：100142

营销中心电话：010-88191522

天猫网店：中国财政经济出版社旗舰店

网址：https://zgczjjcbs.tmall.com

北京文昌阁彩色印刷有限责任公司印刷　　各地新华书店经销

成品尺寸：160mm × 230mm　　16 开　　印张 17.75　　213 千字

2023 年 7 月第 1 版　2023 年 7 月第 1 次印刷

定价：68.00 元

ISBN 978-7-5223-2189-9

（图书出版印装问题，本社负责调换，电话：010-88190548）

本社质量投诉电话：010-88190744

**打击盗版举报热线：010-88191661　QQ：224279130**

# 序

“王者以民人为天，而民人以食为天。”

司马迁把食物提升到了“天”的高度，战国人告子曰，“食色，性也”，则一语道破天机。自古以来，喜欢美食就是人的本能，也是人之大欲，可谓“天下熙熙，皆为利来；天下攘攘，皆为‘食’往”。

这些热爱美食的人自称“吃货”，他们以食为乐，以灶台为画布，以锅碗瓢盆为画笔，绘制出一幅波澜壮阔的人类生存蓝图；他们历经千万年，队伍越来越大；他们穿越时光而越发活跃。

在远古，吃货直接影响了人类进化，划出了人类与动物的分水岭。

吃货对于食物的原始渴望，也无意中推动了人类开始直立行走。而用火来辅助食物烹调，又引发了人类的第一次技术大发展。随后，存储更多食物的渴望，帮助人类开启了农业模式。吃货想尽办法保护食物，从而创造出语言、文字和产权，甚至催生了战争。

在古代中国，吃货和当地物产相互融合，影响了中国几千年的文化。

孔夫子孜孜以求“食不厌精，脍不厌细”的精致，孟子困惑于“鱼，我所欲也；熊掌，亦我所欲也”的选择，郑板桥则沉醉于“夜半酒酣江月上，美人纤手炙鲈鱼”

的浪漫。清朝才子袁枚兴起而著的《随园食单》，成为第一部吃货大辞典。

大文豪苏东坡一生颠沛流离，身处逆境却能通透豁达，屡遭贬谪却矢志不渝，偏居一隅却热爱生活。他苦中作乐、寄豪情壮志于诗文与美食，给后人留下《菜羹赋》《豆粥》《鳆鱼行》《老饕赋》等美食文，并催生出东坡肉、东坡豆腐等美食。

在近代，吃货开启了大航海时代，重塑了世界格局。

吃货对于美食口味的需求，促进了香料行业的发展。阿拉伯人对香料的垄断，激发了欧洲人的斗志，巨大的经济利益驱动着欧洲商人扬帆出海。他们一路风雨兼程寻找美味，最终发现了新大陆。世界第一次展现出完整的轮廓，各大洲的海洋贸易也由此开始。茶叶等物品开始交易，白银开始跨国家流通，印第安人口锐减……最终引发蝴蝶效应，无数国家的命运从此被改写，那时的大明王朝也因此加速覆灭。

在现代，吃货催生了工业革命，将人类工业文明推向高峰。

土豆拯救了人类，随后让全球人口翻倍，但这种依赖是幸福，也是风险。不久，爱尔兰的吃货们就遭遇了一场意外的“土豆病”，饥饿的人们四散逃离，却无意中为美国持续发展移民模式奠基，还促使英国废除《谷物法》，让英国农民脱离了土地的束缚，纷纷进城变成工人。再加上制糖业的流水线形成雏形，第一次工业革命水到渠成。而后，咖啡、蔗糖与土豆联手导演了一出人类工业革命的大戏。

吃货永不满足的欲望还加速了食品工业化进程。

吃货对于美食数量和时效的渴求，让无数人投入技术研发浪潮中。拿破仑带队攻克甜菜制糖技术，并通过悬赏催生了罐头技术；而弗里茨·哈伯合成了氨，这种从空气中制造面包的技术，彻底改变了人类的粮食产量。随后，冷冻技术、基因工程、生物科技、消毒技术、冷链物流等食品工业化技术层出不穷，再次深刻地影响了人类的工业和文明的发展进程。

在未来，吃货们还会创造更多奇迹，让我们读完本书一起预测吧。

本书期望以最通俗、有趣的方式，为天下每一个吃货正名，生动记录他们曾经在每个关键时刻的贡献。正因为有了他们，人类在万千物种中才显得与众不同。他们孜孜不倦追求美食的行为，产生了巨大的历史和经济影响，可谓是吃着喝着就改变了世界。

吃货改变世界，而经济学是这场改变的底层逻辑。在跟随吃货改变世界的这一趟饕餮之旅中，我将尝试从经济学角度剖析世界为何因吃货而改变。读者不但能再次感受到经济学的魅力，了解经济学如何影响人类的行为，还能学会运用经济学知识去思考、取舍、权衡，最终作出最优决策。

苏秦

于北京

# 目录

第一章

## 进化的选择



第二章

## 需求的力量

## 第三章 风险与收益



## 第四章 货币的博弈

## 第五章 白银通缩危机



## 第六章 土豆的工业革命



## 第七章 甜蜜的罪恶

## 第八章 贸易逆差引发的战争



## 第九章 成瘾经济学

## 第十章 流动的财富



## 第十一章 自虐的商机

## 第十二章 吃货的未来

第一章

# 进化的选择

经济学就是一门研究选择的学问。

——中国经济学家　梁小民

经济学家告诉我们，每个人从早上醒来的一刻到晚上再睡下的一刻，一直都在做各种选择：选择做什么早餐，选择穿什么衣服出门，选择今天拜访哪位朋友，选择下午去哪里聚餐……

企业也是如此，选择哪种商业模式，选择做什么产品，选择定什么价格，选择谁成为高管，选择录用什么样的员工……

人们时时刻刻都面临选择，经历了上百万年的人类进化也是如此。从单细胞到多细胞，从爬行动物到智人，无数种生物在无数种选择中发展。当然，在这个残酷的过程中，也有众多选择错误的生物逐渐被进化淘汰，而那群作出了正确选择的猿猴，最终让人类站上了食物链的顶端。

我国著名经济学家梁小民认为，经济学就是一门研究选择的学问。从经济学角度来看，正是无数人类吃货们的各种正确选择，极大地推动了人类的进化和文明的发展。

## 直立选择

### 为了吃到东西，人类不得不站起来

人类祖先到底是从何时与其他生物作揖而别，走上向高等生物发展道路的呢？史学家提出了各种猜想，但最有共识的是吃货改变了这一切，原始的食欲主导了关键节点。这一次“选择”成为人类重要的经济学实践，从此世界变得不同。

让我们回到距今 600 万年前的东非大裂谷。

此刻正是一个炎热的盛夏午后，东非大裂谷如同横卧的十字架，两侧断崖石壁鬼斧神工，谷底松柏叠翠，深不可测，无数湖泊在巨大的谷底纵横交错、星罗棋布，宛如一颗颗发光的宝石。

这里已经有 3 年未下过一场像样的雨了。持续干旱的趋势依旧看不到尽头，烈日依然灼烧着大地，热气裹挟着尘土，一浪接着一浪袭来，谷底动物开始阵阵骚动。

裂谷东面石壁下一个巨大的洞穴中，住着一个猩猩家族。洞穴位于坡地上方，背后是陡峭的石壁，宽大舒适，冬暖夏凉。

此刻，一只年迈的猩猩首领正躺在洞口纳凉，它背靠石壁，眼望谷底，那里的树木日渐枯黄，往日莺飞蝶舞的画面也难觅踪迹，湖泊正在褪去最后一丝蓝色。干旱从未持续如此之久，家族库存的食物已快耗尽。这个曾经威望极高的首领，也正在遭受年轻一辈的挑战。

“报告大王，大事不好……”

坡底下跑上来一只神色慌张、身材精瘦的小猩猩，手里还捏着半个野果子，估计才刚啃几口，上面还留着一排不整齐的牙印。

“什么事？慢点说。”猩猩首领镇定地说。

“大王，说出来你可能不信，我发现一件大逆不道的事，跟小王子有关系。你最好跟我去看看……”

首领跟着小猩猩起身赶往事发地点，周围打着盹的猩猩也被这番话惊醒了，呼啦一下都跟了过来。

小猩猩在谷底一个接近干涸的湖泊边停了下来。干旱已让湖边原本茂密的树木枯萎大半，周围零星分布着一些野果树，树梢上挂着一些红色果子。

树林中间的一块空地上，一群小猩猩为了摘取更高处的果子，正后肢站立、空出前肢摘野果，看他们驾轻就熟的样子，应该不是第一次使用这个姿势了。

猩猩首领一声断喝：“孽障，你们都给我趴下！”小猩猩们被这霹雳断喝吓了一跳，齐刷刷回过头来，猩猩王子也被吓傻了，两前肢捧着野果，两后肢站着僵在原地，等待父王大人的发落。

猩猩首领训斥道：“你们这是什么动作，你们可知道这是大逆不道的行为，你们怎么对得起列祖列宗？”

猩猩王子憋了半天回答道：“我们好饿，低处的果子都被吃完了，再不站起来摘，大家都会被饿死。”

猩猩首领道：“再饿也不能忤逆祖先，这等模样成何体统？”

猩猩王子道：“站起来怎么啦，我觉得很方便，也不比趴着难看。而且，总有一天低处的果子要被吃完，趴着的等死，站着的才能活下来。”

猩猩首领气得捶胸顿足：“逆子，要么你趴下，要么你就滚！我不想看到你勾腰驼背的样子！”

猩猩王子愣住了，它没想到父亲会说这样绝情的话，但年轻气盛的它很快镇定下来，望着周围的小猩猩说：“从今天起，我就要站起来，我不想趴着饿死，谁愿意跟我走就一起来吧！”

说完，猩猩王子站着走进了树林中，有十几只小猩猩也模仿着王子的样子站起来跟了上去，转眼消失在茂密的原始丛林中。

清风拂面，夏蝉怒鸣，猩猩首领看着这不可思议的一幕，愤怒和失落瞬间涌上心头，它只能眼睁睁看着这些叛逆者站着走出自己的视野而毫无办法。

这群出走的猩猩再也没有回来，不久，百余里外的山谷里出现了一个直立行走的猩猩家族。

这是发生在600万年前东非大裂谷的一次离家出走小事件的情景

再造，却是人类进化的大事件。

当时，非洲气候突变，自然环境面临巨大挑战，食物出现严重的供应危机，靠近地面的野果所剩无几，猩猩必须站起身才能吃到更高处的野果，而且站立能解放前肢，让它们比用嘴衔野果的猩猩占有更多食物，所以，选择直立行走让它们有更大概率在灾难中活下来。

2012 年 3 月，日本京都大学灵长类研究所与英国剑桥大学组成的国际研究小组研究发现，人类的祖先之所以由四肢着地变为直立行走，是为了独占不易获得的食物，必须腾出双手以便搬运更多。

京都大学教授松泽哲郎表示："由于气候变化导致森林面积减小，人类的初期祖先意外获得珍贵食物的机会增多。在与其他个体的竞争中，直立行走的一方更占优势，久而久之，直立行走成了一种常态。"该研究成果被刊登在美国科学杂志《当代生物学》上，获得了众多研究者的认同。

直立行走除了能占有更多食物、采集更高处的食物，还可以让猩猩节省更多能量。在爬行时，猩猩整个后背都一览无遗地暴露在阳光下，能量消耗极大，选择直立行走，身体受到阳光直射的面积大大减少，热辣的阳光大多只能晒到其头部，而头部正好顶着浓密的毛发，可以让猩猩能量消耗大幅度下降。

《国富论》的作者亚当·斯密在人类身上发现了一种普遍现象："人类改善自身境遇的欲望，尽管是平静的、不带感情色彩的，却是与生俱来的、伴随终老的。"

选择，是人类与生俱来的本性，在环境和资源遭遇危机时，人类会作出更利于自身发展的选择。因为资源是稀缺的，选择最合适的生存方式才可以实现生存概率最大化。

商业经营也是如此，一个企业的资源有限，生产什么产品，这是一个选择。社会治理也适用同样的逻辑，一个社会既要实现效率，又要实现公平，这还是一个选择。

经济学就是一门研究如何选择有限的资源来满足人类无穷欲望的科学。它能帮助人们找到最优方案，以此来满足人类的大量需求，所以，经济学被称为一门“选择的科学”。

大多数情况下，人都是从利己角度作出对自己最有利的选择的，然而，虽然人类的行动大都由自身利益所决定，但最后可能会无意中成全利他主义。

《国富论》中有一个观点：“如果每个人都能理性选择使自己利益最大化，也会产生社会收益最大化。”

举个例子：生产食品的人为了让自己获取更大利益，会选择把菜做得更好吃；做手工艺品的人为了留住回头客和卖个好价钱，也努力把手工艺品做得更精美；建房子的人为了多赚钱，用心把房子建得更加结实和舒适。各行业都如此行动，最终将使人类社会效益达到最大化。

600 万年前，离家出走的小猩猩们选择了直立行走，它们可能只是为了满足自己对食物的需求，作出了叛逆的选择，却无意中为人类进化开启了新征程。

几百万年后，那群叛逆的猩猩进化成的人类，以科技、艺术、哲学等重新塑造和主宰了这个世界，而另外一群猩猩，它们选择继续爬行，直到今天。

**直立行走是猿人的第一次经济学实践，虽然他们可能是无意识的，但足以证明经济学的“选择”逻辑已经开始在人类进化**

中发挥强大作用。从经济学的角度看待人类进化，新颖且妙不可言，这很好地从另一个角度解释了人类发展的关键性拐点变化，人类一旦开始发展就不会停止，接下来，也许还会有一系列的选择等待着人类。

## 迁徙选择

### 为了获得更多食物，人类分散到全球

迁徙充满着风险，留在原来的营地明显更加安全，那人类为何甘愿冒着巨大风险也要选择走出舒适区？也许是人类不得不直面的经济学中的选择难题，这是一次生死选择，也是一次无奈选择。继选择直立行走之后，人类再次艰难选择背后的真实原因到底是什么？

直立行走大大增强了原始人类生存的能力，让他们提升了竞争力，而那些选择继续爬行的猩猩，则没有办法获得足够的食物，渐渐被进化规则淘汰。

但原始人类很快发现，仅仅选择直立还不够，还需要手足够长，甚至跳得更高才能摘到最高处的果子。随着种群逐渐扩大，资源开始被稀释，仅仅每天采集 3 小时已经无法养活部落人口，必须工作更长时间才可以保证族群不会挨饿。

以色列作家尤瓦尔·赫拉利创作的《人类简史》描述了 3 万年前人类史上最快乐、幸福指数最高的时光：“大约早上 8 点离开部落，在附

近的森林和草地上晃呀晃，采采蘑菇，挖挖根茎，抓抓青蛙，偶尔还得躲一下老虎。等到中午过后，他们就可以回到部落煮午餐。接下来还有大把的时间，可以聊聊八卦、讲讲故事，跟孩子玩，或者就是放松放松。”

事实上，原始人类的生存是建立在自然能提供充足食物的基础之上的。也就是说，地上有什么他们才能获取什么，他们并未创造食物，只是停留在对食物的收集层面。虽然，原始状态下的猎物、野果看起来无限多，但在部落周围一天步行所及区域内的资源却是有限的，再加上人类狩猎能力和工具存在局限性，一个部落所能捕获的野味、野果、菌类数量及质量也会受到多种因素影响。

刚开始，他们只需在暂居点附近就可以收集到足够多的食物，之后会需要走到越来越远的地方才可以满足需求，最后可能无法在一天之内来回，这时，他们就会选择搬迁。

在母系社会，男人大部分时间充当的是苦力劳动者和传宗接代者的角色。所以，获取猎物和食物的能力就成为女性择偶的标准，只有获取食物能力强的男人才可能获得异性的青睐，才能将自己的基因传下去。于是，雄性竞争开始了。部落每到一个新地方，男人为了获得女性的欢心，会卖力彰显自己的力量。狩猎成为一种竞技比赛，他们会很快把部落聚居地附近的资源一扫而光，成群的野兽被杀得四散逃窜，成片的蘑菇被迅速采光。

野生动物从来没见过这等场面，它们带着惊恐的眼神看着这些直立行走、拿着杀器、目露凶光、以肉食为乐的奇怪物种，侥幸存活下来的不得不仓皇远遁。

一旦聚居地附近的食物耗尽，他们便会立刻迁移到另一个地方，到新地方后，如法炮制，千万年乐此不疲地重复，那时的地球人口不多，大自然提供了足够的迁移空间，整个天地都是原始人类的免费“食堂”。

食物成为原始人类迁移的驱动力，为了获得更多食物，史前人类不断循着食物的方向前进，频繁转移阵地，他们披星戴月、从不回头，他们月月搬家、年年异地，在此后几万年中，他们一步步从东非大裂谷分散到达地球各个角落。

人口迁移大都是因为自然环境、战争、资源等极端事件，史前人类的迁徙几乎都是为了获得更多食物资源。在食物的诱惑下，他们一路前行，让人类活动遍及全球，由于地理环境、日照强度、气候存在极大差异，他们也逐渐进化出不同肤色的种族。

考古学家发现，大约在 100 万年前，非洲猿人到达欧洲，大约在 57 万年前，非洲猿人抵达北京周口店。他们都遵循了生存的需求，跟随了舌尖的诱惑，在食物的牵引下，一路风尘仆仆迁移。

在经济学中，趋利避害是人类行为改变的重要驱动力。史前人类也遵循了经济学规律，食物的收益彻底改变了他们的生存方式，驱使他们不断迁移，最终完成了人口族群的进化。

近代人口的迁移也是因资源驱动而起。经济不发达地区的人口逐渐向经济发达、资源丰富的大城市集中。如日本全国约 1.26 亿人口（2020 年 10 月 1 日数据），其中，约 1400 万人口集中在东京；韩国全国约 5200 万人口（2021 年数据），约 1000 万人生活在首尔；澳大利亚全国约 2500 万人口（2021 年数据），悉尼和墨尔本两个城市的人口就占了 1000 万以上。中国的长三角、珠三角、京津冀、成渝经济圈，成为人口的四大聚集地。

人类经济发展形态决定了人口迁徙的方向，人口迁徙的聚集效应进一步加强了地域人才的竞争力，呈现出叠加的“马太效应”。人口越聚集分工越细，分工越细竞争力越强，越吸引人口，从而形成人口虹吸效应。

吃货的一路迁徙，形成了世界人口的多元化分布形态，是吃货的胃引导了这一切，也是经济学的内在逻辑塑造了这一切。

迁移是痛苦的，人类基因中对故土的怀念也许在此刻就已经形成。痛苦的过程却孕育着新的生机，人类因为食物供需问题被迫作出这次选择，极大扩展了生存环境，为人口大增长奠定了基础，同时也带来了群体的经济活动，为迎来另外一次技术革命创造了条件。

## 火的选择

### 熟食促使人类文明超预期飞跃

个人选择影响个人行为，群体选择形成经济现象。群体选择会深刻改变群体，如同现在的互联网，全世界人民共同选择互联网，世界因此而改变。猿人时代，他们共同选择了将火带回家，这是人类的第三次选择，也是一次偶然选择，但火对人类却产生了史无前例的影响。

直立可以采到更高处的果子，空出的双手能占有更多食物。自从站起身之后，人类祖先可以看到更远处的野果、蜂蜜和鸟蛋，感觉视野被完全打开，世界呈现出了另外一种景象。

饥肠辘辘的胃在呼喊，舌尖上欲望在膨胀，他们拿起前不久才学会制作的棍棒、石斧，在觉醒的原力驱使下，冲出了非洲，奔向世界的每一个角落。

如果仅仅懂得吃喝拉撒，那人类与普通动物也并无两样。直立行走后不久，一项史前技术革命让人类实现了真正的种群突破，彻底奠定了人类在生物界的地位。

经济学中，"技术革命"这个词是指人类为实现发展需要而创造的手段发生根本性飞跃，一般体现为生产工具、工艺过程出现重大变革。人类近代的三次技术革命，分别是 18 世纪以瓦特的蒸汽机为主导的第一次技术革命、19 世纪以电力为主导的第二次技术革命、20 世纪以信息为主导的第三次技术革命。

而火的发现和使用，从人类进化意义上来说，完全超越了近代的三次技术革命，它让人类发生了颠覆性的变化。

古希腊神话中，天神宙斯禁止人类用火，普罗米修斯看到缺乏火种的人类生活困苦，就私自帮助人类从奥林匹斯山盗取火种。

普罗米修斯因此触怒宙斯，宙斯将他锁在高加索山的悬崖上，每天派一只鹰去吃他的肝，然后又让他的肝恢复，使他日日承受被恶鹰啄食肝脏的痛苦。

但这仅仅是神话，人类真实的火种却源于史前雷电。

55 万年前，北京周口店的一帮吃货外出打猎，遭遇了一场因雷电劈树而引发的森林火灾，不少没能及时逃跑的动物被烧死，场面惨不忍睹。这群空手而归、饥肠辘辘的猎人被一种异常的香味吸引了，那些看起来被烧得黑乎乎的动物，散发出前所未有的香味。饥不择食的他们开始尝试吃这些被烤熟的动物，意外发现口感和味道都比以前吃的生肉好很多。他们决定把火源带回山洞，希望能再次做出这样的食物，这是火第一次进入人类生活。从此，人类生活有了烟火气。

吃货与火的偶然相遇，引发了一场史前技术大爆炸，原始人类对火的发现和利用，给人类的进化带来了惊人的巨变。经过火烤熟的食物更加容易消化和吸收，还可以形成 200 多种新的化合物，这可以帮助人类身体获得更加充足的营养。

食物烤熟的过程，杀灭了其中的病菌和寄生虫。生肉中常含有旋毛虫之类的寄生虫，如果直接吃，可能会出现发热、水肿、皮疹、肌痛等症状，严重的还会导致死亡，但经过高温加热后，寄生虫被彻底杀死，从而大大降低了人类的死亡率。

吃货对熟食的消化速度更快，熟肉比生肉的口感和味道都更好，充足的营养让人体的内脏、大脑、骨骼、口腔的进化速度加快，从而为提高脑容量作好了铺垫。

在篝火到达人类聚居地的那一刻，人类文化也开始产生。

英文单词“focus”的中文意思是“焦点”，而“focus”最早的意思是“火炉”，17 世纪才被物理学家开普勒用来表示光的“聚焦、焦点”。在原始社会里，火堆毫无争议地成为劳作一天归来的人群的“焦点”。

通常，原始人类会围成一圈在篝火旁烤猎物、吃东西。火堆成为人们交流、聚会的焦点之地。山谷的风呼啸而来，篝火不仅有取暖功能，火堆旁也成为部落吃货们进行沟通的平台。

这个意义非同凡响，在千百年的时光流转中，人类一直交流甚少，平时也只是在遇到后简单打招呼，天黑后各回各家、各找各妈，既没有交流场所，也没有交流契机。

火堆给人类提供了交流的场所，也为人类的社交创造了场景和契机。在火堆边，集体烹饪、分享的模式开始出现，以火堆为中心的社交生活逐渐成熟。

以前，进食是一种单独、快速的个人行为，现在有了火堆，吃饭变成了一种多人的、慢节奏的群体共享行为。人们有更长的时间围坐在火堆边，共同取暖，一起烹饪，可以说，火堆是人类最早的社交圈。

一群人聚集在火堆旁，交流自然就多了起来。你可能需要让老王帮你递一块木材，让老李帮你递一块你够不着的肉，或许你面前的水喝光了，希望老赵给你再倒一点。

在漫长无聊的夜晚，大家也会围着火堆分享当天的打猎经过、猎物信息，可能还需要沟通什么动物肉好吃，哪里可以捕猎到这样的动物，怎么烤才比较味美。

这些沟通需求，进一步引发了另一个链式技术大爆炸：语言的产生。如果说人类选择直立行走划清了人类与动物的界线，那么，人类选择用火则推动了人类文明的快速进化。

人直立行走之后，口腔上壁隆起，吻部萎缩，口腔和喉咙之间形成一个直角空间，口腔变得更大，这是造物主恩赐的"直角"，也是人类区别于其他动物的重要标志之一，它有利于人类发出各种各样的声音。

使用火之后，熟食让人类的咀嚼器官不需要再那么用力，咀嚼器官开始萎缩，给发音器官腾出了更大的活动空间，进一步促进了声音共鸣和唇音形成。

人类强烈的沟通意愿驱使他们发出零碎、连续的音符，人类世界开始出现欢声笑语，那个把火带回家的选择再一次对人类的进化起到了正面的推动作用。

熟食改变了人类的生活方式，以前吃生肉需要更多进食和消化的时间，而现在进食和消化的时间大大缩短，人们留出了更多思考的时间，这进一步促进了人类大脑容量的增加。

人类一开始思考，很多事情就开始发生变化，其中变化最大的就是火堆旁的座位。人们围着火堆而坐，有的位置显眼，有的位置有风，有的位置多烟，有的位置取食物不方便，一开始，大家都是先到先得，慢慢地，一些人认为应该把好位置让给长辈坐，长辈理应得到更多关心。

人类的思考导致了认知的差异和共识，人群由此开始分化，渐渐倾向于把好位置让给那些部落里地位最高的人，阶层开始产生。而且，这种“排座次”的习惯一直传承到了今天，形成人类延续至今约定俗成的规矩。

人类选择把火带回家，无意中促成最令人瞩目的史前技术大爆炸，快速推动了人类的进化，而且火在之后人类文明的发展中也一直充当着重要角色。

一开始，人类用火煮熟食物、照亮黑暗、避寒取暖、驱离猛兽，然后，人类开始用火熔化金属，铸造青铜器，进入制造工具的青铜新时代。近代，人类用火点燃了石油，沸腾的蒸汽驱动了第一次工业革命，以火炬传递仪式，开启了更高、更快、更强的奥林匹克精神。而今，人类点燃火箭、离开地球，探寻更神秘的宇宙，颠覆了人类千万年来对世界的认知。

选择使用火，是人类进化的偶然，也是人类的一次技术革命，推动人类朝着意料之外的方向发展，人类的身体进化、语言产生、文字出现都因此而大大加速。

选择了火，让人类超越自身生活状态的局限，开始走向真正意义上的文明。人类组织的第一次技术革命是一次完美的经济学革命，给人类带来了巨大的经济效益：提升了人类身体吸收营养的收益，降低了死亡率，降低了人类生存的成本。

## 定居选择
### 渴望稳定食物引发第一次经济革命

游牧采集是无意识的收集活动，随着人口增长，这种被动的采集方式已经让食物捉襟见肘，食物供给和需求出现缺口。人类不得不面临第四次选择，他们选择了定居稳定下来。这一石破天惊的决定，到底对今天的人类生活有哪些影响呢？

在狩猎和采集时代，史前人类的食物基数并没有改变，他们仅仅是在开展一种纯自然的采集、狩猎活动，从这个角度看，他们跟其他动物的生存方式其实并无太大区别。

当然，随着人们采集技术的进步，早期人类逐渐积累了采集经验，能够预判食物生长的规律和地势等，但由于当时对气候、土壤、湿度等缺乏认识，所以大致来说，依然是靠运气来偶然发现食物的，食物获取具有极强的随机性。

首先是发现食物的地点随机，可能跨越几个山头也没有遇到猎物。其次是在觅食过程中出现的猎物物种和数量随机，也许遇到的是温顺的梅花鹿，也许遇到的是凶猛的豹子，也许遇到的是一只，也许遇到的是一大群，谁是猎人谁是猎物还不好说。不仅猎物随机，食物采集也十分随机。可能走不了多远就发现一大片野葡萄，也可能辛苦跋山涉水却只能找到几朵小蘑菇，最后一群人不得不忍受饥饿。这种择食的随机性对整个群体的生存威胁是严重和致命的。

所以，人类“拿来主义”的自然采集、捕猎方式，在极大的不确定性风险面前使食物捉襟见肘，特别是在寒带的冬季，简直就是雪上加霜。一群吃货在漫天大雪里冻得瑟瑟发抖的场景，在百万年中一次又一次地上演。

大约 1.2 万年前，在全球人类一路吃一路生的情况下，人口快速增长，曾经一度超过了 300 万人。原始的狩猎和采集方式越来越难以满足人们的食物需求，他们不得不加快迁徙的频率，搬得更快，走得更远。

但是，迁徙异常艰苦且充满了危险，比如气候变化无常、沿途有猛兽出没，这导致很多人死在了迁徙途中，而且能否及时找到合适的迁徙地也充满不确定性，如果长时间无法找到合适的食物充足之地，对一个部落来说将是致命的打击。从《人与自然》等节目中，我们依然可以感受到当时迁徙的艰辛。

除了迁徙，有没有一种好办法可以让人类一劳永逸呢？

转折点出现在 9000 年前左右，饱受迁徙之苦的人们忽然停了下来，他们选择定居在一个地方，并且开始驯化动物和植物，他们想让肉类和粮食供应具有持续性和稳定性。

这个天才般的选择，深刻地影响了人类的未来，虽然当时世界的各大洲、各个部落无法相互联系，大家却几乎像是收到某个命令一般，不约而同地选择了定居和驯化。

这群具有远大理想的吃货先祖，为了自己的胃、家人的胃、子子孙孙的胃，开始了艰苦卓绝的驯化运动，从动物到植物，只要能吃的统统要驯化。

在狩猎时代，猎手们往往需要一个更好的伙伴和助手来提高狩猎效率，于是，速度极快、敢于冲锋、智商足够的狼很快进入人类视线，他们最先成功驯化了狼，也就是今天的狗。

狗幸运地成为吃货先祖们驯化的第一种动物，面对强敌勇猛异常，对人类忠诚度极高，这大大提升了捕猎效率。狗拥有极强的嗅觉，且智商较高，能理解人类的口令，与人类合作搜寻和包抄猎物，配合得天衣无缝。

在世界各地的岩画上，我们会发现很多狗参与狩猎的场景。狗与人类相处上千年，逐渐获得了人类普遍的认同。在许多旧石器墓葬中，都会出现狗殉葬主人的情况，而旁边经常摆有狩猎工具，可见当时大多数人类已经把狗作为狩猎助手。

许多文明曾想把狗驯化成一种肉类提供源，但最后都以失败告终。原因特别搞笑，那就是狗本身也是吃货，吃得多、不长肉，粮食转化成肉的效率太低，如果当成肉狗养很不合算，所以最后狗被赶出了肉食领域。

进化并没有让狗走猪的路线，也算是命运对狗的垂青。猪就比较惨了，论智商它们跟狗不相上下，但因它们一吃就胖，粮食转化成肉的效率极高，于是入选人类肉食榜并成为首位。

人类的驯化没有停止，他们继续穷尽一切办法来开脑洞。

4500 多年前，人类想找一些动物做免费苦力。他们发现南高加索地区有一种野马劲儿大、跑得快，是非常合适的劳动力，于是历经挫折，终于成功驯化了这种野马，用以拉犁推磨。这种驯化的马很快就在阿拉伯半岛和欧亚大陆得到了普及。

人们还发现，这种马不但可以干苦力，还可以作为代步工具。在茶余饭后，这些吃货们翻身上马扬鞭出门而去，带娃遛弯轻松无比，野外狩猎效率也事半功倍。

人类也开始了对植物的驯化，把野生植物变成可栽培的植物。有几种划时代的植物被驯化，其产生的影响力至今还在，就是人们熟悉的小麦（单粒小麦）、大麦、小扁豆、鹰嘴豆、豌豆。感谢那些胆大的吃货们，他们多次以命试吃野生植物，为后来的人类奠定了农业种植基础。

吃货们选择驯化植物，最初的确只是为了填饱肚子，但最后产生的影响力并非吃喝这么简单。不同地域、不同时间、不同植物的驯化，直接决定了会塑造何种文明。小麦和大麦塑造了古巴比伦文明，玉米塑造了墨西哥的古玛雅文明，而水稻、谷子则支撑了源远流长的华夏文明。

在中国古代，水稻代表南方的吴越文化，谷子代表的是中原文化，而小麦和大麦则属于西域文化，小麦通过“丝绸之路”引入中国，在中国生根发芽，逐步让西域文化与中原文化融合交会。

少有人知道，其实谷子的祖先是一种狗尾巴草，古人驯化了这种野草，让它结出了融入中国文化的谷子。古代典籍中经常提到的“江山社稷”的“稷”就是指谷子，以粮食寓意江山和政权，可见它在中国文化中的地位。

人类选择驯化动物、植物，选择定居方式，让人类再次跃升到另外一个发展阶段。从迁徙的游牧模式转化为农业模式，这种最早发生于两河流域的转换，被著名经济学家道格拉斯·诺斯称为“第一次经济革命”。

人类选择定居再次有力推动了人类的进化，吃货们天才般地发起了这次经济革命，从以前的被动采集食物转变为主动创造食物，食物基数被放大。这次伟大的选择，让人类文明发展进入了新纪元。

## 产权选择

### 食物归属成为物权的起源

原始社会的主要经济物品是食物，食物的归属自然就成为焦点。饥饿成为原始驱动力，食物短缺成为催化剂，在恶劣的生存环境下，人口较多的部落如何度过漫长的冬季，让基因和后代延续下来呢？人类主动进行了第五次选择。

从某种意义上说，战争是吃货一手造成的。

战争的导火索是产权，而产权又是第一次经济革命后的农业模式带来的，所以，战争可以说是史前人类第一次经济革命的间接产物。

在狩猎和采集的游牧模式下，所有猎物和采集物品都归部落共有，由部落首领进行统一分配。也就是说，在狩猎和采集时代，人类几乎没有产权概念。

第一次经济革命后，人类的农业定居模式正式开始，人口增长速度变得更快，大量人口出生，导致部落规模越来越大，聚集居住的人也变得更多，人类的免疫系统面临新挑战，不得不去适应营养短缺、出现疾病等情况。

据科学家分析，远古智人在定居生活后，不迁徙、不运动、大面积聚居，平均寿命居然缩短了大约10年。看起来，生命还是在于运动，当然，最重要的原因还是部落规模增大之后，饥饿的情况更多，病毒也更多。

因为饥饿经常出现，人们逐渐有了风险意识，希望自己采摘食物、捕获猎物后要储备一些以抵御随时到来的食物危机，自己的财产要和别人分开，才可以做到有备无患，这让产权自然而然出现了。

人类的习惯也开始改变，从“共有制”的游牧社会逐渐过渡到“私有制”的定居农业社会。

为了表示产权，他们开始尝试给自己的食物打上特有的标记。一开始只是随便涂涂，但很快他们就发现自己打的标记和别人的标记很接近，容易混淆，于是他们继续改进，在不断形成个性化和差异化中，人类文明符号——文字逐渐出现。出现在两河流域的楔形文字在初创之时就是一种记账工具。

原始社会的农业模式依然处于初级阶段，抗风险能力较弱，天气会直接影响收成。定居后人口增速变快，一旦遇到气候不好的年份就会出现缺少食物的情况，生存便成为每个部落不得不面对的难题。

此刻，食物已经有了产权，那些拥有更多食物的个人或部落，便成为其他饥饿人群觊觎的对象。但因为私有制理念已经形成共识，不能像过去一样理所当然地共享别人的食物，要想获得食物，只有通过武力掠夺。于是，最原始的暴力冲突在饥饿的驱动下出现。

动物有与生俱来的掠食行为，现在依然可以从《人与自然》节目中看到类似的场景：东非草原上，一只狮子猎杀了一只鹿，还没来得及吃，血腥味就吸引了一大群鬣狗，它们成群结队地围住正打算进食的狮子。狮子虽然是兽中之王，但也会因寡不敌众被迫放弃到口的食物。

一开始，抢夺还比较容易，因为在私有制形成初期，原始人类都是以单个家庭为单位，如果抢夺食物，就跟鬣狗胁迫狮子一样，几个人的围攻就可以轻易抢走。

后来人们逐渐意识到一个人或一个家庭的力量非常微小，他们再次联合成私有产权下的联盟部落。这有别于以前的公有产权部落，此时的部落内部每个人的物资属于个人，联合是为了对抗暴力抢劫的人，这是私有产权下自发组织的防御联盟。

那些拥有大量猎物、小麦等食物的部落风险最大，他们分分钟可能被抢劫，所以他们不得不加强防御，修筑更加坚固的大门和仓库，甚至用轮流值班的方式来守护财产。

攻守双方开始博弈，掠夺方想办法更新武器，防守方想办法加固工事。为了突破坚固的防御，掠夺方也会联合其他部落一起，提高攻破物资大户的概率，然后他们均分战利品。

而防御的一方也不示弱，同样聚集更多的部落共同防御，人类最早的军事攻防组织产生。“人为财死，鸟为食亡”，饥饿让穷途末路的人冒险抢劫，拥有食物的人则舍命保护食物，以群体力量抵御群体力量，人类战争由此拉开序幕。

通常，掠夺方和防守方并不是固定的。如果今年甲部落运气好获得了丰收，就成为防守方；明年甲部落可能因为被抢夺或收成不好，他们又成为抢夺方。如此重复，最后造成原始时代最残酷的混战。

千百年来，吃货的领地和防御意识是与生俱来的。所以，一个孩子从小就会抱着好吃的东西不撒手，奋力护住自己的食物，这是人类在进化中刻在基因里的记忆。

即使到了现代，也会因争夺食物而爆发战争。1958 年至 1976 年，冰岛与英国之间一共发生了三次“鳕鱼战争”，战争前后持续近 20 年，核心就是争夺一种好吃的美味——鳕鱼。

战争以掠夺食物为开端，而后愈演愈烈，人类渐渐不满足于抢夺食物，人口和土地也成为战争要掠夺的重要资源。因为这些资源可以在后续生产源源不断的食物，这也是人类在发展中不断成熟的价值理念。战胜一方不再杀死俘虏，而是强迫他们去地里劳作，让他们生产出更多食物，创造更多的财富。由此，最初简单的对食物掠夺演变成对综合资源、劳动力的争夺，部落冲突升级为大型战争。

战争是残酷的，赤手空拳既无法有效进攻，也无法保护自己的食物。所以，武器始终与人类战争相伴发展。远古时代，各国神庙里供奉最多的三尊神是：武器之神、食物之神、权力之神。

为了能够更快消灭对手，人类不断研究战略战术，不断改良战斗武器，马、青铜器、火等开始被应用到战争中。冲突规模和死亡人数不断扩大，有战马和武器参与的战争比用拳头的肉搏战死亡人数多出数十倍。

攻守双方继续博弈，人们开始不断扩大更多联盟，汇聚形成更大的部落。此刻，松散的部落管理形式已经无法组织更大规模的进攻与防御，必须有更好的组织形式。于是，“国”的概念开始产生，这是比部落更大的组织，能够更高效地组织人力物力，满足更大规模的掠夺和防御。

一开始是许多小国组成的联邦，但由于每个小国都有自己的利益诉求，号令起来极其困难，所以组织战争的效率也较低。中国的周朝后期就是这样的，周天子对 70 多个诸侯国的控制力较弱，要不要帮周天子打仗还得看他们的心情，最后这些小国羽翼渐丰，甚至开始跟周王朝对抗，春秋五霸、战国七雄等都是由小国成长起来的，最后一起瓦解了周王朝。

欧洲也如此，各个贵族宣誓效忠国王，每个贵族又都有效忠自己的骑士。打仗时，国王征召贵族，贵族看心情决定要不要参战，贵族愿意参战就征召骑士，骑士通过自己的影响力召集附近的农民。而骑士召集的农民大都没有经过战斗训练，他们带着锄头、自备干粮、背着锅碗瓢盆就出发参战了。到了秋天，即使战争还没结束，农民也要回去收割庄稼，极可能骑士一觉睡醒，发现部队全部回乡下收麦子了。

所以，这种模式只能支撑小规模冲突，无法支撑大规模战争，如果有更大的野心占领更多土地、征服更多疆域，就必须对国家进行中央集权改造。中国是世界上最先完成中央集权改造的国家。

从分封制到帝国制，国家规模更大，国家力量也更强了。公元前221年，秦始皇完成了中央集权改造，将秦王朝变成一个帝国。“帝国”不再是普通的国家形式，而是领土更大、实力更强的组织概念。秦帝国产生200年后，罗马帝国也出现在了欧洲。

600万年前，人类选择了直立行走，同动物区别开来。100万年前，人类为了得到更多食物，踏上寻找食物之路，选择了向四面八方迁徙，从而遍布整个地球。55万年前，人类选择将篝火带回营地，催生了语言和文字，成就了第一次技术革命，再次推动人类的进化过程。9000年前，为了应对狩猎采集的不确定性，人类决定定居下来，驯化动物和植物，从游牧状态转化为农业社会模式，开始第一次经济革命。随后，人们选择了私有制，选择了产权，制造了冲突，产生了战争。为了在战争中取胜，人们又选择了国家，再选择了帝国模式，国家又塑造了今天的世界格局。

简言之，吃货促成了战争，战争催生了国家。

生存和发展是人类永恒的主题，选择则是人类永远的难题。人类的每一次选择，都跟吃紧紧联系在一起。每一次选择，都会成就一部分人，也会淘汰一部分人，一次次选择的叠加，最终造就了今天的世界。

**人类作出的所有选择都存在一种底层思维逻辑，那就是远古吃货们自己拥有的，但未意识到存在的、至今依然影响人类作选择的思维方式：经济学思维。**

第二章

# 需求的力量

如果你教会一只鹦鹉说“供给”和“需求”，那它就能成为经济学家。

——美国经济学家　保罗·萨缪尔森

## 香料现身

### 神农尝百草的意外发现

故事还得从一个古老的吃货说起。

这个人叫神农氏，出生在5000年前的中国。他是中国上古传说中立志“尝遍百草、以救苍生”的神话人物，如果称他为中国最早的吃货，相信人们应该不会有意见。爱吃的人格外可爱，何况他的格局更高，出发点也更为神圣。

上古时期的人们靠采集野果、捕猎动物为生。混沌初开之时，人们对种类繁多的植物一脸迷茫，完全不知道哪些能吃、哪些不能碰，每次吃喝都是开盲盒，生死全靠运气。中毒是随机事件，某人上午还活蹦乱跳，可能仅仅吃过一顿午饭，就因为误食某种毒蘑菇，轻则上吐下泻，重则口吐白沫、撒手人寰。

神农氏看着这些可怜的吃货大发恻隐之心，决心尝遍天下百草，让后代吃货们不再遭受毒物之苦。经过无数次冒险尝试后，他终于帮人类确定了5种能吃的基本主食：稻、黍、稷、麦、菽。

这个过程并不顺利，神农氏被各色各异的植物蹂躏得遍体鳞伤。时而呕吐不止、当场昏厥，时而口吐鲜血、命悬一线，但这位大神决心要跟自然界斗个你死我活，总能逢凶化吉。

他发现大自然有一种非常巧妙的安排：如果一种植物有毒，那么在附近也能找到解除这种毒的另外一种植物。相生相克、生生不息，自然界这种“一物降一物”的设定，让神农氏激动不已。那行，有解药就放心了，底气十足的神农氏决定扩大试吃范围。

不久，神农氏试吃了一种巨型蘑菇后中毒，毒发的幻觉让他恍恍惚惚，如同现在云南人误食毒蘑菇后产生各种幻觉一样——有人感觉自己是奥特曼，也有人感觉自己登上了月球，甚至还有人感觉正在巴黎时装周现场——神农氏感觉自己快要起飞了，神志模糊中顺手抓住旁边一种尖叶植物的茎块快速吞下去。结果奇迹出现了，他成功解毒，躲过一劫。这种植物救回神农氏一命，他心存感激，给这种尖叶草取了一个温暖的名字——生姜，寓意可起死回生。

非常遗憾，吃货宗师神农氏虽然久经沙场、尝遍百草，但他不能每次都如此幸运，最终还是倒在一种剧毒的断肠草之下。他留给后世吃货一本宝贵的吃货手册——《神农本草经》。相传该书起源于神农氏，代代口耳相传，于东汉时期集结整理成书。

吃货后辈们前赴后继、不屈不挠，继承和发扬了神农氏的精神，持续尝试百草。千万种植物的不同种类、不同功效、不同寒温特性被记录下来，不但让民众避开中毒之苦，还从植物彼此相生相克的原理中，发展出了中医理念。

中医，伴随原始吃货寻找食物的过程形成，无心插柳柳成荫。无数像神农氏一样的人亲身实践和探索，奠定了中医学的基础，开创了中华民族传世的中医文化。

多年后，曾经救过神农氏的生姜，被人发现还有其他用处，它不仅可以解毒，还因为有浓郁的香气常被人放进菜里提升鲜味，改善肉类口感。因为生姜有解毒救命的光环，所以它慢慢成为餐桌上的核心养生调料。

神农氏是发现生姜的吃货先祖，而孔子则是一个自带偶像气质的吃货继承者。孔子曾说“不撤姜食”，意思是每顿饭都必须有生姜相伴。

千百年来，生姜一直是中国菜肴的核心香料，有“菜中之祖”的名号。生姜与茴香、丁香、桂皮、山柰、八角、草果、甘草、陈皮等进行各种排列组合，构建出了复杂的中国味道，多维度撩动人们的味蕾，也开启了餐饮香料的先河。

香料的概念诞生在中国，在神农氏的冒险过程中无意间登上历史舞台，逐渐成为一个巨大的经济产业。华夏5000年历史，论吃喝方面，咱中国人从来就没有输过任何人。

## 咸肉干

### 欧洲吃货的苦难酝酿着香料需求

香料的英文是“spice”，源于拉丁语“species”，常用来表示贵重但量小的物品。用这个词根来表达香料，可见当时香料在欧洲人心中的珍贵。

香料是一大批有香味、能食用的植物果实、根、茎、树皮形成的调味料的总称，比如，现在大家熟悉的茴香、八角、桂皮、胡椒、丁香、豆蔻等，都称为“香料”。

这些在今天看来很寻常、价格低廉的调味料，在当时的欧洲却一度成为贵族的奢侈品，因为这些不起眼的小东西彻底征服了欧洲。

《罗马帝国衰亡史》一书把胡椒称为“大多数奢华的罗马烹饪术中的一种特别常见的成分”。也就是说，当时的胡椒类似今天的鸡精和酱油，是厨房烹饪的必需品，而且是有钱的贵族才能消费得起的奢侈品。

现存年代久远的古罗马烹饪书《关于烹饪的艺术》中，一共记录了500余种食谱，几乎每一种食谱都会提到要“加入少许胡椒”，可见胡椒在当时的地位几乎跟盐相当。

可能大家会觉得奇怪，虽然菜里加一点胡椒确实会更美味，但欧洲人也不至于对胡椒疯狂迷恋到这个地步吧？有这样的疑问，你一定是不知道他们当时悲惨的生活背景。当仔细了解他们的生活状态后，你也许就会对他们对香料的需求投去同情的目光。

欧洲大多数地区冬季都极端寒冷，而喂养牲畜的饲料选择极其有限，后来用于喂养牲口的萝卜在当时还只是一种观赏性植物，并没有被人畜食用。由于欧洲冬天没有足够的草料喂养牛羊等牲畜，在冬天到来之前，欧洲人会将大部分牲口宰杀，因此，在漫长的严寒冬季，新鲜的肉类供应量自然极少。

在中世纪的欧洲，猪特别受饲养者欢迎，原因是它跟牛羊不一样。猪智商较高，生存能力强，在寒冷的冬天甚至可以直接将猪放养到山上，整个冬天它们可以自己觅食，无须人工照料，完全可以自己想办法活下来。所以，欧洲人一到冬天就会把猪放到山里，和它们互道珍重，让它们独自在山里度过漫长冬季，等到再次相见时已是陌上花开。猪师兄缓缓归来仍是少年，它们不但身材未见消瘦，大部分反而丰腴了一大圈。

只有条件好的欧洲大农场主才有足够的草料、圈棚让牲口度过冬季，条件一般的饲养户都会选择在冬季之前屠宰牲口。屠宰牲口的日子一般会定在每年11月11日的圣马丁节，这是为了纪念“圣人”马丁。圣马丁节一共延续40天，在此期间，人们须进行斋戒，斋戒结束后，人们会集体出关，搞一个吃喝狂欢节，那时候所有人便可以放开束缚，饱餐一顿。因此，在 11 月 11 日那天屠宰的牲口，至少要等到 40 天斋戒结束后才能吃，为了使肉质不腐败，必须使用超剂量的盐进行腌制，同时还要让腌制的肉类尽量失去水分。这些使用了过量盐的肉会变得坚硬、奇咸无比，让人难以下咽，即使硬着头皮吃完，人也会口渴难当，不得不靠大量饮酒来缓解口渴。在很多文献中，都能看到对这种咸肉干的吐槽记录。

一位 15 世纪的可怜学者抱怨道："你可能不会相信我对咸肉干是多么厌倦，我是多么渴望能够吃新鲜肉，因为这 4 个月以来，我除了吃重盐腌制的咸鱼、咸肉以外，我别无他物。"

多么痛的领悟！

40 天的斋戒煎熬终于结束，但等待他们的只有这种咸肉干。要想吃到蔬菜，还需要再等到三四个月后的夏季。你看到这里，是不是非常同情那个时代的欧洲人？

冬季结束后，欧洲人的春季也非常难熬。夏天的蔬菜此刻还没有发芽，而西红柿、土豆、南瓜、玉米等如今遍地的蔬菜，此刻还默默长在远隔万里的美洲，没有被发现。

春天，等待他们的依然只有咸肉干。

为了减缓口感上的痛苦，欧洲吃货们纷纷开动脑筋，想尽一切办法希望在冬季、春季过得好一点，即使没有新鲜肉，也要排除万难，想办法把咸肉干做得更好吃一点。

一次偶然的机会，一个公爵家的厨师无意中掀起了人类餐饮史上的一次变革，他一手促成了香料与咸肉的相遇。

公爵：没法儿活了，天天吃咸肉干，能不能整点儿好吃的？

厨师：主人，我最近搞了个小发明。

公爵：赶紧讲。

厨师：我发现在咸肉中加一点胡椒烧制，居然很美味。

公爵：什么椒？

厨师：胡椒，这是一种神秘的东方香料。

公爵：那就多加点。

厨师：但是它很贵。

公爵：我是差钱的人吗？都给我加，酒里也加，粥里也加！

厨师：得嘞。

如果说单一乏味的咸肉干是中世纪吃货的噩梦，那么香料就像是夜空中最亮的星，瞬间照亮了欧洲吃货们的前程。从天而降的香料彻底滋润了欧洲人的味蕾，当然，也创造出了巨大的香料市场。

16世纪葡萄牙植物学家加西亚·德·奥多尔塔在提到生姜时说："在我们那些吃咸鱼干的日子里，它给我们增加了无穷的味道。"

自香料进入厨房，厨师们就八仙过海、各显神通，竭尽所能地把香料应用到每一道菜中。

一开始，大家往腌制的咸肉干里加香料提升口味，慢慢地，他们开始在新鲜肉、蔬菜沙拉中也加入香料。总之，他们发现加入胡椒、肉桂、茴香等香料的菜，实在是太好了。渐渐地，人们对香料的应用几乎达到了变态的程度，他们快速拓展食材范围。天上飞的、地上走的、水里游的，都用来和香料一起烹饪，恨不得什么食物都要混着香料尝一口。

来看看当时欧洲吃货们流行的菜单，你可能会大惊失色，这些食材是：天鹅、牛、鹅、野鸡、鹧鸪、杓鹬、画眉、麻雀、鸡鹬、大鸭……总之，什么惊悚来什么。

你以为他们这就折腾完了吗？

显然没有！

在所有食材里都加入香料后，他们又开始把目光投向酒类。有人开始在葡萄酒、啤酒中加入香料。4世纪中期作家帕拉狄乌斯津津有味地谈道：“当时的酒馆里，非常流行在酒中加入桂皮、生姜、胡椒。”

罗马的政治家们喝酒时都会加入蜂蜜和胡椒。在6世纪的著作《法兰克人史》中可以看到这样的决斗场景：一位法兰克人饭后向其同伴敬一杯香料酒，然后便拔剑出鞘，对方立刻血溅当场。

香料酒的炮制非常简单，先把选好的几种香料混合在一起，慢慢研磨成粉状，然后加到葡萄酒、啤酒、白酒中，等待几天后便可以饮用。如果你觉得味道太大，不用说，味道肯定很大，你还可以加一点蜂蜜改善味道。

笔者曾经如法炮制了一瓶欧洲中世纪的香料酒，把胡椒、桂皮、八角、花椒等全部捣碎装进一瓶葡萄酒中，密封几天后，我满怀期待地打开瓶子，用上好的红酒杯盛好，焚香沐浴，准备体验一把中世纪贵族的生活。结果，一杯下肚差点没把我当场送走，这体验复杂得不可描述。等到冷静下来，我开始思考一个问题：为什么香料酒如此难喝，但中世纪的欧洲人还如此热衷呢？原因可能只有一个，那就是当时不加香料的酒更难喝。否则，没有人会愚蠢到愿意喝下味道怪异的香料酒。

事实的确如此，中世纪的酒比你想象中的还要难喝许多。有文献记载当时的葡萄酒味道是“难喝、生涩、令人窒息”的，可真是“一口葡萄酒，当场就送走”。特别是英国宫廷的酒，是出了名的难喝，法国人彼得评价说：“英格兰宫廷中的酒味道就像是涂料，不是酸的就是有霉味。英国那些贵族喝酒时，不得不闭着眼睛，从紧闭的牙缝中往里嘬，整个人浑身颤抖，一脸苦相，像是在喝毒药。”

一位诗人曾抱怨，说自己储藏了一年的葡萄酒“喝下去酸得像矛刺，像刀片割，像针刺，导致我白天、夜里要小便一百遍，而便秘使得我难受得几乎快要死去。”

中世纪的酒之所以如此难喝，缘于当时没有冷藏技术，也没有很好的密封技术，时间一长，葡萄酒就会氧化变质，味道会变得酸和苦涩，还会产生霉味和烟味。

此时，香料的优势开始显露，它不但可以大幅度消除酒的酸涩味，还可以减轻变质酒的腐败味和烟味，加入香料后，喝酒的人终于摆脱了变质酒带来的口感噩梦。虽然在今天看来，香料酒非常难喝，但比起变质酒，味道还是好了许多。幸福，不就是个比较级么。

**香料及时拯救了欧洲人的吃与喝，成千上万的吃货们追求美好生活的愿望被唤醒，一次更大的吃货升级、炫富浪潮即将席卷欧洲。**

## 马斯洛需求原理

### 吃货需求开启了全球香料市场大幕

人的欲望是无止境的，明代的朱载堉写过一首非常经典的散曲——《山坡羊·十不足》，将人类的需求心理描写得十分生动形象：

逐日奔忙只为饥，才得有食思为衣。
置下绫罗身上穿，抬头又嫌房屋低。
盖下高楼并大厦，床前缺少美貌妻。
娇妻美妾都娶下，又虑出门没马骑。
将钱买下高头马，马前马后少跟随。
家人招下十数个，有钱没势被人欺。
一铨铨到知县位，又说官小势位卑。
一攀攀到阁老位，每日思想要登基。
一日南面坐天下，又想神仙下象棋。
洞宾与他把棋下，又问哪是上天梯？
上天梯子未做下，阎王发牌鬼来催。
若非此人大限到，上到天上还嫌低。

在朱载堉这首散曲诞生300多年后，美国著名社会心理学家马斯洛提出了著名的“马斯洛需求层次理论”。马斯洛需求层次理论核心观点是：人类的需求很复杂，每个人深层次的欲望在身体内蓄势待发，一旦条件成熟，就会自动释放出来。

马斯洛把人类的需求分成5个层级，如同一个金字塔，从底部到顶部依次是：生存需求、安全需求、社交需求、尊重需求、自我实现需求。他还发现了一个规律：人们一旦满足了某个低级需求后，就会自然迈向高一级的需求。比如，人在生存需求得到满足、不再挨饿受冻之后，就希望不要再住大桥下，要住到一个更安全的地方。等到有一个安全住所后，人自然继续迈向下一级需求——社交需求，希望有几个好朋友喝点酒、吹吹牛。有了好朋友之后，自动跃升到下一级——尊重需求，希望自己在群体中被人尊重，吃喝的时候最好大家都让自己坐上位。最终，人会升到第五级需求，也是人类的最高需求——自我实现需求。自我实现有很多种形式，比如参加公益活动、帮助他人摆脱困境等，都属于这个范畴。

当然，还有些人倾向挑战极限，去“虐”一下自己，比如爬珠峰、徒步穿越沙漠等，总之，要做出一些看起来不一样的事来显得自己不一样。

马斯洛的需求原理最早应用于心理学，后被大量应用于经济学领域。经济学家们发现，掌握了人类需求的底层逻辑，无论是用于投资还是判断经济趋势、洞悉消费需求，都会得到更为准确的预测。当然，这个原理对吃货一样有效。

人类从原始社会到近代，经历了几百万年的发展，一直处于勉强生存的状态，也就是说，这几百万年人们一直处于马斯洛需求原理的最底层。

直到最近几百年，人类忽然突破了生存困境，解决了饥饿问题，尤其是此前相对落后的欧洲在解决了生存温饱问题之后，吃货们便开始蠢蠢欲动，迈向了更多样化的食物需求。

欧洲有钱人更愿意穿东方的丝绸衣服，在食物方面也变得更加讲究。他们再也不想忍受味同嚼蜡的食物，在有了更多财富积累之后，他们发现来自东方的香料是种神奇的物品，可以让乏味的食物变得美味。

于是，一场以香料为核心的食物改造运动轰轰烈烈地展开。从此，香料的功效在欧洲不断被夸大，香料不只用于掩盖咸肉干的盐味，还逐步演变成一种多元化的调味品。香料在欧洲迎来了自己最辉煌的时刻，一时间，整个欧洲都在谈论香料，香料成为市场的紧俏品。

有钱人不只往菜里加那么一点香料，他们更喜欢彰显自己的与众不同。欧洲很多有钱的土豪干脆直接把香料磨成粉，制造出一系列“全香料食物”。他们把磨细的香料做成饼干和甜点，什么生姜桂皮饼、胡椒八角馍、茴香肉桂糕……当时最流行的食品是生姜饼，其实就是把生姜磨成粉，然后做成饼状。

有钱人的生活就是这么任性，吃完零食走在大街上，百丈之外路人都能闻到调料味。

香料如此神奇，温暖了欧洲吃货们的味蕾。但由于当时欧洲与东方的香料贸易路线并没有打通，香料在欧洲价格奇高无比，成为稀有物品，只有皇室、贵族、富人才能享用得起。于是，香料也成为欧洲富人们竞相攀比的奢侈品。

经济学认为市场决定需求，需求决定价格。在嗷嗷待哺的吃货们的需求刺激之下，香料几乎等同于黄金白银。欧洲餐馆大厨掂着勺子等香料下锅，贵族男女盼着用香料缓解葡萄酒的酸味，显示自己的高贵和与众不同，市场需求量日渐上涨，此时的需求远远大于供给，所以香料价格暴涨几乎是水到渠成的事，这就是经济学的供给和需求原理。

巨大的利益激励着无数香料商人加入了香料贸易，欧洲的香料市场出现了前所未有的繁荣景象。欧洲吃货们对香料的巨大需求造就了庞大的香料贸易市场，再加上欧洲人不断赋予香料各种神奇的功能，香料本身的稀缺，进一步推高了香料价格。

欧洲贵族认为，如果把胡椒与其他香料进行复杂配比，长期使用可以在男女之事上产生奇效。这对充满奢靡、精神空虚、身体拉垮的欧洲男人们来说，犹如一剂春药，为他们提供了强大的心理慰藉，让越来越多的人成为香料的铁粉。

当时，欧洲瘟疫盛行，很多人相信胡椒有预防瘟疫的神奇功效，人们流行随身佩戴装有香料的香盒，以期望可以远离瘟疫、延缓衰老。

这些神奇的说法，进一步刺激了欧洲对胡椒等香料的需求。需求增加导致价格进一步上涨，空虚、盲目、怕死的富人们开始囤积香料。而且，一样东西越贵，就越能显示消费者的富有和地位，从而表现出其与众不同。这就是奢侈品、稀缺品给拥有者带来的精神愉悦感，也是奢侈品经久不衰的逻辑，几百年来始终没有改变。

无论是当时还是现在的欧洲，追求时尚、稀缺、昂贵物品的现象都一直存在，很多人倾向于买稀缺、昂贵的产品。

只不过，不同时期对于奢侈品的看法不同。有些时代，金银、钻石是奢侈品；而有些时代，丝绸制品是奢侈品；也有时候，一棵郁金香就是奢侈品。不同地方的奢侈品也不同，在沙漠里，水是奢侈品；在监狱里，香烟是奢侈品；在月球上，空气是奢侈品。在任何地方，一种需求很大又稀缺的东西，都会成为奢侈品。

胡椒等香料从神秘的东方经过长途运输来到欧洲，成为欧洲上等贵族争相抢购的物品，当时价格已经达到天价。1248 年，英国 1 磅肉豆蔻价值 4 先令 7 便士，这笔钱在当时可以买到 3 只羊，这即使是对于家境富裕的人来说，也是极其昂贵的日常消费。

在中世纪的欧洲，人们常用“贵如胡椒”来形容某件商品价格较高。在英国，人们常用“他没有胡椒”来说明这个人没有什么财产，没有什么地位，不值得交往。

此外，欧洲香料的热潮，不仅是欧洲人一时猎奇的味蕾尝试，还有其复杂的社会和历史背景。当时正值中世纪晚期，欧洲人的思想陷于现实和梦幻、禁欲与放纵的迷惑之中。人们需要一个释放的出口，香料作为一种经长途贸易而来的舶来品，在欧洲社会生活中承载了不一样的精神意义，欧洲人的香料观念很好地映射了他们对宗教、社会、人性乃至世界的看法。

**香料既能提升口味，又能彰显身份，由于其稀缺性，这种食物调料开始慢慢转换成一种奢侈品，高昂的价格赋予了食物另一种内涵，其经济价值开始被人为塑造。**

## 阿拉伯人的垄断
### 欧洲人与阿拉伯人的贸易对决

如果一种产品的需求存在，那么，产品越稀缺就越有价值，这就是经济学中的“稀缺理论”。稀缺理论指一件东西越稀缺，价值就越大。比如空气到处都有，一文不值，而钻石开采有限，就非常昂贵。如果这种稀缺的东西被人垄断，那就会产生绝对的暴利，垄断香料的是阿拉伯人。

香料在神秘的东方，欧洲与盛产胡椒的印度隔着茫茫大海，想要找到这个地方，必须扬帆出海，谁能跨越海洋，谁就是暴利的拥有者。考验全球人划水能力的时候到了。

赢家是最先到达印度的全球“航海扛把子”阿拉伯人。当时，阿拉伯人无论是造船技术还是航海技术，都领先全球，所以，其他国家只能看着阿拉伯人的船尾望洋兴叹。

阿拉伯人现在给人的印象似乎都是爱在沙漠里打转，当时他们是海洋的王者。他们发明了非常先进的三角帆船，这几乎算得上是一项划时代技术。因为传统的横帆船只能顺风航行，三角帆船则可以根据风向调整，让船在逆风时也可以航行，还可以轻松完成大幅度转向，挑战那个时代“绝对不可能的航行”。

阿拉伯人除了有三角帆船的硬件技术，还有领先全球的导航技能。现在在卫星技术支持下，导航易如反掌，但当时没有任何电子设备，在茫茫大海上，阿拉伯人只能依靠天上的日月星辰来进行航向校正。他们发现，如果从北半球去观察，北极星是天空中唯一不移动的恒星，因此，北极星很快就成为他们整个导航技术的灵魂级星辰。

阿拉伯人充分应用“牵星术”来测定北极星高度，进行航迹准确推算、航船定位。传说牵星术源于中国，因为中国当时也有精确复杂的牵星板。中国当时的航海导航技术也非常先进，毕竟咱们有个“浪子”叫郑和。

阿拉伯人还发现了印度洋的季风规律。他们经过多年的观测，发现每年 10 月到 12 月，印度洋上的海风从东北吹向西南，次年 3 月到 6 月，海风则反过来，从西南吹向东北。

也就是说，只要选对了时间，来回都是顺风航行。就这样，凭借得天独厚的地理位置、先进的航船、独有的航海技术，再加上政府与伊斯兰教对商业的大力支持，阿拉伯商人几乎倾巢出动，快速垄断了整个印度洋的商业贸易。

做生意嘛，不就是搬来搬去的事。

阿拉伯人将中国的丝绸、瓷器、茶叶运往南欧、非洲出售，然后将印度的布匹、宝石、香料、珍珠运到欧洲出售。他们将非洲的黄金、犀角、象牙、钻石等运回到阿拉伯国家精细加工，再销往欧洲、中国或东南亚国家，赚得盆满钵满。一时间，阿拉伯人成为商业和航海的双料冠军，执全球海洋商业之牛耳，将中国、印度、东南亚、欧洲、非洲等国家和地区的贸易牢牢把控在手中。

阿拉伯商人在荷尔蒙和赚钱欲望的双重驱使下，几乎到达了当时航海家所能抵达的所有地域。他们还探寻香料产地，一路深入南洋各地，最远抵达了菲律宾的马尼拉一带。他们甚至将航海线路开发到中国的福建沿海，让当时的泉州成为中国的中心城市，不但如此，他们之中有很多人放弃了回国，干脆在中国定居。

特别是在宋代，极具包容力的朝廷为他们提供了专门的居住场所，允许他们用自己的语言开设学校。这些阿拉伯人逐渐与中国人融合，成为今天中国回族人的祖先之一，融合的过程背景在笔者的《小白经济学》一书中有详细解读。

发现香料之后，阿拉伯船队更是日夜兼程，日行千里，夜走八百。这些乘风破浪的哥哥们豪情万丈，持续活跃在欧洲与香料产地之间。他们在各地采购香料，从印度购买胡椒，从斯里兰卡购买肉桂，从东印度群岛购买肉豆蔻、丁香，通过先进的物流系统销到欧洲，赚取高额利润。

在阿拉伯人垄断香料的时代，欧洲人不得不忍受高价香料。欧洲的航海技术无法支持商人们的海洋贸易，他们不得不成为阿拉伯香料商人的二手经销商。

香料，已经成为中世纪欧洲贵族的“海洛因”。

**贸易控制权的背后是一个国家的综合实力。当时阿拉伯人在科技、军事等方面力量空前强大，注定了他们能掌控全球贸易，而利润最高的香料贸易自然会被其全面垄断。这种封锁和垄断，也成为欧洲人突围的动力。**

# 信息不对称

## 阿拉伯人高超的欺骗演技

**阿拉伯人用地域封锁的方式，阻挡欧洲人前往东方寻找香料的产地。但是，欧洲人一直蠢蠢欲动，希望从阿拉伯人的封锁中突围而出。为了压制住欧洲人的冲动和念想，阿拉伯人集体编造了一出谎言。一时间，每个阿拉伯人都是演技爆棚的演员……**

商品的价格差大多源于信息不对称，这是一个经济学逻辑。在商业交易中，交易双方的信息不一致，对方知道的信息你不知道，对方就有了各种赚钱的机会。比如，老王知道东北有一种特别好吃的大米，他跟当地种水稻的农民认识，而且他和农民讲好收购价为 5 元一斤。然后他在北京开了一家米铺子零售，价格为 20 元一斤，除去房租等费用，每斤米老王可以纯赚 10 元。这条街上其他米贩子也想进这种大米，但他们不知道老王的货源地。中国这么大，只要老王不说，在没有互联网的时代，周围店铺的商人大概率无法知道货源地，买米的消费者更是无处知晓了。

研究信息不对称的很多学者因而获得了诺贝尔经济学奖，比如 1996 年詹姆斯 · 莫里斯、威廉 · 维克瑞，2001 年的乔治 · 阿克尔洛夫、迈克尔 · 斯宾塞和约瑟夫 · 斯蒂格利茨。

其实，阿拉伯商人在香料时代就是玩信息不对称的高手，欧洲香料二手批发商无法知道阿拉伯人从何处进货，也不知道进货价格是多少，阿拉伯商人具有随意定价权。

阿拉伯商人付出了巨大的航海代价才找到香料货源地，当然不会轻易告诉任何人。为了长期垄断香料货源，他们有一种默契：必须严格死守货源秘密。

而且，他们认为仅仅守住秘密还不够，必须放一些烟幕弹迷惑试图去寻找货源的人。他们开始编造关于货源地的谎言和传说，编造了很多虚拟的货源地名。很多欧洲商人就这么上当受骗了。他们按照阿拉伯人胡编乱造的地名和路线，驾船出海寻找香料，最后大部分人消失在茫茫大海上。

阿拉伯商人觉得还不够，他们继续编造出更多剧本，恐吓试图自己去寻找货源的欧洲商人。

欧洲商人：胡椒便宜一点，我这次多进点货。

阿拉伯商人：胡椒得来不易，不能少了，过几天还得涨价。

欧洲商人：大哥，咱上次说的那事儿，告诉我可以不？

阿拉伯商人：你说货源地？

欧洲商人：是的，你告诉我地方，我必有重谢。

阿拉伯商人：不是不帮你，那地方我劝你别去，太危险了。

欧洲商人：怎么个危险法？

阿拉伯商人：胡椒长在神秘的东方，生长之地毒蛇和怪兽丛生。去那儿是九死一生，你是有命赚钱没命花。

欧洲商人：那你们是怎么搞到的？

阿拉伯商人：我们的人一大半都死在当地了，大都死于毒蛇。

欧洲商人：那肉桂呢？

阿拉伯商人：肉桂就更难了，你得懂飞鸟的语言，它长在高山之巅，人根本爬不上去，只有让飞鸟帮你衔来。

欧洲商人：我太难了，肉桂长在哪个地区？

阿拉伯商人：阿拉伯地区。

事实上，肉桂的产地并不是阿拉伯地区，而是斯里兰卡，阿拉伯商人每天都在进行这样夸张和虚假的描述。

当时欧洲地处偏僻，人们见识不多，阿拉伯商人几句话就能把他们唬住，让他们放弃自己寻找货源的想法。欧洲人只知道香料来自神秘的东方，他们对“东方”这个概念也非常模糊，在马可·波罗之前，他们对“中国”也几乎一无所知，更不知东南亚、日本的存在。

欧洲商人只能继续作为二手香料批发商存在，他们从阿拉伯人手里高价批发香料，然后把香料和离奇的故事打包，以更高的价格卖给欧洲贵族。即使是这样，他们依然要历经千辛万苦才能把香料运到欧洲。他们先在地中海港口城市进货，然后运回意大利进行中转，再通过下一级销售渠道卖到欧洲其他地区。

原本在东方路边摊卖得很便宜的香料，经过超过 8000 公里的长途转运才会送达欧洲。阿拉伯商人以高出进货价格几十倍的高价批发给欧洲商人，到达民众手中时，价格已上涨成百上千倍，比如胡椒价格一般会上涨百倍，更稀有的丁香价格则会上涨近千倍，摇身一变成为王公贵族家中的奢侈品。

印度是香料的最大产地。上天把香料资源赏赐给印度，将印度推到香料贸易的最前端，看起来印度将会迎来贸易的巅峰，但事物往往会呈现出两面性，正因为印度盛产香料，才招来了无数狂热的侵略者，给印度人民带来了深重的苦难。这些殖民者疯狂压榨当地劳动力，不只印度人，东南亚地区的胡椒工人也几乎都沦为奴隶。

巨大的利益往往蕴含潜在的风险，这本就是硬币的两面。需求的疯狂增长催生了巨大的商机，哪里有商机，哪里就有冒险者。为了满足欧洲吃货对于香料的需求，为了追逐香料交易的暴利，一群疯狂的人决定出发去全世界寻找更多香料。

阿拉伯商人的垄断开始失守，荷兰、英国两家东印度公司的船随后到达。这两股强大的势力同时出现在香料群岛，注定了这里以后再也没有和平的日子，暴力冲突将时常发生。城门失火，殃及池鱼，当地居民苦不堪言。早在这两家公司成立之前，达·伽马出发了，麦哲伦出发了，哥伦布也出发了，他们眼里倒映出星辰大海，目标是神秘的东方。

**这些原本单纯寻找美味、赚取暴利的航海行动，为改变世界埋下了伏笔，正是在为欧洲吃货觅食的过程中，他们无意中开启了大航海时代，从此，世界的格局被重塑，无数国家的命运被改写。**

第三章

# 风险与收益

重赏之下，必有勇夫。

——元　王实甫《西厢记》

## 哥伦布的错
### 一个数学不好的人改变了世界

意大利人马可·波罗是13、14世纪的世界级“网红”。他的出名源于《马可·波罗游记》，书中记录了他在中国、印度所看到的一切，其中包含巨大的城市、华丽的宫殿，还有满地的黄金、白银和香料。但是，他的书稿在当时并没有引起什么轰动，西方大多数人觉得他有精神病，这些经历属于他个人的臆想。后来很多历史学家研究证明，马可·波罗可能真的没到过中国，他是根据听闻的中国传说写成这本书的，虽然书中大部分描述显得有些夸张，但其中一些风土人情、商业贸易模式还是有参考价值的。

100多年后，香料时代到来，欧洲香料商人被阿拉伯商人连哄带骗搞得有点儿不知所措，正当他们快要放弃寻找香料产地的时候，有人发现《马可·波罗游记》中对香料贸易有不少描述。比如，《马可·波罗游记》对中国的泉州港描述道：“此地胡椒的出口量极大，但其中运往亚历山大港口供应西方各地所需的数量却微乎其微，恐怕不到百分之一。刺桐（今泉州）是世界最大的港口之一，大批商人云集于此，货物堆积如山，的确难以想象。”

欧洲吃货对香料需求如此强烈，以至于大街小巷都在谈论香料的神奇之处，而阿拉伯商人又如此奸诈，他们垄断香料，独享暴利。经济学强调价格可以改变人类的行为，中国也有一句老话：“重赏之下，必有勇夫”。

既然能赚钱，大家就拼命干一场吧。

绝处逢生的欧洲香料商人纷纷从箱底找出这本书，似乎在黑暗中看到了财富的曙光，他们明知危险，也愿意铤而走险。因为所有人都知道，谁找到香料，谁就能一夜暴富。

人们愿意相信《马可·波罗游记》中描写的那个满地香料的东方世界确实存在，冒险家们蠢蠢欲动，一批又一批亡命徒开启了寻找香料的东方冒险之旅。现实却让人非常沮丧，当时欧洲前往东方的通道只有三条，都充满了困难和阻碍。

第一条是陆路，也就是现在的“丝绸之路”，从君士坦丁堡登陆，然后经小亚细亚、黑海、里海到中亚地区，再翻越帕米尔高原到达中国。

第二条是海路，从地中海东岸出发，经两河流域到波斯湾登陆，再到印度和中国。

第三条也是海路，从埃及出发，到红海，再到亚丁湾，然后到印度和中国。

非常巧合，这三条通道都要途经奥斯曼帝国。此刻的奥斯曼帝国如日中天，这个土耳其人建立的横跨欧、亚、非三大洲的庞大帝国，地处东西文明交会处，扼守着东西方文明通路达600多年。阿拉伯人肯定是不会让欧洲人去东方的，他们不允许任何人与他们瓜分香料市场，欧洲人则迫切希望另辟一条新航路，能够绕过奥斯曼帝国的势力范围。

于是，在当时航海技术有限的情况下，无数抱着美好希望的欧洲冒险家从海上出发寻找新航线，但大部分都消失在了惊涛骇浪中，没有带回任何好消息。

这时候，一个愣头青登场了！

他就是哥伦布，一个在我们小学历史课本中占据重要位置的人物。

哥伦布约 1451 年出生于意大利热那亚，是信奉基督教的犹太人后裔，自幼热爱航海，他的理想就是成为一名伟大的航海家。当时，已经有很多人认为地球是一个球体，哥伦布也是其中之一。既然地球是圆球，那意味着即使朝西方出发，理论上最后也能到达东方。所以，哥伦布坚信即使从大西洋出发，也可以找到一条通往东方的新路线。但如果朝着西方出发，最后到达东方的距离具体应该是多远呢？需要有大致的计算结果才能准备足够的航海物资，毕竟一旦出发，下一个补给点完全是未知的。

哥伦布决定先算算去印度和中国到底有多远。虽然计算这个数据不太容易，但还好他想到了一个好办法。他多次往返于东大西洋、非洲和冰岛之间，经过测量，他发现船只每跨越 1 经度（地球仪上的竖线），对应的实际距离约为 56 英里（约 90 公里），哥伦布将这个数值乘以 360，就计算出地球周长是 20160 英里。然后，哥伦布借鉴前人的测试数据，很快就得出了答案：横渡大西洋只需航行约 3000 公里，到达中国和印度需要航行 5000 公里。

新航线只有 5000 公里，哥伦布暗暗赞了一声自己真是个天才！

这结果有点出乎哥伦布的预料，因为这实在是太近了，而且还能绕开奥斯曼帝国的控制。这意味着赚钱的机会就在眼前，他似乎已经看到了满地的香料，听到了黄金装袋的声音。

然而，事实上并非如此，如果从欧洲朝西航线出发，需要穿越大西洋、美洲大陆、太平洋到达日本，最后才能到达印度和中国。根据现代技术对这条线路的精确测量，欧洲到中国的距离超过 15000 公里。

哥伦布在测量地球周长的时候犯了一个致命的错误：测错了位置。他不应该在靠近北极圈的区域测试，而应该在赤道附近测试。因为在一个球体的顶部航行 1 经度与在球体的中部位置航行 1 经度，距离相差很大。

为了帮助理解，你可以把地球比作西瓜，现在把整个西瓜切成 36 块，每块西瓜代表 10 经度，继续观察你会发现，每块西瓜两端都比较窄，中间比较宽。也就是说，一块西瓜代表 10 经度，哥伦布测试的是西瓜两端比较窄的部分，事实上，整个西瓜的真正周长，应该由中间最宽的部分决定。而且，他又使用的是之前阿拉伯前辈航海家的计算数据，由于计量单位不同，他在从阿拉伯单位换算成欧洲单位的时候，再次出现错误。

总之，多个错误叠加之后，最终的计算结果错得非常离谱，把 15000 公里的距离算成了仅有 5000 公里。

航海不仅需要梦想和勇气，还需要船只、海员、物资和淡水，这都需要大量的资金支持才能完成，而穷困潦倒的哥伦布有心无力，他必须找到大金主来资助自己。

哥伦布到处游说，希望得到欧洲国王和贵族的支持，但他花了十几年时间，拜访和游说了无数贵族、国王、皇帝，都无功而返。

哥伦布：你愿意资助我航海去东方吗？

英国国王：钱不是问题，重点是你去干吗？

哥伦布：找印度，找中国，找香料，找瓷器，难道不好吗？

英国国王：那么远，难度太大了。

哥伦布：真不远，向西出发，穿越大西洋，只有 5000 公里。

英国国王：什么？你这是糊涂了吧，数学及格了吗？

哥伦布：不信我现场给你算一下，真的很近。

英国国王：滚！

当时人们虽然对世界全貌比较迷糊，但英国人非常清楚距离不可能如此之近，所以直接把哥伦布扫地出门了。

哥伦布又先后找到了法国、意大利、葡萄牙等国政府，结果都一样，没有一个国家愿意出钱资助他的远航。唯一有意向的是法国国王，又因为哥伦布提出的条件太过分，最后也不了了之。

哥伦布：国王，我要去航海找香料。

法国国王正吃着鹅肝：说要求！

哥伦布：给钱，给人，给船！

法国国王：我能得到啥？

哥伦布：香料、瓷器、殖民地！

法国国王：不错呀，就这么定了。

哥伦布：我还有个小要求，陛下能否给我一个航海司令称号？如果我成功了，还要给我10%的战利品回报。您还要答应把我发现的每个殖民地总督权授给我，而且，我还要把总督过继给后代。

法国国王：虽然你长得丑，但想得还挺美。就你还想世世代代当总督？给我拖出去！

哥伦布：……

满怀航海梦想的哥伦布，几乎遭到了英国、法国、意大利、葡萄牙等所有欧洲国家的拒绝。正在沮丧之际，哥伦布听说西班牙新女王登基，这位女王不仅颜值爆表，而且做事大胆，有格局，他决定最后去碰碰运气，说不定可以赢得女王的支持。

哥伦布的挫折在于他伟大的梦想，也在于超越皇室预期的名利占有欲。在皇室的眼里，一切都应该归于权力，任何个人要求权力都是过分的。但吃货的需求在大量增长，经济学告诉我们：在高风险面前，只有高收益的诱惑才能驱动人们去冒险。

## 女王的棋局

### “欧洲武则天”的剽悍选择

1486年，西班牙正处在“双王时代”，即两个国王同时执政，这两个人还是夫妻。女王叫伊莎贝拉，男王叫费尔南多，两人共同执政管理西班牙。

伊莎贝拉3岁时父王去世，在宫斗大战中，被自己同父异母的哥哥恩里克贬为庶民，然后和母亲一起被赶出皇宫，流落街头，最后不得不躲到乡村生活。

后来，伊莎贝拉在一些贵族的帮助下历经曲折，赢回王储地位，哥哥恩里克依然不死心，继续图谋削弱她未来对王位的威胁，强迫她嫁给葡萄牙国王，并恐吓她如果不遵从，就会取消她的王储资格。伊莎贝拉此刻已经不是一个任人欺凌的弱女子，她有自己的心上人——邻国阿拉贡王国的王储费尔南多，他们早已私订终身。不久后，伊莎贝拉公开违反婚约，与阿拉贡王储费尔南多举行了婚礼。

这个无法掌控的妹妹让恩里克火冒三丈，正当他准备再想办法惩罚伊莎贝拉时，他却因身体虚弱，气血攻心，“光荣”地离世了。随后，王位被伊莎贝拉夺得。反对派当然不会轻易认可她登基称王，但伊莎贝拉的丈夫是阿拉贡王国的王储，拥有军事武装，他看到有人反对自己的妻子，立刻调集了一支强悍部队前来助阵，这才帮助伊莎贝拉稳住了政权。

随后，伊莎贝拉宣布自己为卡斯蒂利亚王国伊莎贝拉一世，她的丈夫费尔南多为“共治国王”。卡斯蒂利亚王国就是西班牙王国的前身，后来逐渐统一融合了周边小国，形成了西班牙王国。从此，西班牙开启了双王时代。

不久，阿拉贡国王去世，伊莎贝拉的丈夫费尔南多带着大军回国平乱，最终继承王位，他也如法炮制，宣布和夫人伊莎贝拉共同治理阿拉贡王国。

夫妻俩接管了两个国家，而且互为共治国王，就像两个公司互相交叉持股。此后，西班牙王国和阿拉贡王国一直处于联合状态，两国虽然有各自的议会、政府、法律、军队、税制和货币，但实际上更像是一个国家，因为两国所有决策都由伊莎贝拉和费尔南多共同制定。

1486 年，在伊莎贝拉掌管西班牙王国 12 年后，在辉煌宏伟的王宫里接待了已经 30 多岁的哥伦布。

一路受挫的哥伦布像是一个上有老人要养、中间有房贷要还、下有孩子上补习班、待业多年、面试无回应的中年男人，他抱着最后一丝希望拜见了传说中的女王。

哥伦布：女王，我计划去东方寻找香料，希望得到您的支持。

女王：说说你的计划和要求。

哥伦布：我需要钱、海员、航船，还希望得到航海司令称号。另外，我还要 10% 的战利品回报，要授予我发现的每个殖民地的总督权，且能把总督权给我的后代继承。

女王：容我三思。

哥伦布：陛下，您就甘心香料永远被阿拉伯人垄断吗？

女王愣了一下，似乎被戳到了痛点，她又坐了下来，顿了顿说道：我会让皇家委员会考虑你的计划，你先回家等通知吧。

哥伦布满怀希望地回家等消息，没想到这一等就是6年，这应该是史上面试反馈时间最长的一次。一般人应该早就放弃了，哥伦布却真的等了6年，没有人知道为什么伊莎贝拉女王需要这么长时间考虑，但都很清楚哥伦布为何能等这么久，因为他已经没有其他出路了。

1492年，伊莎贝拉再次接见了哥伦布。

6年穷困潦倒地等待，已经40岁的哥伦布终于等来面试反馈。看到当年玉树临风的小哥变成了落魄的大叔，伊莎贝拉顿时感到心头一酸。

伊莎贝拉详细听取了哥伦布的计划，对许多细节进行了一一确定，其中包括花多少钱、投入多少人、未来的殖民地如何处理等。

1492年4月17日，伊莎贝拉不顾丈夫费尔南多和贵族的反对，同哥伦布签订了有名的《圣塔菲条约》，正式宣布任用哥伦布，启动航海冒险。这次女王的表现丝毫不含糊。

这份条约共包含7份主要文件，其中有协议要项、委任授衔状、致外国君主的国书、护照等4份文件，剩余3份是船队路途中才能看的命令，有点像诸葛亮给的3个锦囊妙计，在船队出现问题时再拿出来用。

**在未来利益与眼前得失中选择，在固守和开放中选择。选择是如此困难，但也能显示出决策者的智慧和非凡勇气。一个睿智和大胆的决策，小则改变个人的一生，大则改变国家的国运。显**

然，伊莎贝拉作出了最明智的选择。在风云变化的时代，伊莎贝拉从容不迫，力排众议，以更高格局洞悉了未来，在世界大棋局中作出了大胆的决策，举重若轻落下一子，奠定了未来西班牙称霸 300 年的基础。

## 西班牙突围
### 挑战成就第一个日不落帝国

苦尽甘来的哥伦布发现，有钱的感觉真好。

探险队首次远航共投资约 200 万马拉维迪[①]，共有 3 条船、90 多名成员，旗舰船为载重超过 100 吨的“圣玛丽亚”号，另两艘名字分别为“平塔”号和“尼尼雅”号，载重均约 60 吨。哥伦布如愿以偿成为舰队司令、总指挥，坐镇“圣玛丽亚”号。

这些船上都配备有各种火炮长枪、弹药箭矢，食物、淡水、燃料、药品等必需品一应俱全，考虑到海员长途航海无聊，有艘船的底部甚至存储了一整仓威士忌。

探险队里还配有翻译、医生、地图绘制师等专业技术人员。据说，还有 3 个专门从监狱里提出来的死刑犯，他们在必要时去执行最危险的任务，如果活着回来，就可以永远获得自由。

当然，他们还带着与印度和中国交易的小商品，都是欧洲生产的小玩意儿，比如小镜子、小刀子、针线包、小铃铛、眼镜、毛皮、小

① 西班牙旧时货币单位。

钳子等百货，他们希望换回欧洲人需要的香料和黄金。

人类最伟大的大航海时代冒险旅程开始，虽然他们此刻还并不知道自己将来会有多么伟大。

那么，其他国家都拒绝了数学不太好的哥伦布，为何西班牙女王偏偏答应了呢？

这还得从西班牙当时复杂的国情说起，归纳起来，西班牙当时航海有三大驱动力。

**第一，联合蒙古。**

公元 711 年，从北非围过来的阿拉伯人只用了 4 年时间，便征服了葡萄牙和西班牙所在的伊比利亚半岛，西班牙人被逼退守到伊比利亚半岛的一个小角落，哆嗦着苟且偷生。

被欺负成这样了，怎么都得反抗一下，再说，有斗牛士精神的西班牙怎么会轻易屈服。从此，西班牙人开始了持续 700 多年的光复运动，表面看是关于领土的争端，事实上，更像是基督教与伊斯兰教的正面对决。

西班牙是一个基督教国家，伊莎贝拉是虔诚的基督教徒，她有着强烈的重振基督教势力的信念，发誓要把阿拉伯人赶回老家，让他们怎么从北非来就怎么回北非去。

伊莎贝拉上台后，立刻规划对阿拉伯人发起军事攻击，这场反伊斯兰的战争前后持续了近 20 年，伊莎贝拉带领西班牙最后取得了光复运动的胜利。

1492 年，阿拉伯势力被彻底赶出伊比利亚半岛，伊莎贝拉在这里建立了欧洲最早的统一中央集权国家——西班牙王国。统一西班牙领土之后，基督教的虔诚信徒伊莎贝拉女王便将西班牙宗教统一提上日程，她要求西班牙全国人民都必须信奉基督教。她颁布命令，要求在西班牙的所有犹太人、穆斯林等群体接受基督教的洗礼，成为基督教徒，否则就必须离开西班牙。也就是说，穆斯林要么改信基督教，要么离开西班牙。

伊莎贝拉不但对居住在西班牙的穆斯林进行驱逐，还想消灭周边的阿拉伯国家。虽然阿拉伯人退出了伊比利亚半岛，但力量依然强大，威胁依然存在，她打算联合东方的蒙古大汗，从侧面攻击阿拉伯国家，彻底击溃阿拉伯国家。

于是，女王这才同意再次召哥伦布进宫，并力排众议任用哥伦布航海冒险。因此，哥伦布在出发时，身上秘密携带了伊莎贝拉给蒙古大汗的国书，要求两国联合，消灭阿拉伯国家。

看来，哥伦布的这次冒险，除了寻找吃货们需要的香料，还藏着一项秘密的外交使命。

**第二，扩张殖民地。**

西班牙还有个心结，就是老觉得自己的领土太小，其对于领土的渴求根植于内心。

西班牙曾经跟葡萄牙争夺非洲殖民地。非洲土地肥沃、矿产丰富，谁不想多占一点殖民地呢。西班牙与葡萄牙在非洲龙争虎斗，这两颗“牙”谁也不让谁，死死地咬在一起。他们争夺的核心是非洲富饶的四大群岛：马德拉群岛、加那利群岛、佛得角群岛、亚速尔群岛。西班牙在与葡萄牙的争夺中长期处于下风，最后只取得加那利群岛，其余三岛皆被葡萄牙占领。

伊莎贝拉上台后，发现西班牙的家底捉襟见肘，既没有多少殖民地，还四面临敌，陆路、水路都被奥斯曼帝国封死，葡萄牙也虎视眈眈，强大的敌人逐渐形成对西班牙的合围之势。

女王剽悍的个性让她无法忍受受制于人的局面，她迫切期望去东方开拓更多的殖民地，但要去东方，就要绕开阿拉伯国家，必须重新开拓一条海上航线，才能摆脱奥斯曼帝国、葡萄牙的C形包围圈。

**第三，寻找香料。**

西班牙对阿拉伯国家的长期征战，已让国家的经济显得疲惫不堪。光复运动胜利之后，统一的西班牙王国需要强大的贸易支撑国家的发展，因此，赚钱是当务之急。

所以，充满暴利的香料对女王来说是一个极大的诱惑，完全有理由让女王派人孤注一掷、冒险出海掌握香料贸易的主动权。女王决心开辟一条既避开奥斯曼帝国，又绕过葡萄牙势力的东方新航路，直接获得东方的香料、珍宝、黄金，以此重振西班牙王国的财政实力。

这三大因素是哥伦布能够获得支持、动身出海的原因，而统一的西班牙此刻是君主专制集权制度，伊莎贝拉集大权于一身，她可以自己决定所有事情。一个是野心勃勃的女王，一个是心向远方的落魄船长，这两人终于在1492年成功联手，开启了改变人类的冒险之旅。

这注定是一段充满艰难的航行，虽然船员都是老手，但他们以前也仅限于在较小的内海航行，对于这种大风大浪跨越大洋的远航，大部分船员都是第一次。

哥伦布的船队排水量其实并不大，哥伦布坐镇的主舰船排水量只有120吨，另外两艘小船排水量仅有90吨和60吨。排水量决定着船的稳定性，大排水量的船更稳更舒适，小排水量的船晃动比较明显。中国“辽宁舰”满载时排水量为6万吨左右，美国福特号航母满载时排水量11.2万吨，旅游使用的邮轮排水量在20万吨以上才能保证舒适性，比如美国皇家加勒比邮轮公司旗下的“创世纪”号邮轮，排水量达到了 22 万吨。小排水量的哥伦布船队的舒适度极差，上百人在这种狭窄的小船上拥挤着一起摇摇晃晃，再加上很多人上吐下泻，想想这种体验感就不太好。

大海航行是枯燥无味的。虽然开始总是分分钟都妙不可言，谁都以为热情它永不会减，可谁知道很快激情退去后就开始疲倦。

历经两个月航行后，船队不但没有找到目的地印度，就连陆地的影子都没看见。由于当初出发计算失误，船上的补给也严重不足，淡水开始告急。茫茫大海中，死亡威胁如影随形，船员狂躁不安，纷纷要求立刻返航。

3 位船长同样失去了信心，立刻找到哥伦布，要求哥伦布放弃本次航行，立刻返航。

船长甲：老大，已经两个月了，别说印度，连陆地都没看到，船员都在说这是一趟“死亡航行”。

船长乙：风一直往西面吹，我们离西班牙本土越来越远，物资不够，我们可能都回不去了。

船长丙：船员都快造反了，还没到新大陆，我们就要死了吧？

哥伦布：淡定淡定，我心里有数，昨天在海上发现了海燕群，既然有海鸟出没，说明陆地就在附近。

船长甲：我们没有时间了，船员开始躁动了。

哥伦布：你通知他们，造反没有意义，即使将我哥伦布杀死，他们又能得到什么呢？这样吧，再给我 3 天时间，如果还无法到达陆地，我就立即返航。

船员们经过激烈讨论，觉得哥伦布说得有道理，决定继续回到工作岗位，等待 3 天后再作决定，就这样，一场即将发生的暴乱被哥伦布暂时平息下去。

历史很多时候是赌性极强的人创造的。

1492 年 10 月 11 日，在哥伦布承诺的第三天，其中一艘探险船“尼尼亚”号在海里发现了一根树枝。水手们将树枝捞上来，惊讶地发现树枝还很新鲜，上面还有一朵小花，树枝、花朵是陆地才有的东西，大家都很清楚，发现它们意味着陆地就在附近。

当天下午，他们陆续从海面捞起更多陆地才有的东西——藤蔓、树枝、苔藓，还捞到带有明显加工痕迹的木板，再次印证即将到达陆地。

这些发现让所有人极度亢奋，大家都争当瞭望员。这份以前没人愿意干的苦活儿、脏活儿、危险活儿，瞬间变得很吃香。

原来，西班牙女王承诺了一个非常诱人的条件：谁第一个发现陆地，谁就会得到重赏，还有一份年薪 1 万马拉维迪的工作。

这工资算是特别高了。哥伦布这次探险总耗资才 200 万马拉维迪，一个工人年薪只有 3000 马拉维迪，这个巨额奖励无疑是非常有诱惑力的。

1492 年 10 月 11 日晚，船队发现陆地，这里属于中美洲加勒比地区的巴哈马群岛，这块陆地注定会被载入史册。这个夜晚被西方史学家称为“有关人类命运的最重要一晚”。

哥伦布将这个群岛命名为“圣萨尔瓦多”，意为“救世主”，这个岛屿不但救了哥伦布，也拯救了刚刚统一的西班牙，但也正是他们的到来，给这里的人民带来了深重的苦难。

哥伦布以为自己到达了印度，其实这里是美洲，他无意中发现了一块前所未见的新大陆，后人将此事件定位为“世界的开端”“全球化进程的开始”。

欧洲吃货对香料的极大需求，驱动着哥伦布去探索世界，他并没有找到香料产地，却找到了新大陆。随后，在“哥伦布热”的催化下，葡萄牙、荷兰、英国的探险家纷纷扬帆远航。

人类吃货又一次迎来高光时刻，他们舌尖上的欲望，成了开启全球化的原动力，成为改变世界、重塑世界的开始。

**吃货们的驱使和哥伦布的错误，成就了人类新时代的开端。哥伦布误打误撞发现了新大陆，开启了迄今为止最大的物种交换，世界从此开始融为一体，社会和经济开启了一个新的时代。**

## 瓜分地球

### 两个小国家殖民了全球

就在哥伦布发现美洲不久后，西班牙的国旗就插遍了美洲，哥伦布马不停蹄，一口气占领了无数殖民地。海上力量同样强大的葡萄牙不甘示弱，随后也抵达美洲，两颗“牙”再次狭路相逢，见面就开撕，继续上演当年在非洲争夺殖民地的戏码。

两个军事实力强大的超级大国为争夺殖民土地、市场、财富打得头破血流，旁人只能远远观看，连拉架的胆儿都没有。为缓和两国日益尖锐的矛盾，罗马教皇亚历山大六世不得不出面调解。双方在 1493

年 5 月 4 日达成了调停协议，方案规定：由教皇亚历山大六世作保，在大西洋中部亚速尔群岛和佛得角群岛以西 100 里格①（约西经 46 度）划一条分界线，分界线以西属于西班牙殖民地，分界线以东属于葡萄牙殖民地，这就是有名的“教皇子午线”。

以现在的世界地图来看，就是如今美洲、太平洋周围归属西班牙，而亚洲、非洲两块大陆归属葡萄牙。没想到，道貌岸然的教皇给出的调解方案居然是让这两个国家瓜分美洲！

确定了分界线，剩下的事情就是去找殖民地了。葡萄牙国王大意错过了哥伦布，如今非常后悔，现在他也想找一个像哥伦布一样的探险者，去亚洲、非洲等属于自己的地盘上探寻新大陆。

真是想睡觉，就有人递枕头。

一个名叫达·伽马的航海家进入葡萄牙国王的视线。这个小伙子是名望显赫的骑士世家之后，含着金汤匙出生，成年后参加了“圣地亚哥骑士团”。跟哥伦布一样，达·伽马的梦想也是星辰大海，葡萄牙国王被他的雄心壮志打动，决心派遣他出海进行殖民地扩张，同时他还有更重要的任务：寻找香料产地。

你有哥伦布，我有达·伽马。

1497 年 7 月 8 日，28 岁的达·伽马率领 4 艘小型船共计 170 多名水手，踏上了探索之路。

航行近 4 个月后，达·伽马在好望角遇到强风暴，水手们纷纷要求返回。固执的达·伽马宣称自己不找到印度决不返回，强行命令船队照常向前航行，最后终于闯出惊涛骇浪。

1498 年 5 月 20 日，经过 300 多天的海上漂泊，达·伽马的 3 艘小

① 里格，一种古老的陆地和海洋测量单位，1 里格约合 3 海里，大约 5557 米。

船达到古里国。

古里，是中国明朝人对这个古国的称呼，西方人称其为“卡利卡特”。古里国在今印度西南部喀拉拉邦的科泽科德一带，它非常神奇，明朝的郑和、葡萄牙的达·伽马共同登陆过这里，郑和与达·伽马又先后在这里去世。

初到古里的达·伽马受到了当地人的热烈欢迎，当地土著居民和国王都是印度教徒，他们给达·伽马举行了盛大的欢迎仪式，而且按照东方的习俗，为达·伽马准备了一顶六人大轿接送。

达·伽马开始有点膨胀了。

他去拜见扎莫林王室，但似乎过于自大，有点得意忘形，准备的礼物非常简陋，甚至只送了一点自己使用过的二手货。

这让扎莫林国王非常不悦。国王早已知道葡萄牙人船上有纯金的圣母玛利亚雕像，但其见面礼却如此寒酸，他对小气的葡萄牙人态度急转，甚至午饭都没有请达·伽马吃。

虽然外交并不顺利，但达·伽马没有放过任何一个收集香料情报的机会，他让船上的人在外出期间，轮番进入古里城中贸易区，收集与香料贸易相关的信息。他们了解到大量来自锡兰、马六甲等地的物产信息，这为后来葡萄牙进行海外贸易提供了非常重要的线索。

非常关键的是，葡萄牙人在当地打听到了阿拉伯人一直隐瞒的香料产地以及香料运输路线，这成为葡萄牙人日后在香料贸易中竞争的主要依据。达·伽马的部下还趁机采集了肉桂、胡椒、丁香和宝石样本，作为证明自己实力、未来商业拓展的信息证明。他们还第一次听说了中国的确切消息——原来，几十年前就有海外船队来过这里，根据描述，那些船队的人蓄有长发，登陆时穿着胸甲，戴着头盔，携带一种长矛武器。

没错，当地人描述的就是当年明朝的宝船队，也就是郑和下西洋率领的船队，郑和比西方人早几十年到过这里。

不久后，达·伽马留下几个亲信水手，便率其余的人起航返回葡萄牙汇报工作。

1499 年 9 月 9 日，30 岁的达·伽马回到葡萄牙里斯本，虽然只剩下两条船和 55 名水手，但由于达·伽马开拓出一条到印度的新航线，他受到了葡萄牙国王的赏赐，并赐尊称为“印度洋上的海军上将”。

3 年后，达·伽马再次率领 23 艘军舰抵达古里时，发现由于王室对葡萄牙当初见面礼的成见，当年留下的亲信水手早已被杀害。达·伽马大怒，下令舰队炮轰古里，最终迫使王室屈服投降。

战争赢了，接下来是一顿烧杀抢掠。然后，达·伽马满载着从古里掠夺来的大量价值昂贵的香料，乘着印度洋的东北季风，率领船队返回了葡萄牙，顺利完成了第二次远航使命，他再次得到葡萄牙国王的大量赏赐，并受封为伯爵。

1524 年，达·伽马以葡属印度总督的身份第三次前往印度，不久后便在印度果阿感染了疟疾，在古里去世，时年 55 岁。

达·伽马开辟出一条从西欧到达印度的新航线，还从印度带回了大量的香料和珠宝，此后，他所开辟的新航线给葡萄牙带来了丰厚的利润。

新航线的发现，让葡萄牙开始参与到全球香料贸易中。葡萄牙原本只是一个有 150 万人口的小国，凭借着全球的贸易港口和殖民掠夺，其迅速成为在世界上有重要地位的超级大国。

## 金融的力量
### 经济学第一次展示出惊人的力量

航海，注定是勇敢者的游戏，大海风高浪急，稍不留意便会全军覆没，葬身大海。

16 世纪之前，航海成员都是临时拼凑的，属于合伙制，船员们共担风险、共负盈亏，贸易结束之后就散伙。如果出现风暴、海盗等突发情况，所有船员要一起对损失承担 100% 的责任，这可能导致这些人一夜回到解放前。

如此大的风险，让一般人都没有勇气加入航海队伍。如何才能抵御来自大海的不确定性风险、让航海可持续发展下去呢？擅长金融的英国人首先想到了办法。

1600 年 12 月 31 日，伊丽莎白女王颁发了一份皇家许可状，允许伦敦商人在东印度贸易的公司成立，这个当时只有 218 人的小公司，就是臭名昭著的英国东印度公司。

这份皇家许可之所以是前所未有的，包含两个重要原则：独家垄断、有限责任。

“独家垄断”是指只有这家公司才有权利代表英国在印度进行贸易。而具有革命性意义的是“有限责任”，正是这一条原则，将人类贸易推向了新时代。所谓“有限责任”，就是如果英国东印度公司不幸破产，无论公司赔了多少钱，股东的损失仅限于他们已经付出的投资，即使公司还有其他债务，也不再追责。这个石破天惊的脑洞，扫清了航海的最后风险障碍，彻底迎来了人类的海上争霸时代。

为了掠夺和殖民，欧洲各国纷纷建立了各自的东印度公司，授权贸易垄断，瓜分欧洲以外的地区。历史上，一共有 7 个国家成立了东印度公司。

英国东印度公司成立于1600年；

荷兰东印度公司成立于1602年；

丹麦东印度公司成立于1616年；

葡萄牙东印度公司成立于1628年；

法国东印度公司成立于1664年；

瑞典东印度公司成立于1731年；

奥地利东印度公司成立于1775年。

以前海员出海采用合伙制，每次远航贸易后都要清算一次，下次出海再找新合伙人，缺乏稳定性。东印度公司是一种稳定的团体，定期分红即可，不会解散。

有限责任公司的出现让英国的航海出现了前所未有的热度，风险可以控制在一定范围之内后，大英帝国的殖民地便如雨后春笋般越来越多。

正当英国沉迷于在全球抢占殖民地之时，忽然出现了一个新的竞争者——荷兰。

荷兰位于欧洲西北部。东邻德国，南接比利时，西、北濒临大海。荷兰人是日耳曼人的后裔，隶属于西班牙，最终经过80多年的斗争，摆脱了西班牙的统治独立。对于海洋贸易，荷兰人早就看在眼里，巨大的利益让其跃跃欲试，但大海的风险荷兰人也领教过。1594年，荷兰人组织了第一次航海，共289人、4艘船去东印度群岛买香料，损失惨重，只回来了89人、3艘船。但令他们欣慰的是，采购回来的香料卖出了高价格，回来的船员都获得了超高利润。

尝到了甜头后，更多荷兰人加入香料贸易，涌现出很多航海小公司。但小公司缺乏规模优势、风险承受力差，于是，1602 年，荷兰的 14 家小公司干脆联合起来，组成了荷兰东印度公司。

英国人的股份制公司虽然用“有限责任”将风险控制在了一定范围内，但一旦某个股东退出公司，就需要进行清算，还是比较麻烦。荷兰东印度公司继续开脑洞，又发明了一种新办法：允许股票自由买卖。也就是说，某个股东退出公司，你可以把股份转让给另外一个人，这个人给你付钱就可以，公司不需要进行清算。这个方法彻底解决了股份转让、变现的难题。

转让股票的对象不一定都是朋友，也可以是陌生人。那么就需要一个固定的场所来完成这次交易，于是，在 1609 年，最早的股票交易所——阿姆斯特丹股票交易所诞生了。

股份制、有限责任、股票交易，这是 17 世纪最伟大的进步。随后，还衍生出股票经纪人、商业银行信用货币、现代信贷制度等。

金融制度的创立，直接加速了全球的航海贸易。

肉豆蔻、丁香、胡椒和肉桂皮等都来自亚洲，通过海上运输，几乎都聚集在君士坦丁堡，这里是当时的贸易中心。

聪明的威尼斯商人全部聚集在此，一旦香料船靠岸，他们就几乎全部买下，再把香料通过地中海运到欧洲，大幅抬价后卖给欧洲的小商人。

1511 年，葡萄牙人的船队抵达香料群岛，打破了威尼斯商人垄断的香料贸易。

1580 年，葡萄牙被西班牙吞并，西班牙忙于在美洲大陆挖黄金、白银，无暇接管葡萄牙原有的香料贸易，导致香料群岛出现“管理真空”，这给了荷兰人机会。

荷兰人擅长做生意，他们随后用暴力把控了香料群岛的贸易权，把香料运到中国换丝织品，用丝织品去日本换白银，又用白银去换棉布，然后用棉布去印度换香料。按照现在的话说，这是一个商业闭环。

荷兰东印度公司已经逐渐成为所有东印度公司中贸易量最大的公司。经过多年经营，他们在亚洲海域沿岸设有多个分点，还在日本的平户、长崎建立据点，作为与中国贸易的中转站。荷兰政府持有东印度公司的股份，给予了荷兰东印度公司无上的特权，包括组建军事部队、自主发行货币、与他国签订条约、统治殖民地等，几乎就是一个小型的国家。

在近 200 年的时间里，这个公司平均每年给荷兰政府分红 18%，几乎相当于 200 年一直保持“股神”巴菲特的回报水准，只不过它们的收益都是靠掠夺得来的。

荷兰东印度公司在巅峰时期拥有超过 150 艘商船、40 艘战舰、5 万名员工与 1 万名雇佣军人，俨然一个国中之国。荷兰东印度公司曾释放出 650 万荷兰盾股权供国民认购，而当时荷兰 1 名工人的年薪只有 200 荷兰盾左右，但认购依然引发了荷兰全国的抢购热潮，不到 3 天，释放的股份全部被抢光。

但是，“海上马车夫”的香料贸易很快就遇到了另外一个劲敌，那就是逐渐崛起的英国。英国同样瞄准了香料贸易，他们也有一家东印度公司。

1588 年，英国海军击败西班牙无敌舰队，宣告全球正式进入英国霸主时间。

为了争夺香料贸易，英国占领了孟买并使之成为据点，这也是英国东印度公司的第一块殖民地。他们利用印度当地人的内斗，招募本地人组建了武装佣兵队伍，一手垄断贸易，一手殖民扩张。

为了获得更大的香料市场，英国开始抢夺荷兰的地盘，双方最终爆发了 4 次英荷战争，一直持续了近 100 年。第四次英荷战争从 1780 年打到 1784 年，英国靠着强大的海军，把军备落后的荷兰彻底击溃，并掠夺了荷兰丰厚的物资与殖民地。从此，英国彻底成为海上霸主，荷兰东印度公司于 1799 年解散。

近乎垄断了香料贸易之后，充满罪恶的英国东印度公司还在印度及孟加拉地区大量种植鸦片，输入中国，并在英国政府的许可下挑起鸦片战争。

1857 年，在印度民族大起义之后，英国于 1858 年通过了《印度统治法案》，撤销了东印度公司。1874 年 1 月 1 日英国东印度公司正式解散，这个充满罪恶和血泪的公司自此落幕。

历史，往往是由一群有欲望的人改变的，有时候是一群有权力欲望的人，有时候是一群有金钱欲望的人。这一次，是一群对美食有欲望的吃货们。这群欧洲吃货对香料的欲望，直接开启了大航海时代，掀起了殖民扩张的浪潮，让世界进入了全球贸易时代。

**吃货们的欲望，驱使西班牙、葡萄牙、荷兰、英国 4 个国家粉墨登场。在香料贸易的推动下，各国到达了国力的巅峰，成就了欧洲几百年的世界霸主地位。**

**这一切，史无前例地影响了人类历史的进程。**

## 第四章

# 货币的博弈

通货膨胀归根结底是一种货币现象。

——美国经济学家　米尔顿·弗里德曼

## 郑和下西洋

### 爱炫耀的皇帝导致国库缩水

1402 年，明成祖朱棣登基，同时决定迁都北京。

朱棣是一个有野心的人，多年来忍辱负重，眼瞅着自己的侄子建文帝朱允炆呼风唤雨，心中很不是滋味。他决心卧薪尝胆，暗地里积蓄力量，最后在靖难之役中给建文帝致命一击，最终篡位成功。

君临天下之后，便是无尽的落寞。朱棣坐在金銮宝殿之上，看着匍匐在地的文武百官，心里总觉得少了点什么。此刻，正是全球化的起点，各国已经互通往来。朱棣手里有一张王牌和一个隐患。王牌是装备和技术都强大的明朝海军，而隐患则是出逃海外、不知所终的建文帝，不知道他何时会卷土重来。

这位篡位的皇帝觉得心神不宁，他决定利用手中的海军王牌出海巡游，一是宣扬国威、融入世界；二是搜寻失踪的建文帝下落，解决隐患。

而肩负这次使命的就是郑和。

郑和本不姓郑，而姓马，他是一个回民，被皇帝赐姓郑。

马姓是回族的大姓。元末明初，回族人开始有汉族姓氏，这些姓氏多半源于他们的原有名字的首字发音，这些发音中，又以接近“马”“穆”“麻”音调的居多，最后大多数人都开始姓马。

明朝太监权势极大。郑和本名马三宝，10 岁时成为太监，进宫伺候燕王朱棣，为人机灵，在战争中数立大功，后升任为内官监太监。内官监主要掌管木、石、瓦、土、油漆、婚礼、火药、米盐库等，都和后宫息息相关。升职后的郑和变成了朱棣身边的红人。

1405 年 7 月 11 日，郑和率兵共计 27800 余人，乘坐 62 艘高大船只出发，开启了中学生历史考试中一个重要考点——郑和下西洋。

郑和船队浩浩荡荡地从南京出发，到江苏太仓刘家港集结，经过福建长乐，到达越南占城、爪哇、苏门答腊、满剌加、锡兰等地，航行的终点正是达·伽马到达的古里国。

虽然达·伽马和郑和的航行终点是同一地方，他们的航海目的却有天壤之别，这也导致他们的航海产生了不同的影响力。

葡萄牙派出达·伽马是进行海外殖民地扩张，打通了香料运输路线，赚取贸易暴利，极大地增强了葡萄牙的经济实力，稳固了当时葡萄牙的世界霸主地位。郑和下西洋的目的却是炫耀大明王朝的富有、强大和慷慨，跟现在微博、朋友圈炫富的群体的想法类似。

两者目的不同，行为也就相差巨大。

达·伽马每到一处，就寻思着如何占领殖民地，如何打通香料运输路线，如何开展贸易，有哪些商品可以带回葡萄牙，哪些商品可以来这里卖。而郑和每到一个地方，首先打赏国王，然后竖起石碑记录两个国家的伟大友谊，这种石碑简直就是实体版的朋友圈。

1407 年，郑和到达古里国后，照例竖起一块大石碑，碑文称："其国去中国十万余里，民物咸若，熙皞同风，刻石于兹，永示万世。"大意是：虽然古里国距离大明王朝有十万余里，但这里好像也还不错，跟我大明帝国一样，物产丰富，人民生活幸福安康，特立此碑，昭告天下。

立完石碑，接下来郑和就给当地人发钱、发东西，出手豪横，搞得当地人有点蒙。他们心里寻思：这些人开着船队过来，立石碑、送银子、送东西，然后开船回家，他们是不是傻？

的确，郑和下西洋其实就是一场炫耀大明王朝物产丰富、国力强大，宣扬顺我者昌逆我者亡的远航撒钱游戏。直接发钱可能觉得有点不好意思，郑和每到一处都会用白银收购当地的珠宝、玉石、香料等东西，出价超过正常价格，这种买卖让当地人大呼过瘾。比如，郑和到了苏门答腊岛后，国王就惊讶了。

国王：大哥，你是何方神仙，为何忽然从海里冒出来？

郑和：我乃航海正使郑和是也，从大明国乘船而来。

国王：大明？没听说过，但看你出手大方，应该是个土豪国？

郑和：当然，我大明圣上英明，沃土千里，雄兵百万，满地黄金，雄霸四方。

国王：手动点赞，我该做点啥？

郑和：当大明的小弟，就会重重有赏；要是作对，可要三思而行。

国王：大哥在上，受我一拜。这些翡翠、宝石、夜明珠，请笑纳。

郑和：开什么玩笑，我大明王朝富甲天下，怎么能白要你的东西，你这玩意儿市场价多少钱一个？

国王：20两银子。

郑和：我给你出400两够吗？以后价格都按20倍算。

国王：这怎么好意思。

郑和：告诉你一个秘密，你要是跟我回去朝拜皇上，赏赐的东西更多。

此后郑和每到一个国家，都会重复上演这样的戏码。郑和带着一船船的白银、丝绸、瓷器出发，回来时大船装满石头、玛瑙、象牙和一群小国家的使者。

这些西洋小国家的使者团队少则五六百人，多则一两千人，他们带着各种稀奇古怪的宝石、象牙、胡椒等东西向皇帝跪拜问安，表示臣服大明。

每当郑和归航，明朝京城就会出现四方来朝、盛况空前的繁荣景象。这让特别期望名垂青史、四海臣服的朱棣虚荣心得到极大满足。

其实，就时间上来看，郑和带领的是世界上第一个进行全球探索的船队，他下西洋比哥伦布发现美洲大陆早87年，比达·伽马早92年，比麦哲伦早114年。而且，明朝举全国之力，竭尽所能地提高航海技术，航海技术之先进，船队规模之大，航程之远，持续时间之长，涉及领域之广，无一不领先于同一时期的西方。如果当初郑和是哥伦布，这个世界也许是另外一个格局。可惜郑和只留下了一个故事，而哥伦布、达·伽马、麦哲伦却发现了新领土、新物种，开启了新航线、新贸易。

汉学家费正清指出了郑和与哥伦布的巨大区别，他说："中国船队不仅缺乏绕道非洲前往欧洲的推动力，甚至也没有驱动力在到达的地方建立贸易据点。中国和葡萄牙的航海人员能力相似，这使他们动机上的差异显得更为突出。因为中国人完全缺乏欧洲人那种力求扩张的强烈欲望，这一事实就使两者的成果大不一样。"

郑和在下西洋的过程中发现了一种动物，跟古籍中记载的"麒麟兽"非常类似，于是他满心欢迎地拉回来。这就是现在公园里的长颈鹿，算是为动物园作出了一点门票贡献。

郑和船队的水手在枯燥的航行中需要一些游戏打发时间。一开始，他们只能以投掷骰子赌博作为消遣，为了稳定队伍，郑和根据航海的风向、航船、水桶等元素，发明了麻将。

他分别用东、南、西、北代表风向，船的数量代表“条”，装淡水用的木桶代表“筒”，钱的数量代表“万”。麻将的发明不但稳定了军心，还为漫漫航程带来了更多娱乐性，大家一路航行，一路血战到底。

郑和庞大的船队来回穿梭在大西洋上，风光无限的大明王朝赚足了眼球，朱棣的虚荣心也得到了极大的满足，但这一切花销都需要国库来买单。

明朝为下西洋项目付出了巨大的代价，朝廷为支撑诸多举国面子工程消耗了大量人力物力，国库的银子快速缩水，以至于明朝中央银行不得不开启疯狂的印钱模式。

## 纸币的利弊

### 最伟大的金融发明却生不逢时

1023 年，成都的一项小发明震惊了世界，他们创新地发行了一种纸币，名曰“交子”。千百年来，所有国家都不约而同采用贵金属作为货币，如黄金、白银等，而交子大胆采用一张看似没有任何价值的纸作为货币，当时确实颠覆了所有人的认知。

具备时代意义的交子，为什么偏偏产生在宋代的成都呢？

这跟宋代宽容的经济政策和成都发达的商业有关系。宋代拥有有史以来最开放的金融政策，给予商人史上最高的地位，民众可以自由经商不受限制，也不会被社会歧视。成都的地理位置得天独厚，秦岭和巴山为四川隔断了隋唐时期的战乱，让成都的经济相对独立，因此成都成为宋代最为繁华的商业地带之一。可能成都人慢节奏、悠闲舒适、爱吃吃喝喝买买买的生活状态也是由此而来的。

非常爱消费的成都人首先发现问题：当时的铁钱带在身上实在太沉重了。据史料记载："小钱每十贯重六十五斤，折大钱一贯，重十二斤，街市买卖，至三五贯文，即难以携持。"

也就是说，宋朝的一贯小钱就有 6.5 斤（古时 1 斤为 16 两），一贯大钱 12 斤，商人要进一批绸缎，一般需要扛上 300 斤左右的钱。平时民众逛街买东西，几乎也需要携带 10 斤到 30 斤重的钱。这到底是逛街买东西，还是扛哑铃健身？

出门吃顿火锅还得带 80 斤钱，成都人怎么能忍受这种生活？其中 16 个暴发户最先尝试，用"私人票据"代替贵金属货币。这类似现在的支票，只要上面有有信誉的人签字，店铺商人收下后，可以随时去兑换现金。这种票据逐渐演变成全世界第一张纸币——交子。

交子的创新是前所未有的，经过民间实验之后，正式进入官家视野，在一些地方官推动之下，官方版本的交子应运而生。

公元 1023 年，宋朝政府正式发行第一批官交子，数量为 126 万贯，这应该是全世界首次由国家官方发行的纸币。从此，纸币成为官方认同的法定货币。

由于纸币跟黄金、白银、铜钱不同，交子并不需要用贵金属来制造，制造成本极低，当时也没有什么防伪技术，这就意味着伪造起来非常容易。显然官方也意识到了这一点，于是出台了明确法令：伪造、私造交子都是死罪。此后，宋朝按照两年一次的周期发行交子，每次发行额度都是 1256340 贯。

因为交子在流通中存在磨损、破损情况，所以政府把每张交子的有效期设定为 3 年，到期后可以用手里残破的旧钱换新钱，然后政府把旧钱销毁。这跟现在央行兑换旧钱的方式非常类似。总之，有了官府加持，一下解决了民间交子的信用问题，让交子在四川迅速推广开来，便于携带的交子为四川的茶叶商人提供了更大的竞争力，这让成都的商业和贸易快速向前发展。但是，货币形式再先进，也抵挡不住大宋的没落。

1069 年，王安石开启变法，这个优雅的文艺青年的政治能力似乎乏善可陈。变法运动显得非常极端，有些政策甚至非常愚蠢。他推出很多激进的新政策，引发宋朝内部激烈的党派之争。王安石与司马光针锋相对，使无数当朝为官之人受到牵连，苏东坡就在司马光与王安石变法之争中屡屡被贬，一生命运浮浮沉沉。

同时，外敌入侵也给北宋政权带来了巨大的生存压力。东北边境有契丹族，西北边境有党项族，他们对宋朝骚扰不断。宋朝一心想平定这些少数游牧民族，但打仗就需要钱，战争的开支动辄以千万贯计。朝廷惊喜地发现，因为交子是纸币，增发货币不像过去那样需要金银等贵金属，只需用纸印刷即可，这种成本更低、速度更快的造钱方式，为宋朝超发货币提供了便利。

大宋朝廷想用钱对吗？简单，打开印钞机就行。

于是，宋朝开启疯狂印钱模式，交子随之步入超发状态。根据史料记载，1094—1097 年的 3 年时间里，交子数量翻了好几倍。如果一个国家物品没有增加，只是单方面增加货币，必然会造成通货膨胀，也就是现在大家说的“钱毛了”“钱不值钱了”，百姓对快速贬值的交子的认同度越来越低。

宋代晚期，茶叶生意被国家垄断经营，商业活跃度急速降低，根植于民间贸易的交子需求量也逐渐降低。钱也是一种商品，也遵守供需原则，一旦需求降低，接下来就会贬值。

新、旧交子兑换钱的比例从以前的 1:1 逐渐变成 1:4、1:5。也就是说，手里 10 贯旧交子到期之后，只能兑换成新钱 2 贯，实际价值只剩下票面价格的 20%，最终，交子被市场抛弃。

宋朝完蛋了，来到了元朝。

1276 年，蒙古军攻占临安（今杭州），南宋灭亡。元帝国也认为纸币非常有优势，便效仿宋朝的纸币制度，用法令强行推行纸币。元帝国钟情于纸币，并非为了民众方便，而是觉得纸币成本低，方便大量印发，以此来增加军费，实现帝国野蛮扩张。

元帝国完全忘记了宋朝的通货膨胀教训，他们变本加厉地印发纸币，导致通货膨胀越来越厉害，民众对纸币完全失去了信任。

一看这招不成，元朝政府开始推行更加愚蠢的政策：变钞。

变钞，就是直接废除以前的钞票，发行新钞票。让百姓手里的旧钞票以非常低的比例兑换新钞票，这样一来，百姓手里原来有 100 贯钱，换成新钱可能只有 1 贯。这几乎是赤裸裸地掠夺百姓，元朝统治的近百年间，不断重复这一套玩法，令人发指。

1309 年，元朝政府又一次废除“至元钞”和“中统钞”，发行新货币“至大银钞”。官方规定，旧钱“至元钞”5 贯兑新钱 1 贯、“中统钞”10 贯兑新钱 1 贯，百姓的财产再次无端遭受血洗。1350 年，元朝政府再次变钞，发行“至正交钞”，兑换比例更低，这一次，百姓再也不愿意忍受贪得无厌的元朝政府，纷纷揭竿而起。

18 年后，元顺帝逃回蒙古，元朝灭亡。

## 重蹈覆辙

### 没有一个皇帝可以拒绝印钱的诱惑

纸钞本来是一种超越时代的发明，但正是因其太超前、太先进，以至于当时的国家缺乏足够的能力去驾驭它。宋朝也好，元朝也罢，都把纸钞玩坏了，最后只能玩火自焚。

朱元璋深知元帝国灭亡的重要原因之一就是变钞制度，况且朱元璋曾是农民，也是元朝变钞制度的受害者，因此，他暗下决心，绝对不能重蹈元帝国变钞制度的覆辙。

但奈何，发行纸钞非常爽，一直发行一直爽。朱元璋最终还是无法拒绝这种快感和诱惑，1375 年，在登基 7 年后，朱元璋按捺不住发行了明朝纸钞——大明宝钞。为了强调与宋朝、元朝的纸钞不同，朱元璋明文规定：这是明朝唯一稳定的钞票，以后不会再发行新钞票。也就是说，朱元璋向全国人民口头承诺不会再变钞。

全面施行纸币制度后，朱元璋发现纸币这个东西真是太好了，只需要弄点油墨，往纸上一印，就能直接拿着上街买东西了，一夜之间就能拥有亿万财富。

为了保持纸钞的地位，明朝规定，大明宝钞不能兑换任何金属货币，而且民间贸易禁止使用黄金、白银进行交易。违反者将会被重罚，“禁民间不得以金银物货交易，违者罪之。”

但民众都被元朝不要脸的变钞制度搞怕了，对纸币还是有点天然抗拒，民众更喜欢使用黄金、白银进行交易，因为贵金属不会变成废纸。

大明朝廷口头上承诺不会超发货币，但身体又比较诚实，官方不断印钱，纸币的数量越来越多，货币购买力开始直线下降，货币贬值越来越快。老百姓心里也清楚，上有政策，下有对策，他们表面上假装接受政策，暗地里还是更愿意储存、使用白银。于是，明朝时期，交易中纸钞与白银并行使用，无论朝廷如何严厉禁止使用白银交易，民众都顽固地坚持用白银交易。

朱元璋更加固执，他不断加重刑罚禁止使用白银交易，官方与民间进行了旷日持久的白银拉锯战。但大明宝钞并没有因朝廷的坚决态度停下贬值的脚步，因为官方一直没有停止印钱。1375 年发行之初，官方规定：1 贯大明宝钞等同 1000 文铜钱。几十年后，1 贯大明宝钞只能换 1 文铜钱，也就是说，纸钞只剩下千分之一的价值。

钞票超发、货币贬值，受害者不仅是民众，还包括朝廷官员。很多禁止使用白银交易的政策制定之后，几乎很难执行到位，因为官员也是受害者，他们也痛恨快速贬值的纸币。最后，来来去去，其实只有朱元璋一个人在战斗。朱元璋在位时确实跟当初承诺的一样，虽然超发货币，但没有实行变钞，可他的子孙似乎就不太记得这句话了。

潘多拉的魔盒一旦打开，便一发不可收拾。朱元璋后的每位皇帝在登基之后，第一时间都会废除旧货币，发行新货币。前一任皇帝驾崩，继任的皇帝马上宣布旧币失效，重发新币。《明史》记载，明朝商人每当在新皇帝登基之时，就会出现“资本一日消尽，往往吞声自尽”的悲剧，持有大量旧币的商人一夜之间财富归零，不得不绝望自杀。于是，每次接近皇帝驾崩之时、新旧皇帝更替之际，都会上演一场击鼓传花游戏，大家都努力把手里的钱花出去，直到鼓声停止、新皇帝登基，看这些旧钱在谁手里，谁就是那个倒霉蛋。

1521 年，嘉靖皇帝继位登基，这个年少的皇帝浑身充斥着年轻人的梦想，他迫切渴望重新掌控国家。跟他的父辈一样，他依然重新发行货币，他以为自己权倾天下，可以让人们放弃旧币，欢天喜地接纳自己的新货币。但事与愿违，面对这个不讲武德的年轻人，商人们完全不买账，用实际行动打了皇帝的脸，他们居然开始使用 400 多年前宋代的铜钱，也不愿意相信嘉靖皇帝发行的新钱。

货币的逻辑是国家信用，明帝国的信用已消耗殆尽，离经济崩溃也不远了，当然，离改朝换代也不远了。

## 封关禁海

### 愚蠢的皇帝自废海洋贸易

朱元璋是一个勤奋而又没有安全感的皇帝。他登基后，数次发布禁海令，撤掉各地市舶司，规定片帆不许入海，民间不许进行任何海上贸易，违者最高将处以绞刑。这看起来有点愚昧的政策，跟朱元璋的一个宿敌有关——忍着经济下行而封锁海洋，是因为旧敌张士诚。

张士诚家境贫困，早年以贩卖私盐为生，元末发动盐徒起义，于 1354 年在高邮自称“诚王”，国号大周，定都平江（今苏州）。

朱元璋消灭陈友谅后，开始攻打平江。他多次派人劝降张士诚，均被严词拒绝，最后双方兵戎相见。经过一年血战，张士诚弹尽粮绝，朱元璋攻破城池，张士诚被俘自杀，但张士诚的残余部队却成功突围，从海上逃走了。朱元璋知道张士诚部队战斗力极强，可能会反攻明朝，为了避免他们伪装成商船攻进来，朱元璋决定封关禁海，以防他们乘虚而入。另外，禁海还可以切断反动势力的内地补给，让张士诚旧部无法继续发展壮大。

一番操作下来，大明江山似乎再也没有后顾之忧，却苦了那些依靠海洋捕鱼、商业贸易生存的百姓，特别是福建一带的渔民，他们世世代代靠海吃海，一纸法令就让他们失去了一切。

如果封关禁海政策只是朱元璋暂时的政策也罢，或许等他去世后，继任皇帝可以调整改变。但朱元璋偏偏把这个定成祖训，要求后世明朝皇帝都必须无条件遵守。

中国的海洋贸易戛然而止，海运事业由盛转衰，海上只允许郑和下西洋这样的官方活动，完全禁止民间片板下水。但郑和下西洋的活动不但没有给明朝带来实质性收入，还顺便掏空了国库。

虽然官方三令五申不得下海，但百姓需要生存，所以，海上走私活动增加，原本正大光明的贸易被一纸禁令搞得如同间谍活动。按照朝廷的思路，既然禁止了海洋贸易，那么也不需要太多官兵来维持治安。因此，明政府将日常治安维护的海军裁减到仅剩几艘舰船，这根本不够在那么长的海岸巡逻，幸好如此，走私活动才没办法完全禁止，百姓才有了一点活路。

当时，倭寇遍及整个东南沿海。倭寇的字面意思是“日本海盗”，但其实大多数倭寇并非日本人，甚至许多人根本就不是海盗，他们只是一群陷入困境的中国沿海百姓。这些所谓的倭寇其实是一群“未能谋得一官半职的秀才、破产商贩、被官府解雇的小吏、饥饿的农民、僧人、逃犯”，当然，这里面也有真正的职业走私犯、职业海盗。所以，他们大部分都不是穷凶极恶的人，而是要吃饭、要生存的百姓，但朝廷显然不问他们做海盗的缘由，只是一心要想铲除他们。生存让他们爆发出巨大的战斗力，朝廷对此毫无办法。

商即是盗，盗即是商，善恶一时间无法分清。如果条件和政策允许安居乐业，谁又愿意背着倭寇的骂名呢？他们大部分应该都只想安安静静做点小生意，而不愿冒着随时被朝廷围追堵截的危险讨生活。

那么，这些人冒着杀头的危险到底在走私什么商品呢？大家不会觉得他们只是想走私寿司和漫画吧？答案是白银。

明朝商人早就对大明宝钞失去信心，民间需要大量白银支持贸易。白银已经成为民间的硬通货，而中国本土出产白银甚少，只能通过海外贸易换取。

日本与中国距离最近，银矿也比较丰富，当时日本号称“银岛”，郑若曾《筹海图编》提到“日本夷商惟以银置货，非若西番之载货交易也”，也就是说，日本人用银子来中国换取货物，而不是像西方国家一样与中国以货换货。所以，当时形成一个非常奇怪的循环：海上走私贩把国内的茶叶、丝绸、瓷器走私到日本，换回白银，茶叶生产商等用白银交税给国库，明朝用国库的白银养军队，军队去剿杀走私倭寇。

但是，日本白银产量毕竟有限，无法完全满足大明王朝日益增长的白银需求，而且，日本也已经察觉到大量白银流失到中国，开始限制白银出口。明朝白银供应严重不足，严重限制了工商业和民间经济发展。

## 大帆船贸易

### 打群架促成欧洲与中国的贸易

欧洲吃货们催生了大航海时代，各探险家纷纷出发前往神秘的东方。航海风险较大，探险者有的病死在途中，有的半道失踪，还有走错路的哥伦布无意间发现了美洲大陆。当然，也有找到香料产地的船队，比如葡萄牙人麦哲伦在西班牙王室支持下带领的船队就是其中一支。麦哲伦死后，他的助手带领船队于 1521 年驶入马鲁古群岛，这是一个盛产丁香、肉豆蔻、胡椒的荒岛，被印度、中国和阿拉伯商人称为“香料群岛”。

西班牙想分一杯羹，希望在这里建立贸易基地，于是与先到的葡萄牙展开争夺，但几经努力，西班牙皆以失败告终。耿耿于怀的西班牙念叨着卷土重来。又过了 40 多年，西班牙船队再次出发去夺取香料群岛，他们派出了 5 艘舰船，船队武器装备齐全，武装人员上千人，船长名叫黎牙实比。

船队先到达菲律宾，他们在宿务岛扎营休息，但葡萄牙早已获得消息，非常清楚西班牙人来者不善，于是派出小分队频繁骚扰，希望西班牙人知难而退。为了保证夺取香料群岛的行动一举成功，黎牙实比一边让主力部队掩人耳目，转移葡萄牙人的视线，一边亲自带领一支突击队，悄悄接近香料群岛，准备打对方个措手不及。

突击队队员都是千挑万选的精兵强将，其中包括 100 名西班牙士兵、50 多名本地向导，黎牙实比希望以出其不意的方式接近香料群岛，要么占领岛屿，要么取得有利位置。突击队一路向北加速航行，次日便到达离香料群岛非常近的民都洛岛，打算在这里稍作休息，顺便采购一些补给。他们听说这里有中国贸易船队，西班牙人从未见过中国人，中国只出现在马可·波罗的书中，传闻中国人智慧无比，生产出来的丝绸、瓷器都精美绝伦。

中国贸易船队来这里做什么呢?

原来，中国商船每年都会随着季风来到菲律宾，最常来的就是民都洛岛。这里距中国较近，中国人用瓷器、丝绸、香料等商品交换菲律宾的黄金和蜂蜡等物品。每次中国商船来临，当地都像过节一般热闹，人们奔走相告，从四面八方聚到中国商船周围，翻出家里的好物件，或者拿出储存的黄金白银和中国商人贸易。

丝绸、瓷器、茶叶、香料，这都是西班牙最受欢迎的东西，黎牙实比觉得如果采购一些带回西班牙，说不定可以大赚一笔。于是，他派手下驾驶两艘小帆船去拜见中国商人，目的是表达合作愿望，希望能够和中国人做生意。差不多相当于现在的去交换微信，便于日后做生意。

在黎大叔眼里，中国是强大而不可征服的。因此，出发之前他告诫手下船员：遇到中国人一定要以礼相待，不可造次。船员异常兴奋，因为马上可以见到偶像一般的中国人，他们连夜出发，在天快亮的时候，见到了停在民都洛岛的中国大帆船。

但是，出现了一点意外。

西班牙的小帆船刚刚出现，中国商人就提高了警觉，他们认为西班牙人是来抢劫的，于是亮出武器，敲锣打鼓，齐声呐喊，点燃火箭炮，做出要决一死战的姿态。

西班牙船员脸上的微笑戛然而止，中国商人这个开场白把他们给整蒙了，但他们毕竟是专业海军，当时西班牙的无敌舰队可是纵横海上罕遇对手的。缓过神来的西班牙船员决定跟中国商人干一仗。

这些中国商人原本只是为了虚张声势、吓唬敌人，所以开场架势摆得特别足，打起来却不堪一击。西班牙的滑膛枪火力十足，几个回合下来，西班牙船员就登上中国商船，杀死了一半的中国商人。商船被攻破，耻辱的场面出现了：侥幸活着的中国商人主动跪到甲板上，口里大声喊着："老爷饶命！"

虽然无法责怪这些并不擅长打仗的商人，但这些色厉内荏、前倨后恭、虚架子的中国商人给西方国家留下了非常不好的第一印象，这为后来的马尼拉屠杀埋下了伏笔。

等到船长黎大叔赶到现场时，战斗已全部结束。黎大叔对西班牙船员鲁莽的行为非常生气，这跟他一直提倡的“和平友好对待中国人”的原则相去甚远，他给幸存的中国商人道了歉，并释放了他们。

两艘中国大帆船中的一艘被彻底摧毁，另一艘也损伤严重。当时中国的平底帆船非常宽大，与欧洲船构造完全不同，因此西班牙船队中没有人能修补这种大帆船。为了表示歉意，西班牙船队拖着中国帆船走，一直拖回到主力部队基地，经过一个星期才把中国商人的船修好，两伙人重归于好，约定明年再来这里进行贸易。

西班牙人虽然非常期待与中国商人贸易，但由于当时欧洲非常落后，他们有点自惭形秽，他们甚至找不到什么可以拿得出手的货物与中国商人交易。因为大明王朝留给世界的印象实在是太强大、太富有了，看起来什么都不缺。西班牙人忽然想到，根据上次不顺畅的沟通来看，中国商人似乎对白银有兴趣，带上白银应该能买到中国商人的丝绸和瓷器。

西班牙人在为难，中国商人也在纠结。第一次与西班牙做生意，西班牙到底喜欢什么东西他们也拿不准，所以，中国商人也费尽心思，最后还是凭感觉装载了 3 船商品，主要是一些丝绸、茶叶、瓷器等经典物品。

第二年，3 艘中国商船准时出现在菲律宾。西班牙人看到中国商船上的精美商品，眼里放出了亮光，他们几乎不加选择地把 3 船商品全部买下。中国商人看到满船的白银也欣喜若狂，所以首次交易非常成功。中国商人快速卖完 3 船商品，载着西班牙银元回到中国，这次贸易获得的银元，在中国几乎可以买到 5 倍同样的物品，中国商人首战告捷。

而西班牙人更是异常兴奋，他们也没有想到，自己手中看似没多大用处的白银居然可以买到丝绸和瓷器，这简直就是一次双赢贸易。

因为在欧洲，黄金才是主要货币，白银只是作为次要的补充。

从此，越来越多的中国商船穿越海洋，来到菲律宾与西班牙人进行贸易，他们满载丝绸、瓷器、茶叶而来，又满载白银回到中国。

西班牙人认为自己用廉价的白银买到了中国最好的商品，中国商人觉得同样的商品换回了5倍的白银，是真正的双赢模式，这就是世界史上有名的大帆船贸易。

此前，大明王朝的白银几乎都来自日本，日本白银数量有限，因此，白银紧缺严重束缚了明朝的经济发展。历史就是这么巧合，就在明朝处于白银困境之时，为吃货寻找香料的西班牙船队及时为大明王朝补上了这个空缺。从此，西班牙白银开始源源不断地流向中国，弥补了大明王朝的“白银荒”。由此，明朝晚期有了一次短暂的经济繁荣。

## 白银大发现
### 放羊娃拯救了明朝

**货币是经济学中的重要构成。一个国家货币多了肯定不行，会造成通货膨胀，前文讲到的宋朝、元朝都是因为纸币发行太多，造成了物价飞涨、货币贬值，明朝的大明宝钞也因为滥发，被民众抛弃。**

明朝晚期，民众转向以白银作为货币，但由于中国并不生产白银，日本白银的供应有限，出现了货币供应不足，也就是经济学中的通货紧缩现象。钱太多的“通胀”不好，而钱太少的“通缩”更不好。通货膨胀造成物价飞涨，通货紧缩则造成商业凋敝。因此，各国对货币数量的精准调控水平代表着国家央行的专业水准。

西班牙的船队无意中给中国带来了大量的白银，中国借此暂时解决了白银短缺难题。西班牙白银的到来，缓解了通货紧缩问题，极大地重振了大明晚期的经济。

西班牙的白银大发现，还得归功于一个放羊小哥。

1545 年 4 月的一天，一个名叫华尔巴的牧羊人正在玻利维亚南端海拔 3600 多米的安第斯山脉高原上努力寻找他丢失的一只羊。这原本是个寻常举动，但这将会影响到万里之遥的大明王朝的命运。

华尔巴在山脊上被绊了一跤，慌乱之中，他随手抓住一棵小树，但由于力度过大，把小树的根部生生拽了出来。华尔巴正感到生气，回头发现刚才拔出小树的地方泥土被翻开，里面闪烁着不一样的光泽。他仔细查看，发现是一种银色的金属矿石，看起来像是白银。

没错，这是一座超级银矿，而且是当时世界上最大的高纯度银矿。当时普通银矿含银量一般在 5% 左右，这个银矿含银量竟然高达 50%，也就是说，随意拿起一块矿石，有一半是白银。

牧羊人的发现点燃了西班牙的激情。西班牙商人都看到了商机，纷纷来到安第斯山脉“淘银”。刚开始，西班牙人按照传统的高温煮沸法提纯白银，直接把矿石进行高温蒸煮，但由于这里的矿石含银量极高，高温把矿石里的大部分银都直接蒸发浪费掉了。后来，他们学到了当地人的低温炉技术。与西班牙传统的高温煮沸法不同，当地人以干草和羊驼粪为燃料，让冶炼过程一直保持低温状态，白银不会被蒸发。

原本一个荒凉之地，随着无数淘银客的到来，生生被大家挤出一个繁华的城市——波托西，这是一个在发现银矿之后平地崛起的城市。

中国的白银需求越来越大，银矿的地位变得越来越重要。玻利维亚的波托西被西班牙命名为“皇家山庄波托西”，名声一夜之间达到巅峰。

辉煌时期的波托西人口数达到了近20万，几乎与当时的伦敦、阿姆斯特丹等城市规模相仿。这里海拔达到4090米，一度成为世界上海拔最高、最富裕的城市。当然，这里也是世界上最恐怖的地方。

每一块白银都渗透着殖民者的贪婪和欲望，还有矿工的血泪。西班牙殖民统治者在当地强行征工，原本生活平静的原住民被强行赶入几百米的深坑中开采银矿。深不见底的矿坑中弥漫着大量的白银蒸汽。矿工下去一趟一般只能待几个小时，就不得不回到地面上喘气休息，吸入大量白银蒸汽让他们身体严重受损，大部分人很快死在深不见底的银矿洞里。

据统计，在西班牙统治期间，即16世纪中期到19世纪的300多年里，共有超过800万人死在波托西矿山里，因此这里也被称为“地狱入口”。无数人的生命为西班牙殖民者换来了巨额财富。300多年里，波托西一共产出了2.5万吨白银。

西班牙还专门在波托西开设了皇家铸币厂的分支机构，从矿山出来的白银在当地被加工成西班牙银币，转运到西班牙，然后源源不断流向中国。

虽然西班牙白银暂时缓解了大明的货币难题，但对于明朝来说，印发货币的中央银行在西班牙而不在国内，流入白银数量的多少也不受控制。因此，白银危机并未解除，依然是悬在大明帝国头上的达摩克利斯之剑。

# 第五章
# 白银通缩危机

通货紧缩比通货膨胀更具危害性。

——英国经济学家　约翰·梅纳德·凯恩斯

## 朝贡游戏

### 朱棣虚荣心催生的面子工程

人类终其一生，大都在寻找两样东西：安全感和认同感。一般来说，男性偏向于寻求认同感，而女性偏向于寻求安全感。偏偏朱棣同学两样都特别缺。

建文帝不知所终，让朱棣很没有安全感，总担心他会卷土重来，于是派人七下西洋搜寻其踪迹。朱棣还喜欢万国来朝、小国使者跪拜自己的认同感，于是不惜血本，对所有来朝拜的人带来的物品，明朝都给予高标准回报，此举吸引了源源不断的朝拜团。朱棣为周边小国创造了一门生意：只要来朝拜大明皇帝，就稳赚不赔。

按照朱棣制定的朝贡制度，凡是加入朝贡体系的国家，无论带来的是人参、象牙等特产，还是奇奇怪怪的坛坛罐罐和石头，大明王朝都要加倍回礼，一般会按照朝贡带来东西的5~10倍回馈银子、瓷器和丝绸。朱棣享受这种四方来朝的认同感，大明王朝全体人民则要为皇帝的癖好买单。

周边小国发现这是一门发家致富的好生意，于是纷纷走出国门，组团到中国朝贡。其中发生了很多好笑而又让人无奈的事情，甚至还有人为了争着朝贡而大打出手。

1523年，日本两大名臣细川氏、大内氏同时派人来大明朝贡，本可以高高兴兴一起骗银子，但因为都不愿意对方分羹，在宁波登陆后，双方爆发了一场武力冲突，死伤惨重，这就是历史上有名的“争贡之役”。

还有一些小国家朝贡上瘾，每年频繁来往中国，次数之多让人瞠目结舌。比如朝鲜一年就来了100多次，算起来应该是每周发团两次。琉球国近水楼台先得月，薅羊毛更方便，平均每年朝贡50多次，每周发团一次。明朝见蒙古国来朝贡的次数太多，多次表示实在无法承受，让他们少来几次。蒙古国一听就怒了，下一次带着部队骑马横刀过来朝贡，不接受朝贡就武力对抗，没办法，明朝只能被迫笑纳。

但大明帝国的财力是有限的，即使再富有，财政系统也禁不住朱棣这么任性和豪横地挥霍。很快，财政大臣就发现国库里的银子已经不多了，仓库里全是一堆堆胡椒、象牙、人参等各种土特产和一堆堆五颜六色没什么用的石头。

朱棣不算经济账，只算政治账。国库承受不住，最后不得不采用非常荒诞的方案：给官员发工资的时候，30%发米、70%发胡椒和其他朝贡品。明朝官员每个月扛回去不少胡椒、玛瑙、土特产，他们不得不去市场低价卖掉，换成钱贴补家用。大明朝的公务员每月领到工资后的几天，下班后就会悄悄去市场摆摊售卖，这些不太会做生意的读书人的窘态可想而知。

除了朝贡体系巨大的支出，大明帝国还面临更多的麻烦，最大的问题还是挥之不去的通缩问题。

## 白银帝国

### 从被朝廷禁止到地位转正

大明帝国毫无节制地增发钞票，频繁变钞，民众手里的纸币随时可能成为一张废纸，再三被伤害的民众选择拒绝使用纸币，转而私自采用前朝的铜钱进行交易。随着炼铜技术的发展，铜变得很容易获得，不再是贵金属，造假也非常容易，于是，铜钱开始迅速贬值，纸钞、铜钱的信用度一同降到历史最低点。

据记载，嘉靖年间，民众几乎不再相信任何一种货币，民间一度倒退到以物易物的原始社会状态。1567 年，也就是中国商船在菲律宾偶遇西班牙人后的第三年，尝到甜头的隆庆皇帝宣布了一个让所有人振奋的消息：取消禁海政策，开放对外贸易。这就是史上著名的“隆庆开关”，从此，明朝愚昧的封关禁海政策终于结束。开放贸易之后，再加上西班牙人白银的推波助澜，白银开始大量进入中国民间。

此时，白银已经自发成为全国通用的货币，虽然官方一直提倡使用纸钞，禁止使用白银交易，但依然无法遏制白银的普及。

从中国的古典文学中就能看出白银在中国民间的普及性，《水浒传》《金瓶梅》里的人物，出门吃饭、购物用的都是银子。大明王朝强行规定民众必须使用大明宝钞，显然没有起到作用。

朝廷也看到了事情的严重性，货币到了不得不改革的时候。1581 年，万历年间，一个头脑清醒的丞相决定把白银合法化。这人就是张居正，时任内阁首辅，明朝一切军机政事均由他决策。他看到了大明宝钞的尴尬处境，感受到了黎民百姓的疾苦，也看到了明朝赋税过重的灾难，推出了一系列改革提振明朝经济，其中最重要的就是“一条鞭法”。所谓“一条鞭法”，就是把田赋、力役和其他所有杂税合并，统一按照每户拥有的田亩数量计税，这样更加合理，而以前是按照每户人口数量计税。“一条鞭法”还规定：除苏州、杭州、湖州、上海、嘉兴等地方需要向国家缴纳粮食之外，其余地方均将税收折算成白银缴纳。白银的身份正式得到了朝廷的承认，从此白银正式成为国家认可的主流货币，海外白银可以正大光明地进入中国了。

那么，大量白银涌入，到底对明朝的经济有什么影响呢？首先受益的是手工业，类似今天的制造业，包含丝绸、瓷器、茶叶等，这些都是明朝支柱型产业。此前无法进行海外贸易，国内市场和销量有限，且国内纸币贬值较快，商家会控制生产规模，因为规模越大，一旦钞票贬值，损失就会越大。现在，海上贸易恢复，白银转正，销售市场从国内扩展为全球，商业的潜力一下就爆发出来了，产量快速上涨。来自日本、西班牙的白银大量涌入，买走了中国大量丝绸、瓷器、茶叶，商品需求量也与日俱增。而且，采用白银作为结算货币，让大家更有安全感，作坊主也敢于扩大规模，工业因此得到了突飞猛进的发展。

当时，“中国制造”是响当当的全球品牌，是高端、品质、精美、优雅的代名词，世界各国的商业机构纷纷开设中国贸易基地，大量买走中国商品。

1571 年，西班牙人在菲律宾马尼拉建立殖民地，随后建立了贸易中转站，建成了一条新的全球贸易通道。这条通道跨越太平洋，连接墨西哥和中国，这是人类历史上第一条真正的全球贸易航线，中国商品从此开始走向世界。

这条世界级贸易航线，输入了大量白银的同时也把中国制造的商品带到海外。白银与商品贸易不但让中国与世界建立了连接，也造就了大明帝国晚期超预期的繁荣。

此刻，品牌意识逐渐被唤醒。如果人们对于某个店铺的品质印象深刻，那么，他们下次大概率会再去购买，于是，店铺字号开始出现。字号，就是店铺名字，也是产品的品牌，今天大家谈论的“老字号”，其实就是具有悠久历史的老品牌。

除了个体作坊，一些商业团体开始快速崛起，大家熟悉的晋商、徽商、浙商等，就是同一地域商人团结在一起、互帮互助的群体，他们以共享共担的方式，应对市场的风险和变数。

晚明商业的繁荣，进一步带来了人们生活方式的改变。

“仓廪实而知礼节，衣食足而知荣辱。”百姓解决了温饱问题，就会想到文化。在明朝中晚期，在张居正改革、白银大量流入驱动下，民众生活发生了翻天覆地的变化，纷纷开始消费升级。普通市民开始模仿士族文化，进行读书、品茶、遛鸟、听戏等活动，也开始收藏、把玩文物。同时，文房四宝逐渐成为民众家中的必备品。百姓的消费升级带动了服务业、手工业等行业的快速发展。

白银，犹如一剂强心针，给风雨飘摇的大明晚期带来了繁荣，但眼前的繁荣，恰恰让人忽视了其中的隐患。

## 通缩诅咒

### 明朝灭亡的主因是经济学问题

张居正确立了白银的地位，却又不得不面对另一个问题：中国并非盛产白银的国家，几乎绝大多数白银都由和日本、西班牙的贸易来取得。也就是说，明朝自身无法掌控白银生产的数量，而从海外流入的白银数量取决于贸易、海洋走私等多种不确定因素。这意味着，明朝已经失去了国家货币发行主导权。

失去货币发行主导权最大的隐患是会出现不确定的通胀和通缩，这才是张居正最为担心的地方。所以，一个国家要想让经济平稳发展，货币数量一定要控制在合理范围内，不能太多，也不能太少。这就要求把货币发行权掌握在自己手里。

从现代来看，自从布雷顿森林体系金本位制度崩溃之后，几乎所有国家都会通过加息减息、加减存款准备金，甚至直接印发货币来控制货币数量，保证经济平稳。

明朝政府失去了对货币数量的发行权，就相当于国家的经济命脉掌握在别人手中，只能听天由命，这让张居正有点隐隐的担忧。

担心什么，就会发生什么。先是西班牙方面的白银供应出现问题。荷兰、西班牙两个国家是世仇，双方为了争夺海上霸主地位展开了你死我活的厮杀，战争断断续续持续了 80 年。

本来这两个国家离中国较远，明朝大可以坐山观虎斗，但明朝的白银脖子卡在西班牙手里，西荷战争爆发后，荷兰在海洋上占据优势，不断阻拦西班牙商船通行，导致白银无法及时送到中国，而且西班牙打仗自己也需要钱，于是逐渐减少了白银输出中国的数量。另外，中国与西班牙关系也日趋紧张，两国民间商人之间的暴力冲突不断加剧。1639 年，在马尼拉的西班牙商人屠杀了 2 万名中国商人，不久后，中国商人又抢回地盘，杀死几千名西班牙商人。

多重因素相互叠加，西班牙向中国输送的白银急剧减少。以前西班牙每年有 60 多船白银运送到中国，西荷战争爆发后，骤减到每年只有六七船白银，只有以前的 10%。

大明帝国再次遭遇银荒。国外白银输入减少，中国民众感知最快，市场上白银开始变少，商人担心以后无法再获得白银，开始收藏白银，越来越多的白银被藏到地下仓库，这进一步减少了市场上的白银数量，加剧了银荒。

银荒，其实就是经济学中的通货紧缩。通货膨胀非常可怕，通货紧缩比通货膨胀更可怕，因为这会导致整个社会经济出现大面积萎缩。物以稀为贵，货币也是一种商品，也遵从同一个供需原理。市场中白银减少，白银价值迅速上升，这直接衍生了另外一场大危机。

张居正的“一条鞭法”实施后，所有税收都用白银来计算，百姓需要先将粮食兑换成白银，再把白银缴纳给政府。但是，现在白银价值陡升，原先一石粮食可以换 10 两白银去缴税，现在一石粮食只能换 5 两白银。税收数额虽然没有变，但因为白银升值，百姓要多交 1 倍的粮食，这相当于手里的粮食严重贬值了。同样的税收，百姓如果用白银缴税，需要付出比过去多一两倍的粮食，显而易见，税收在无意中加重了。

以“天下兴亡，匹夫有责”为人们铭记的顾炎武，就描述过陕西银荒的惨状。当年虽粮食大丰收，但因白银升值，导致农民依然交不起税赋，“民且相率卖其妻子”，也就是说，百姓不得依靠卖儿、卖女、卖妻来维持生活。

然而，大明帝国的麻烦不仅如此，随之而来的还有气候变化。

## 小冰期

### 印第安人是全球降温的始作俑者？

1550 年，明朝的第十一位皇帝嘉靖在位。嘉靖帝是不一样的烟火，他不爱治国，对道教异常入迷。在各地掀起“尊道教、毁佛寺”运动，一顿打砸抢的操作之后，终于把道教扶上了正位。于是，他一手促成了大明后期的两大“特产”：道士和太监。

他召集道士入朝为官，有个叫陶仲文的道士甚至官至礼部尚书，同时身兼少师、少傅、少保等重要职位，这在中国封建历史上是空前绝后的。道家热衷炼丹炼药，追求长生不老，嘉靖帝也不例外，他派人到处采集灵芝仙草、炼制丹药，以期望长生不老。嘉靖帝多次在民间挑选少女进宫，采补其处女经血炼制丹药，为保持宫女洁净，她们被要求经期不得进食，只能吃桑叶、喝露水。嘉靖帝多疑暴戾、喜怒无常，鞭打宫女更是家常便饭，最后，忍无可忍的宫女们发动了中国历史上唯一的宫女起义“壬寅宫变”。

1542 年，杨金英等十数名宫女无法忍受嘉靖帝的暴虐，趁嘉靖帝熟睡之际，用黄绫布死死勒其脖子，试图杀死他，但因宫女慌乱之中绳子使用不当，刺杀未遂。随后，方皇后带人赶到，将宫女制服。嘉靖帝震怒之下，下令将参与政变的宫女全部凌迟处死。

嘉靖帝从此有了心理阴影，搬到了西苑居住，其后 20 余年里既不上朝，也不出席任何典礼，一心炼丹、养生、修道，追求长生不老。毛泽东评价嘉靖帝“炼丹修道，昏庸老朽，坐了四十几年天下，就是不办事”。

一个皇帝混成这样，天下就他独一份。

本来嘉靖皇帝不上班也可以吃祖宗老本，勉强维护飘摇的明王朝，但老天偏偏不让明朝岁月静好，不久后，一个严峻的气候问题摆在了嘉靖皇帝面前。

这就是著名的“小冰期”气候灾难。全球气温快速下降，地球被笼罩在寒冷的天气中，这种超低温天气从 1550 年开始一直到 1770 年结束，前后一共持续了 200 多年。

天气持续寒冷，各地作物连年歉收。全球此时几乎都以农业为主，一旦农作物无法生长，后果将不堪设想，饥饿的民众可能随时会制造出巨大的社会灾难。这个导致明朝危机的小冰期是纯粹的自然现象吗？如果不是，那么罪魁祸首是谁呢？

美国弗吉尼亚大学的一位教授给出了一个非常让人信服的答案。他认为引发这次小冰期的并非大自然，而是源于美洲大陆的土著居民印第安人。

印第安人，一直以来都是生猛的代名词，他们像是中国古代北方的游牧民族，逐水草而居，居住地的资源消耗完，他们就迁移到新的居住地。

造成小冰期的主要原因是印第安人种地方式的改变。印第安人刀耕火种，他们每到一个地方，就会放火焚烧森林。以草木燃烧后产生大量的草木灰作为肥料，下雨后，焚烧过的地上草木灰和泥土就会混合在一起。印第安人在草木灰和薄薄的泥土混合物中播种，这能让他们不用犁头耕地也能轻松播种，取得收成。

但是，这种简单浅层的耕种方式只能利用较薄的浅层草木灰肥力，肥力也只够他们种一季作物。美洲土地广袤无边，一块地肥力用尽，他们根本用不着继续深耕这块土地，而是直接换个地方焚烧下一片森林。人少地多、资源取之不尽用之不竭的美洲，让他们有足够的森林焚烧。美洲大面积森林被焚烧，烟雾遮天蔽日，覆盖了美洲大陆，生成的二氧化碳笼罩了整个地球。

他们遵循祖训放火焚烧了两千多年森林，产生的大量二氧化碳不断积累，释放到空中，逐渐形成了强大的温室效应。这些二氧化碳在地球表面形成一个厚厚的保温层，让地球可以常年保持某个恒定温度。

印第安人放火不杀人，依旧可以保持岁月静好，似乎也没有碍着谁。但走错路的哥伦布改变了这一切。这个为吃货寻找香料的大叔误打误撞来到美洲，开启了“哥伦布大交换”，从此，全世界都知道了富饶的美洲，殖民者、冒险者、侵略者纷至沓来。

美洲让初来乍到的冒险者大感意外。这片大陆，没有马、猪、蚯蚓，还因为没有蜜蜂，所以很多果树只开花不结果。而且，美洲也没有车，因为没能发明出车轮，这确实有点让人意外。世界上所有的文明都不约而同地发明了车轮，美洲却是例外。事实上，美洲完全没有任何大型动物，唯一看起来比较大的就是羊驼，印第安人几百年来都靠它们来驮运东西。

越来越多的欧洲人来到美洲，带来了许多美洲没有的物种，引入了小麦、苹果、猪和马，也从美洲新大陆带走了玉米、西红柿、花生、薯类、火鸡等物种。同时，他们也给美洲带来了致命的威胁。

美洲大陆本来没有马，是欧洲人带去了马。印第安人对马一见钟情，马迅速在印第安部落中普及，最终成为印第安人狩猎文化的基础。

欧洲人带去许多生物不断丰富着美洲的物种，也带去了各种足以让印第安人致命的病毒：天花、流感、肝炎、麻疹、脑炎、肺结核、白喉、霍乱、斑疹伤寒、猩红热……

这些对欧洲人并无太大影响的病毒，对印第安人的伤害却是致命的。美洲大陆是一个独立陆地，这里原本少有人体病毒，因此印第安人缺乏病毒免疫能力，几乎无法抵抗任何病毒。所以，病毒以碾压的姿态横行美洲，造成无数印第安人死亡。

根据历史学家估计，这次流行病至少造成美洲大陆 60% 的人口丧生，死亡人数在 1500 万~1650 万。除了传染病，欧洲人还因为侵占土地和资源，与当地人爆发冲突，武器先进的欧洲人以暴力杀害了大量印第安人，进一步减少了印第安人口数量。

在病毒和暴力的双重打压之下，印第安人数量急剧减少，甚至一度消失踪迹，曾经在美洲大陆上燃烧了上千年的森林大火也开始慢慢熄灭。森林恢复沉寂不再燃烧，排往空气中的二氧化碳快速减少，以前燃烧过的地方又变成茂密的树林，大量吸收空气中已有的二氧化碳，造成二氧化碳含量进一步降低。

此时，人类工业化时代还没有到来，全球二氧化碳产生量严重不足，地球上空的保暖层逐步变薄，曾经保持地球温度的温室效应开始减弱。

现在，温室效应通常被描述成一种气候的负面现象，按照这个逻辑，温室效应消失应该是好事才对。但事实上，温室效应若在合理范围内，可以为地球保温，只有在过度的情况下才会让气温升高，超过正常范围，造成冰山融化等现象，对人类造成负面影响。

当时的温室效应有效地保持了地球温度，二氧化碳不足后，地球逐渐失去保暖层，气温开始下降，人类进入了长达 200 年的小冰期。

由于全球气温下降，亚洲大陆与太平洋之间夏季温差变小，温暖湿润的亚热带季风很难深入中国的华北平原、陕北黄土高原区域。而亚热带季风正是这些地区雨水的主要来源，一旦失去雨水供给，中国的华北、陕北就会面临着气温下降、干旱少雨的双重打击，庄稼几乎很难再有收成。俗话说“民以食为天”，农民如果吃不饱饭，那么大概率就会造反，所以，明末农民起义连续不断，几乎都是因为饥饿而起的。

## 蝴蝶效应

### 欧洲吃货无意中埋葬了明朝

事物的发展有时候太奇妙，原本无关的事物，会被偶然事件串在一起。吃货们需要香料，西班牙政府要赚这份钱，于是哥伦布为了巨大的利益和奖励出发，他因为数学不好，走错了路，误打误撞到达美洲。后来，他们带去了病毒，当地住民缺乏免疫力大量死亡，无人再焚烧森林，这导致二氧化碳急剧减少。地球保温层消失，温度开始下降，使得中国农作物连年歉收，饥饿的农民揭竿而起，大明王朝覆灭。

美国气象学家爱德华·洛伦兹曾有一个“蝴蝶效应”理论：一只南美洲亚马孙河流域热带雨林中的蝴蝶，偶尔扇动几下翅膀，两周以后可以引起美国得克萨斯州的一场龙卷风。

这个理论常常被用来比喻有时候一个小动作可能会引发连锁大反应。

欧洲贵族想撒一点香料在肉中的小爱好，就像是一只扇动翅膀的蝴蝶，传导到哥伦布到达的美洲，最后酝酿成一阵席卷全球的飓风，导致明末起义，给大明王朝唱响了挽歌。

明朝变钞上瘾，让国家的法定货币彻底失去了信用，对于民众来说，新钱不过是一张废纸。货币信用的崩溃也是一个国家经济全部崩塌的开始。纸币信用的崩溃使白银得到普及，而中国不产白银，又注定将货币发行权拱手相让。货币供给听天由命，数量多少完全随机。

一个国家经济发展有三驾“马车”：投资、消费、净出口。朱元璋用自己的愚昧封关禁海，全面禁止海运、禁止海洋贸易，自废一架“出口贸易马车”。而白银缺乏，商业不兴，人们无法正常贸易，作坊主不敢生产产品，百姓不敢消费，再废一架“消费马车”。郑和下西洋虽然是一个投资工程，但举全国之力，远航炫富、耗时耗力的投资却只有支出没有收益，前后持续了 28 年，只是为了满足朱棣的认同感和安全感，轰轰烈烈的航海并没有给国家带来投资收益，反而掏空了国库，又废掉第三架“投资马车”。

三条“腿”全瘸的明朝，经济收入不多，再加上下西洋耗资巨大，朝贡体系支出毫无节制，注定走上一条不归路。

官员怨声载道，无数人上书朱棣要求取消“下西洋”项目，而这个庞大、烧钱、无收入的航海项目，直到明朝国家财政再也无力支撑时，才不得不勉强终止。

事实上，当时明朝出产的青花瓷已经成为欧洲皇室、贵族必备的奢侈品，价格非常昂贵，只要朱棣脑子稍微清醒一点点，就知道应该把这些东西运到西方去卖个好价钱，而不是白送给前来下跪的人。

但历史没有如果，也无法重来一次。

关键时刻，上天再让明朝雪上加霜。小冰期导致了全国性饥荒，饿死无数人，大明王朝的统治开始出现松动。1627 年，陕西澄城的饥民率先暴动，拉开明末农民起义的序幕，随后王自用、高迎祥、李自成、张献忠纷纷起兵。

1636 年，李自成自称“闯王”，当时有民歌，“迎闯王，不纳粮”。因为李自成起义的西北，正是饱受银荒、气候影响的饥荒之地。1644 年，李自成在西安建立大顺政权。1644 年 4 月 25 日，李自成攻陷北京，崇祯皇帝绝望中自缢身亡，明朝覆灭，大明降下了最后一片船帆。

此时，远在欧洲的吃货们，正沐浴在柔和的烛光里，享受着胡椒粉撒上牛排的香味，他们也许不曾想到自己间接参与了这一场覆灭大明王朝的游戏。

**与其说是起义军推翻了明朝，还不如说是哥伦布推翻的；与其说是哥伦布，还不如说是那些欧洲吃货们推翻的。追逐美食的他们，无意中埋葬了一个东方帝国。**

第六章

# 土豆的工业革命

土豆解决了欧洲粮食问题，释放了劳动力，推动了英国工业革命，帮助了美国建国。

——《经济学家》杂志

## 迁海令

### 愚蠢的清朝继续沿袭禁海政策

1636年，皇太极称帝，改国号为大清。1644年，驻守山海关的明将吴三桂降清，多尔衮率领清兵入关。这个从东北杀出来的创业团队是女真族的后代，非常擅长骑马打仗。

少数民族顺利入关、占据江山，这让汉族人民面子上有点过不去。于是，南明政权、大西政权联合反清复明，人们熟悉的金庸小说《鹿鼎记》描述的正是这段历史背景下的故事。

当时，反清的核心力量是三大政权：李自成的大顺政权、张献忠的大西政权，以及明朝战败后逃到南京再建立的南明政权。郑成功也在东南沿海崛起，他手里掌控着当时世界上最强的海上军事力量（1662年，他击败了荷兰的舰队，收复了当时被荷兰殖民的台湾，在海上几无对手）。

郑成功的父亲郑芝龙在明朝灭亡后投降大清，但清政府不讲武德，仍将郑芝龙斩杀。郑成功更与清朝势不两立，最终，郑成功与南明政权联手，任联合军最高统帅，巅峰时期旗下兵力高达40万人。

这么大规模的军队要养，可不是一笔小开支，但郑成功自有生财之道。他一手军事，一手生意，玩得风生水起。

郑成功的生意主要有两大部分。最重要的是他与日本密切的商业贸易，他把军队、后勤、补给的基地布局在厦门，依靠海上船队优势与南洋、琉球、朝鲜、日本等国进行全面贸易。

郑成功的母亲田川氏就是日本九州平户人，郑成功也出生在那里。郑成功跟日本人之间的贸易，相当于跟外婆家的亲人做生意。他从中国获得丝绸、茶叶、瓷器，运往日本交易，获得日本的铅、铜、铁、白银，铅、铜、铁等金属，一部分用来打造武器，另一部分走私卖给民间，白银则铸造成银币作为军队饷银和采购军需物资的货币。白银在中国是紧缺的硬通货。他的另外一部分收入是对荷兰船队征收过路费。荷兰占据台湾后，将中国的生丝、瓷器、茶叶转运到日本、欧洲等地销售。依仗强大的军事力量，郑成功一直对来往于海湾海域的荷兰商船征税。

清政府面对南明政府、郑成功、李自成、张献忠这几股力量，都没有胜利的把握，而且八旗子弟不擅长水战，更无法对付郑成功强大的海军。于是，清朝决定采用海上被动防御政策，仿照明朝封关禁海，下令片帆不得入海。一方面防御海军从海上攻入，另一方面希望切断郑成功的贸易收入，借此削弱郑成功的战斗力。

为了截断郑成功的生意收入，清朝的做法堪称惨绝人寰。一个叫黄梧的人提出“平贼五策”，建议完全禁海，且迁走海边百姓，在经济上困死郑成功。1661 年，清政府颁布“迁海令”，要求河北、山东、江苏、浙江、福建、广东等地沿海居民分别内迁 50 里，商船民船一律不准入海。为了皇权稳固，视民如草芥，这次暴力迁徙给沿海老百姓带来了深重灾难。臭名昭著的鳌拜负责执行，其心狠手辣，为了断绝居民留在家乡的念头，干脆让官兵放火焚烧当地房屋、粮食、渔船，反抗者就地正法。

在内迁过程中，沿海居民就地死伤超过 50%，再加上一路上饿死、病死的，到达目的地大约只剩下不到 20%。“渔者卖妻鬻子，究竟无处求食，自身难免，饿死者不知其几”，这些人穷得只能卖儿卖女才能活下来，饿死的人不计其数。数以万计的民众被迫迁到内陆区，但肥沃的土地早已经有主，外来者不得不进入土地更贫瘠、更不易耕种的无人山区落脚。这里水源不足，土石杂乱分布，小麦和水稻几乎无法种植，而且没有大海，无法施展他们擅长的捕鱼技能。一时间，上百万被迁徙的人几乎陷入了生存绝境。但天无绝人之路，一切自有天意安排。哥伦布大交换为他们带来了一线生存的曙光，一种来自南美洲安第斯山脉的作物，在这关键时刻救了他们。

## 土豆的敌人

### 人类吃货与马铃薯的战斗

安第斯山脉位于南美洲西岸，从北到南全长 8900 千米，是世界上最长的山脉，素有“南美洲脊梁”之称。最高峰是位于阿根廷境内的阿空加瓜山，海拔 6962 米，也是世界上海拔最高的死火山。安第斯山脉对中国历史一直有着巨大影响，这里产出的两样东西直接影响了远在万里之遥的中国经济和政权，分别是白银和土豆。

明朝时期，中国白银大都来自安第斯山脉的波托西银矿。白银促进了晚明时期的经济繁荣，但因为战争因素中断供应，又加速了明朝的覆灭。

产自安第斯山脉的土豆随着欧洲人的帆船到达中国。

土豆是一个古老的物种，在 8000 年前就已经生长在南美洲西部的秘鲁了，虽然它们并没有招惹任何人，但秘鲁吃货们就是不放过它们。

5000年前，秘鲁人开始对野生土豆动手动脚，企图把它们变成食物。但野生土豆很不好惹，它们在进化过程中练就了一身本领。为了抵抗真菌和生物的侵害，它们进化出一种有毒的龙葵素，误食龙葵素会导致瞳孔散大、呼吸困难、昏迷、抽搐，甚至有生命危险。

但是，不怕吃货偷，只怕吃货老惦记。在上百年的时间里，秘鲁吃货屡败屡战，一直坚持用各种办法食用土豆，其间引发了多次中毒、死亡事件，但他们似乎要与土豆周旋到底，始终坚持不放弃。看到如此肥硕的土豆不能顺利吃下肚，秘鲁人总是耿耿于怀，好在他们从与土豆长期的战斗中摸索到了一些好方法。他们发现骆驼在吃土豆时，会先大量啃食一种黏土，用黏土把土豆包裹起来再吞下去，这可能在土豆表面形成一层保护膜隔绝了毒素，也可能是黏土本身也会降低毒素危害，用这种方法吃下土豆的骆驼每次都安然无恙。受此启发，他们在食用土豆之前，也尝试使用黏土和水的混合物浸泡土豆。他们发现，土豆被浸泡一段时间后毒性大减，对人已经不会产生太大影响。

秘鲁人并未止步于此，他们继续努力培育土豆的新品种，经过上百年的尝试，终于培育出多种毒性低、口感好、产量高的系列土豆新品种。与此同时，他们也开始琢磨如何才能做出好吃的土豆菜，解锁了很多种土豆新吃法。

他们会在冬季把土豆放在室外，夜里气温骤降冻硬土豆，白天气温上升，土豆解冻，经过一个冬季多次重复冻结、解冻，靠自然挤出土豆内的水分，使土豆变成一种纯天然的土豆干，他们称之为“巧纽土豆”。这种巧纽土豆没有水分，不易腐烂，非常利于储存，可以作为灾荒年的粮食储备。当年印加帝国面临极端气候灾害之时，都依赖巧纽土豆渡过难关。

安第斯山脉的波托西银矿挖矿的工人也以巧纽土豆为食，在暗无天日的地下矿洞里辛苦劳作，饿了就食用土豆干。

便宜又好吃的土豆，当地人是肯定藏不住的。

1532 年，首批西班牙殖民者抵达安第斯山地区后，发现了当地人爱吃的这种圆形块茎，随后土豆开始从美洲大陆慢慢传播到欧洲各地。

在欧洲人的认知里，植物的果实都应该是树枝结出来的，但土豆似乎有点另类，跟其他欧洲作物完全不同，它的果实是长在土里的块茎。欧洲人对这种全新食物既感兴趣又很怀疑，因为土豆的表皮看起来跟麻风病人的皮肤类似，有人谣传吃了土豆可能会诱发麻风病，于是很多人拒绝食用土豆。都是颜值惹的祸，长这么丑也不是土豆想要的结局。

而且欧洲人发现《圣经》里居然没有提到过土豆，既然这样，就有人相信这种奇丑无比的作物肯定来自地狱。民间传说食用土豆会引发梅毒、猝死和性狂热，于是，很长一段时间内，欧洲人都把土豆拒之门外。难不成土豆在美洲英雄一世却要命运终结于欧洲？当然不是，随着一场战争的爆发，土豆的命运随之改变。

1756 年，欧洲大陆爆发了著名的“七年战争”，英国和普鲁士联盟与法国和奥地利联盟武力开撕，展开了一场持续 7 年的战争。战争期间，普鲁士军队有一次俘虏了一个名叫巴孟泰尔的法国随军药剂师，并把他关在战俘营中。由于战事紧迫，根本无人顾及一个低等药剂师的死活。

普鲁士军队自身的粮食供给存在严重问题，所以没有多余的面包给俘虏吃，唯一能给战俘吃的就是当地农民喂猪的饲料——土豆。

巴孟泰尔并未觉得跟猪一样吃着土豆而憋屈，反而喜欢上了这种救自己一命的食物，他觉得土豆不但口感好，而且特别有营养。结局也有趣，那些有一顿没一顿吃面包的普鲁士士兵身体都被拖垮了，反而是吃土豆的战俘一个个肥肥胖胖的，把看守士兵看得目瞪口呆。

不久后，巴孟泰尔被释放回法国，他发现自己的祖国正在闹饥荒，他想起了自己在普鲁士吃过的土豆是那么美味，于是他着手对土豆成分进行分析。经过分析，他发现土豆含淀粉量非常高，还含有多种人体需要的营养元素，完全可以作为主粮。他开始在家乡大面积栽种土豆，并撰写了许多有关土豆价值的文章，到处宣讲土豆的好处。他还用土豆做成各种菜，请当地有名望的人来试吃，希望他们帮助推广土豆的种植和食用方法。

但这一切努力都无法让愚蠢的法国地方政府改变想法。某市政府居然发布禁食土豆法令："鉴于土豆这种有害物将可能引起麻风病、梅毒等病，本政府严厉给予禁止，若发现有人私自种植，将罚以重金"。此时，大家都觉得土豆是个坏蛋。

法国人从误会土豆进一步变成害怕吃土豆。因为吃土豆还会被罚款，很多人忍着饥饿也不愿意吃土豆，还给土豆起了一个外号——魔鬼苹果。

心急如焚的巴孟泰尔拿弱智的市政府毫无办法，看着地里的土豆一茬接一茬地丰收，但他无法找到推广土豆的突破口，依旧没办法打消人们对土豆的敌意。巴孟泰尔心生一计，他放弃了劝说地方政府，改从顶层人物想办法，他决定从贵族、国王那里寻找突破口，这样或许可以事半功倍。

他想办法混进了国王的生日晚会现场。生日晚会现场气氛非常热烈，正当晚会快接近高潮之时，巴孟泰尔忽然站了出来。

巴孟泰尔：陛下，生日快乐！

路易十六：这谁啊，什么爵位？

巴孟泰尔：陛下您忘啦，上次您来镇里出访，我给您唱过歌。

路易十六：哦，是你啊。

巴孟泰尔：要我再给尊敬的陛下唱一首吗？

路易十六：不！上次听你唱歌半年没缓过来，这次所来何事？

巴孟泰尔：我是来给您献一种非常少见的花的。

路易十六：皇家花园不缺花。

巴孟泰尔：您肯定没有看过这种花。您看，这些花多美，这是白色的花，这是粉色的花，这是紫色的花。

路易十六：不错，但并无惊艳之处，你先下去吧。

玛丽王后：等等……

巴孟泰尔：王后，有何吩咐？

玛丽王后：我喜欢这些花，有一种孤芳自赏的美，它们叫啥？

巴孟泰尔：土豆花。

从此以后，玛丽王后每次外出或参加宫廷高级宴会，都喜欢在头上别一束土豆花。国王受到王后影响，在接待外宾、参加典礼的时候，也会把土豆花别在外衣的纽扣上。还别说，这一招真好使，当时宫廷里的爱好就是流行风向标，自从国王和王后佩戴土豆花之后，法国就掀起了一阵土豆花流行风，纽扣孔里没插一朵土豆花都不好意思出门。

于是，从宫廷到民间，几乎所有的小姐、太太都开始把土豆花当成高贵、时髦的装饰品。

药剂师巴孟泰尔一战成名，赢得了国王和王后的好感。随后国王下令允许巴孟泰尔种植土豆，还承诺愿意派兵保护土豆花不被人偷摘。当然，土豆开出的各色花朵要专供宫廷使用。

1785 年，巴孟泰尔在巴黎郊区开辟了一大片土地，种上了各色各样的土豆。路易十六也兑现了承诺，派遣重兵把守土豆田，任何人不得靠近开花的土豆田。但“皇家土豆”越保密，就越是能勾起旁人的兴趣，周围的农民好奇心爆棚，每当夜晚士兵撤离岗位之后，他们就去地里悄悄偷一些土豆回家种植。

巴孟泰尔并不会阻拦，这正是他想要的效果。请求国王派兵把守，目的就是利用人们的好奇心，引起大量关注，然后改变大众对土豆的看法。巴孟泰尔骨子里还是一个理科心机男。

土豆种植很快在法国流行开来，慢慢有人开始食用土豆，人们这时候才发现，曾经非常受排斥的土豆其实如此可爱，不但开出的花是流行品，长出的块茎居然也非常好吃。

巴孟泰尔推广土豆的心愿终于以这种戏剧性的方式达成。

土豆得到了大面积种植，帮助法国人度过了多个无粮的灾荒年，土豆也因此被法国人亲切地称为“地下苹果”，不再是当初的“魔鬼苹果”。巴孟泰尔因此闻名全国。现在，在很多法国餐厅中，依然还有好几道以“巴孟泰尔”命名的土豆菜。

18 世纪末，土豆逐渐成为欧洲人的主食。土豆让欧洲的粮食产量翻倍，很多国家对土豆高度依赖，比如，40% 的爱尔兰人把土豆当成唯一食品，在德国、英国、荷兰、比利时，土豆占据食物的 1/3。

现在，那些在清政府迁海令之下被迫迁徙的难民，正住在无法种植水稻和小麦的山区地带，他们是否有运气遇到大洋彼岸救命的土豆呢？

答案是肯定的。

## 马尔萨斯陷阱

### 土豆打脸人类专家

事实上，不但中国山区的百姓面临饥饿，在小冰期的持续影响下，全球大部分地区的粮食产量都严重不足，已经无法养活当时的人口。

英国政治经济学家马尔萨斯提出了一个关于人口增长的理论，他认为人口是按照几何级增长的，而物质则按照算术级增长。几何级增长，是按照乘方的方式增长，越到后面增长越快。而算术级增长则是按照加法的方式增长。按照他的理论，物资增长无法赶上人口增长，多余的人会因饥饿而死亡。这就是“马尔萨斯陷阱”，根据这个理论，在中国人口大爆炸之后，接下来会有百万计的人因饥饿而死。这个理论在很多国家都被验证有效，它正确诠释了人口增长带来的饥饿问题。但是，英雄的土豆打破了这一理论。

美洲的土豆传入欧洲后，巴孟泰尔让土豆战胜偏见、成功转正，成为法国人的主食，帮助法国人度过了艰难的大饥荒，第一次突破了马尔萨斯预测的饥饿陷阱。同样，土豆也拯救了饥饿的中国人。

1573年左右，土豆就传入了中国，此后中国粮食大面积减产，迁移到山区的几百万人也急需找到能够替代水稻、小麦等传统作物的粮食。土豆完美地解决了这些难题，这种来自美洲的坚强作物，不挑地方，不挑气候，无须太多水分灌溉，简直是为当时中国个性化定制的产品。

中国人对土豆一见钟情，它进入中国没多久就被中国农民，以及因迁海令进入山区的难民接纳，迅速成为餐桌上的主粮。

清朝乾隆初年开始，户籍管理趋于放松，农民可以自由迁徙，很多土地不够的农民开始大规模搬迁、开荒，中国迎来了种植土豆的高峰。

随着农民的迁徙活动，土豆的种植范围得到了进一步传播，即使是相对偏远的四川、陕北、宁夏、海南、山西，也都开始大面积种植。土豆很快适应了中国的气候、土壤，即使是在其他作物无法适应的黄土高原，也依然保持着高产量。

土豆拯救了亿万中国人，让深受小冰期、迁海令之苦的中国人度过了最艰难的日子，在其他作物几乎颗粒无收的情况下，中国人依然可以依靠土豆保证温饱。

智慧、心灵手巧的中国吃货们创新了各种土豆菜的做法，来回报这位来自美洲的“客人”。人们一开始只是将土豆打磨成粉，与荞麦等主食一同蒸煮，后来，土豆逐渐被做成糕点，切成丝、片、块、丁状做成各种美食。土豆深深融入中国饮食文化，成为其不可缺少的部分。土豆也成为清朝政府的战略粮食，帮助中国战胜了马尔萨斯陷阱。在残酷的自然灾害面前，中国的人口数量不但没有降低，反而得到了几何级增长，迎来了前所未有的“人口大爆炸”时代。

中国自夏、商时代以来，人口增长速度非常缓慢。大秦帝国高峰时期只有 3000 万人，盛唐时期全国也不过 5000 多万人①，即使在商业异常繁华的北宋，最多也只是突破了 1 亿人而已②。但从明、清开始，在土豆的加持下，中国人口开启狂飙式增长模式，高峰期达到了 4 亿多人。

---

① 关于盛唐时期人口的数量，学者看法不一。唐朝史学家杜佑认为，天宝年间户口峰值为一千三四百万户。现代学者赵文林、谢淑君认为，天宝十三年（754）唐朝人口峰值为 6300 万人；冼国栋认为天宝十三年人口峰值为 1430 万～1540 万户，王育民认为天宝年间户口峰值为 8050 万人；葛剑雄认为天宝十四年（755）人口峰值在 8000 万～9000 万人；陈旭麓提出，唐朝人口峰值是 9254 万人；日本学者日野开三郎认为，唐朝人口最高值为 2000 万户，约 1.4 亿人。

② 根据《中国人口通史》的资料，北宋人口在大观四年（1110）达到了 9400 多万人。葛剑雄认为，大观四年距离北宋灭亡还有 17 年，可以肯定北宋人口突破了 1 亿人。

美籍历史学家何炳棣教授在《明初以降人口及其相关问题（1368—1953）》一书中，着重论述了土豆引进中国前后的明、清以来 6 个世纪里中国人口的变化。在土豆进入中国之初，中国人口约 2 亿人，在土豆进入中国 300 年后，中国人口达到 4.3 亿人，翻了一倍，很大一部分功劳应归于土豆、玉米等外来作物的普及。

1971 年，联合国在东非国际沙漠化会议上确定：干旱区人口每平方公里只能养活 7 人，半干旱区每平方公里只能养活 20 人。但我国自然条件类似的地区养活的人口远超这个标准值，比如干旱区的甘肃每平方公里养活 55 人，宁夏每平方公里养活 68 人，这些地方都是中国土豆的重要产区。

能支撑明、清的人口大爆炸，主要因素是以土豆为代表的美洲作物的引进，当然这里也有玉米、红薯等作物的功劳。

土豆为中国人的生存问题立下了头等功，中国人对土豆一开始就没有任何偏见。远渡重洋而来的土豆，让这里的人群得以繁衍生存。

2015 年，中国启动了土豆主粮化战略，积极推进把土豆加工成馒头、面条、米粉等主食，土豆将成为继稻米、小麦、玉米之后的又一大主粮。默默无闻的土豆成为中国的粮食担当。很多人有疑问，土豆真的可以作为主粮吗？它凭什么可以与稻米、小麦、玉米平起平坐呢？

抛开土豆救过咱们不说，即使从科学角度讲，它也真的非常有内涵，其营养价值不可小觑，完全具备成为主粮的资格。稻米、小麦、玉米等传统三大主粮能提供的营养成分，土豆都能提供，甚至表现得更为出色，土豆的维生素 C 含量为蔬菜之最，是普通蔬菜的 2~4 倍。

土豆的氨基酸组成也与人体需求非常接近，这一点连大米和小麦都无法比拟。而且土豆的脂肪含量低，对于高血压、高胆固醇、糖尿病和肥胖都有很好的预防作用，所以，那些所谓“吃土豆会长胖”的说法完全是对土豆的污蔑。土豆的蛋白质含量与鸡蛋相当，且容易被人体消化吸收，土豆的膳食纤维含量远高于稻米、小米、小麦，几乎是它们的3~10倍。更关键的是土豆产量高，亩产最高可以达到8000斤，秒杀所有粮食作物的产量，大约是小麦的8倍、水稻的4倍，其经济价值可见一斑。而且，土豆种植还非常节水，种植土豆每亩用水量只有水稻的20%、小麦的40%，对于很多缺水的半干旱地区，这简直就是物种救星。

2021年，中国进口粮食1.6亿吨，且进口量呈逐年上涨趋势。中国正在成为全球第一大粮食进口国，要想解决粮食的进口依赖，土豆主粮化是势在必行的战略之一。

## 重塑美国

### “土豆病”成就美国的移民和文化

土豆在欧洲站稳脚跟后，迎来了大规模种植热潮，欧洲土地上出现了一条长达3000多公里的土豆种植带。它西起爱尔兰、东到俄罗斯乌拉尔山脉，这一片广袤的土地密密麻麻种植了大量土豆，为欧洲吃货们源源不断地输送着食材。

英国著名经济学家亚当·斯密也注意到了土豆的巨大经济贡献。他写道：“伦敦的车夫、脚夫和煤炭搬运工，以及那些靠卖淫为生的不幸妇女，最底层的爱尔兰民众，据说他们之中绝大部分是靠土豆赖以生存的。”

16 世纪，英国逐渐吞食爱尔兰领土和主权。1801 年，爱尔兰并入英国。英国将掠夺的大部分良田分给了在爱尔兰居住的英国人，没有田地的爱尔兰人被迫沦为小佃农，成为欧洲最贫穷的人群之一。这些佃农劳作一年，肥沃良田里的作物都归英国地主所有，他们只能获得一些零碎、偏僻、土质不好的土地自己种植，在这些贫瘠的土地上，很难栽种其他作物，只能种植适应性强的土豆。然而，反转的情况再次出现，一切都出乎英国人的预料。

因为土豆营养丰富，在几次气候灾难之后，跟普鲁士的情况一样，吃土豆的爱尔兰佃农反而成为欧洲营养状况最好的群体，而那些侵占爱尔兰土地的英国地主们，反而有一部分成为营养不良的群体。

人在做，天在看。

从一个爱尔兰的段子，就可以看出爱尔兰人对土豆的感情：

一个英国人在一间茅屋里看见一大群面色红润的孩子，便问他们的父亲：“你是用什么方法养育了这么多健壮的孩子？”

这位农民回答：“得益于耶稣。”

英国人：“哦，原来是耶稣！”

农民：“也就是土豆，先生。”

在爱尔兰人心里，土豆就是耶稣，就是他们的救世主。爱尔兰有句俗语：“在爱尔兰，只有两样东西开不得玩笑，第一是婚姻，第二是土豆。”土豆已成为爱尔兰文化的一部分，甚至被当成他们家庭中的一员。

亚当·斯密也认为：“看起来，土豆可以像稻米一样成为人们的主食，而且因为土豆产量更高，所以，同样数量的耕地会养活更多人口，由此看来，欧洲未来的人口将会增加。”

果然，土豆被引进欧洲后，欧洲人口总量也开始成倍增长，增长速度比中国还快，爱尔兰的人口在 18 世纪中期不过 160 万人，到 19 世纪迅速增长到 850 万人，几乎增加了 6 倍。爱尔兰人对土豆的依赖到了无可复加的地步，90% 的爱尔兰人都依靠土豆来生活。

但对一样东西太依赖，本身就是一种风险。经济学家也告诉我们，鸡蛋不能放在一个篮子里，何况一个国家，如果全部依赖一种食物来养活，一旦这种食物出现问题，结果将会是灾难性的。

果然，怕什么就来什么。1845 年秋，爱尔兰土豆集体感染了一种褐腐病真菌，染病的土豆大面积腐烂，细菌的传播速度异常迅速，不到半个月，这种病毒就扫荡了整个爱尔兰土豆种植地，往日青葱茂盛的土豆地瞬间变成一片黑臭的垃圾场。

这种病被称为“马铃薯晚疫病”，土豆感染真菌后，植株迅速枯萎，土里未成熟的土豆也开始腐烂，即使是储存在家里的土豆也会因感染而腐烂。马铃薯晚疫病导致土豆连年减产。爱尔兰人失去了赖以生存的土豆，饥饿卷土重来，这种病一共导致 100 万爱尔兰人饿死，200 万人逃荒去了美国。

整个欧洲的土豆急剧减产，欧洲人已经无法养活自己，于是出现了大规模移民美国运动。据估算，1820—1860 年这 40 年里，大约有 500 万欧洲人移民到美国，这被美国历史学家称为“伟大的人类迁徙运动”。

这次移民对美国也意义非凡，爱尔兰人、俄国人、法国人、意大利人、波兰人等都逃往美国，他们不但带去了本国文化和宗教信仰，还带去了大量技术、风俗，比如万圣节就是爱尔兰人带到美国的。

在这次移民潮的推动下，美国文化变得更加多元化，这次移民几乎重构了美国文化。美国也第一次尝到了移民带来的人力、技术甜头，此后干脆把移民作为吸引人力、技术的国家级战略，这为美国的持续强大提供了资源支持。

土豆对美国的发展完成了一次神助攻，而美国人对土豆也彰显出极大的偏爱，他们想尽办法让土豆走向世界，大放异彩。

1951 年，一位女性专栏作家在报纸上炮轰玛丽莲·梦露，说她“不仅廉价，而且俗不可耐”，鄙视她的美丽是因为穿了好看的衣服。哎，女人何苦为难女人！玛丽莲·梦露的经纪公司也不怕事大，决定用实际行动证明即使梦露穿着麻袋也会非常性感。美国爱达华州土豆产量为全美之冠，是美国有名的“土豆州”，设计师忽然灵感一现，用爱达华州装土豆的麻袋缝成了一件裙子，让玛丽莲·梦露穿上这件裙子拍了一组写真。结果，照片一出惊呆众人，美女真的是穿什么都好看，穿着麻袋裙子的玛丽莲·梦露依然芳华绝代、倾国倾城，不但有力地打脸了那位攻击她的专栏作家，还无意中成为全世界最性感的“土豆代言人”。

随着玛丽莲·梦露照片的扩散，土豆也成为美国的性感话题。但是，美国人给土豆的回报还不止如此。20 世纪 60 年代，美国的两家快餐公司“麦当劳”“肯德基”崛起，炸薯条卖遍了全球，土豆成为美式快餐的重要产品，再次在全世界大放异彩。

## 工业革命

### 土豆一手导演了人类工业大转折

1584 年，英国的探险家沃尔特·雷利从美洲探险回来，顺便带回一些土豆种植在后花园。为了讨好英国皇室，他等到自家土豆成熟之后，连根拔了几株长相好看的献给了伊丽莎白女王。

英国人不太会做饭，这个秘密全世界人都知道。伊丽莎白女王叫来了皇家大厨，让他做一顿土豆餐，厨子也是第一次见这种东西，就靠感觉开始随意发挥。他看到土豆苗很鲜嫩，以为这才是食用的部分，于是把土豆撸下来丢进垃圾桶，用土豆苗做了一锅土豆苗炖汤。

估计手艺不错，这一锅土豆苗炖汤在女王的招待宴席上被一扫而空，但厨子不知道土豆叶子含有毒性，在宴会上吃了土豆苗的贵族们纷纷出现食物中毒现象。

跑了无数趟厕所的伊丽莎白女王从此之后就对土豆深恶痛绝，下令禁止土豆进入皇家厨房。于是，在这次土豆腹泻事件之后，土豆在英国就成了有毒食品的代名词。

1845 年，爱尔兰的土豆病导致了爱尔兰大饥荒，由于北爱尔兰地区属于英国殖民地，所以，饥荒问题也成了当时英国首相罗伯特·皮尔面临的一大难题。爱尔兰人爱吃的土豆全部烂在地里，成千上万爱尔兰人面临饥饿，英国政府不可能视而不见。现在，解决吃饭问题的唯一办法就是从国外进口粮食，特别是从美洲进口粮食。

此时，美国已经独立 70 年，其广袤土地产出的粮食完全可以拯救饥饿的爱尔兰人。但英国有一部法律阻挡了粮食进口，就是实施已久的《谷物法》。

《谷物法》规定，为了保护英国本土谷物价格，所有进口粮食都要被征收高额税赋，这就相当于变相提高了进口谷物价格，进口谷物销量肯定会下降，从而保持本地谷物的市场占有率，让本地谷物在与国外粮食竞争中占据优势。如果现在从美洲大量进口粮食，还要价格合适，就必须先废除《谷物法》；否则，这些高价粮食即使进口到爱尔兰，也几乎没有多少平民买得起。

英国的贵族和农场主都强烈反对废除《谷物法》，因为这涉及他们的核心利益，一旦废除了《谷物法》，国外廉价的粮食就会大量进入英国，那他们的粮食就会缺乏竞争力。贵族、农场主、商人、平民，各自站在自己的立场，为是否废除这部法律展开了激烈的辩论。

事实上，这一场由土豆病带来的危机和争论引发了英国人的思考：我们到底是自己种粮食，还是可以依靠从国外进口粮食？如果废除《谷物法》，英国就可以从国外进口价廉物美的粮食，那就意味着英国可以有更多土地建设制造工厂，同时有更多劳动力被释放出来，参与工业品的生产，而不是在乡下种地。

1846 年 5 月，经过投票，英国最终废除了《谷物法》，据说背后起关键作用的是威灵顿公爵。威灵顿公爵是英国陆军元帅，当年冲破拿破仑“大陆封锁体系”的英雄人物。威灵顿公爵说服了贵族和农场主，让他们以国家利益为重，最后才成功废除了《谷物法》，为英国粮食进口清除了最后一个障碍。从此以后，美洲的玉米、小麦等农产品源源不断地进入英国，取代了爱尔兰、英国的本土粮食。

有了充足的国外粮食供应，英国开始加速从农业向工业转型，更多农田变成了工厂，更多农民变成了工人。到 1900 年，英国 80% 的小麦都要依靠进口，而从事农业的劳动力则降至劳动总人口的 10% 以下。也正是由此开始，第一次工业革命在英国拉开大幕，这次从农业转向工业的革命，改变了此后几百年的世界格局，也推动了人类历史的发展。

事情就是这么奇妙，土豆意外生病，吃货们开始“造反”，英国废除了《谷物法》，清除粮食进口障碍，加速促成了第一次工业革命。吃货和食物，再一次影响了近代历史。

土豆发源地秘鲁农业部称，2022 年秘鲁土豆产量为 570 万吨，总产值达 55.25 亿索尔，为国家创造了超过 11 万个就业机会，而秘鲁个人年均土豆消费量从 76 公斤增至 92 公斤。

全世界土豆总产量将在2025年增至5亿吨，并可在2030年达到7.5亿吨。在谷类作物单产已经接近极限的情况下，土豆将成为全球粮食安全保障体系的首选作物之一。

全世界的人都应当感谢秘鲁吃货们的努力。土豆一手催化了工业革命。同样为工业革命立下汗马功劳的还有另外三大功臣，它们保证了工人情绪兴奋、精力充沛地劳动，它们就是蔗糖、咖啡和茶叶。

第七章

# 甜蜜的罪恶

蔗糖在 18 世纪经济中所占据的地位，就如钢铁在 19 世纪、石油在 20 世纪所占据的地位一样。

——《拉丁美洲史稿》

## 与甘蔗初相遇

### 欧洲人打砸抢活动的意外收获

11 世纪，阿拉伯世界有两个规模较大的帝国，分别是塞尔柱帝国和法蒂玛王朝。两国并列称雄，几乎统治了整个阿拉伯世界。

从 1092 年开始，这两个强大的阿拉伯帝国几乎同时出现严重的内部政权斗争，各小诸侯趁势割据地盘，大帝国分解成了无数小国。这两大帝国的混乱给一群欧洲盲流创造了机会，混子们决定搞点事情，抢点地盘。

在罗马天主教皇的号召下，基督教徒组织起一支军队，趁着阿拉伯帝国内部虚弱，想一雪当年被欺负的耻辱，收回被占领的圣地耶路撒冷。

十字架是基督教的象征，所以，每个参加出征的人胸前和臂上都佩戴上“十”字标记，故史称“十字军”。1099 年 7 月 15 日，十字军部队长途跋涉后，趁人不备占领了耶路撒冷，但他们完全违背了基督教教义，占领城池后就开始屠城，最终 3000 多个平民被杀，耶路撒冷血流成河。

十字军先后 9 次东征，灾难性地持续了 200 年，初期取得了一些胜利，但阿拉伯国家在萨拉丁带领下团结在一起，最终击败了十字军。背井离乡的十字军部队不过是一群乌合之众，最后大都死于征途中。疾病和饥饿是主要原因，他们忙碌了 200 年，付出了惨痛的代价，却没有为欧洲的基督教国家争得一寸土地。但他们也并非一无所获，他们为欧洲吃货带回了一样新东西——甘蔗。

从此，欧洲人的味蕾和文化开始被糖改变。

糖，是人类与生俱来的爱好。当人类还是类人猿之时，就喜欢野果和蜂蜜的甜味，但在相当长一段时间里，人类得到的糖主要靠蜂蜜提供，数量稀少，而且捣毁蜜蜂的巢穴还有被蜜蜂蜇伤的风险。

所有人几乎都无法拒绝糖的诱惑，这是人类的身体进化决定的。因为生物体需要能量，大脑便逐渐进化出一套多巴胺奖赏系统。人一旦吃下甜食，多巴胺奖赏系统就会被激活，分泌出大量让人变得更加快乐的多巴胺。所以，人类对甜味的渴求早已刻在基因里。在全球语言里，“甜”都是用来形容幸福、快乐的，英语中的“honey”，原意就是“蜂蜜”，现在用来指“爱人”。

既然糖如此美味，就算是得到它有点困难又能怎么样？吃货怎么会在困难面前止步呢？于是，自从有了思考能力之后，人类就开始穷尽各种方法获得蜜糖。

3000年前，埃及人成功驯化了蜜蜂，人类吃货在糖领域实现技术性突破。

看着饲养的蜜蜂源源不断地产出金黄色液体，埃及人脑子里浮现出先辈们被蜜蜂蜇成馒头似的脸，然后不厚道地笑了。

有蜂蜜的地方也被认为是物产丰富之地。《圣经·出埃及记》记载了耶和华与摩西的对话：“我下来是要救他们脱离埃及人的手，领他们出了那地，到美好宽阔流奶与蜜之地。”当然，这里的“蜜”是否指蜂蜜，还有争论。

埃及法老成为最先享用人工蜂蜜的人。这些埃及帝王也非常喜欢糖，什么菜里都要加上一勺。他们不但生前爱吃蜂蜜，死后还要蜂蜜为其陪葬，在埃及金字塔里已经发现了很多蜂蜜陪葬的遗迹。

但人工饲养的蜜蜂再勤劳，产出的蜂蜜依然是有限的。为了能吃到更多的蜂蜜，需要找到一条能更大批量产糖的路子。吃货们前赴后继地为这个理想努力着，甚至为此付出了生命的代价。

罗马吃货一马当先，开启用生命搞糖的运动。他们惊喜地发现，如果将葡萄酒放入铅制的容器中蒸煮，就可以获取一种白色晶体化合物，这种化合物非常甜，于是他们以为得到了制作蜜糖的秘方。但罗马人不知道，这种化合物虽然很甜，却有毒，因为它其实是醋酸铅。醋酸铅味道很甜，但有较强毒性，所以后来被称为“铅糖”。

大量摄入铅会导致人体中毒，重则死亡，轻则降低生育率。《罗马帝国衰亡史》作者认为，正是由于罗马人长期大量摄入醋酸铅，造成了罗马贵族寿命短、生育率低，贵族英年早逝却后继无人，最终导致帝国迅速衰落。被铅糖搞得元气大伤、战斗力下滑、继承人混乱的罗马帝国最终倒在奥斯曼帝国的镰刀之下。

其实，求甜若渴的罗马人并不知道，早在1万多年前，在新几内亚岛就已经出现了一种非常甜的植物——甘蔗。

新几内亚岛位于澳大利亚以北、太平洋西部、赤道南侧，是世界第二大岛，仅次于格陵兰岛，这里孕育着一种含糖的植物。一个偶然的机会，新几内亚人因为饥渴难耐，随意砍倒路边一种细长的植物吮吸汁液解渴，结果发现这种植物的汁液甘甜可口，类似蜂蜜的味道，这就是大名鼎鼎的甘蔗。

尝到了甜头，他们开始把这种植物移植到地里，从此他们获得了更多的糖。这些甘蔗有效地激发了这帮古老吃货的多巴胺，开心劳动、快乐种甘蔗的新几内亚人，也给予了糖更高的地位。

甘蔗在新几内亚的神话中一直扮演着重要角色，在上万年的传说故事中，甘蔗一直是治百病、解千愁的灵丹妙药。

吃货与甘蔗的第一次相遇，经历了近千年光阴，而吃货对糖的执念，注定他们会在接下来进行不停歇地折腾。

## 糖来了
### 印度人的制糖突破

虽然新几内亚人发现了甘蔗，但上万年来，他们都只知道榨汁喝。这种方法虽然简单易操作，缺点也很明显，那就是只能随榨随吃，不能长期储存。

甘蔗枝干只可以暂时存储，时间一长就会干枯，失去水分，或者是变质腐烂。吃货们并不甘心，他们要想办法天天有糖吃、月月有甜蜜。

亚洲最先接触到甘蔗的是印度，英文中糖的单词“sugar”其实来自印度梵文“sakara”。

印度吃货首先实现了突破，发明了一种制作砂糖的方法，成功摆脱了只能现吃现榨甘蔗汁的困境。古印度领先世界，成为最早制作砂糖的国家。

印度吃货的方法大概就是：把甘蔗榨汁，然后用火熬干，就能得到红褐色的块状蔗糖。

虽然这种红褐色的砂糖并不是现在砂糖的样子，但这种糖能长期储存，不易变质，比只能现榨无法保存的甘蔗汁前进了一大步。

公元前 510 年，波斯国王大流士率大军攻下印度，他发现印度人居然家家户户都藏着味道很甜的块状物，而且这种很甜的东西居然是一种植物的汁液熬制出来的，立刻下令把这种植物带回波斯进行大面积种植。

又过了1000多年，阿拉伯国家侵略波斯，他们同样发现了这种好吃的植物，于是甘蔗从波斯传到了阿拉伯国家，被大面积种植。

500年后，十字军东征，发现阿拉伯国家在大面积种植的甘蔗，也欣喜万分，如获至宝地将甘蔗带回了欧洲。

欧洲人从未见过这种植物。这种看起来像是芦苇的植物居然有如此神奇的能力，所以甘蔗在欧洲被称为“不用蜜蜂就可以生产蜂蜜的芦苇”。

甘蔗从太平洋传到欧洲，花了漫长的时间。看来，在“哥伦布大交换”之前，一种植物的跨地域流动远比想象的慢，即使如甘蔗这么甜蜜的植物，从新几内亚岛到欧洲大陆，也经历了如此之久。

等等，这么重要的领域，怎么可以少了吃货宗师国度中国呢？我们搞吃喝可是全球领先的。

中国在周朝就发明了饴糖，也就是麦芽糖。其制作方法是用大麦、小麦以及粟米熬制，但古代粮食很珍贵，满足百姓吃饭都已经很困难，没有太多粮食能用来熬制糖，所以，饴糖与蜂蜜一样不适合量产，只有顶级贵族才能享用。

甘蔗传到中国后，在很长一段时间内也仅限于榨汁吃。屈原在《楚辞·招魂》中写道：“胹鳖炮羔，有柘浆些。”柘浆，就是甘蔗汁，屈原的意思是：我清炖甲鱼、火烤羊羔，然后蘸上新鲜的甘蔗汁吃。

汉武帝时期，张骞从西域带回了熬制砂糖的技术，中国吃货们一阵激动。因为蔗糖熬干后呈黑褐色石块状，所以，当时中国人称蔗糖为“石蜜”。

此刻，全球制糖技术依然处于初级阶段，制糖工艺十分粗糙，砂糖的杂质很多，看上去就像是黑乎乎的石头，既无颜值又缺乏良好的口感。

全球吃货并未停止脚步，他们正在挖空心思改进制糖技术，企图让糖的卖相更好看，质地更纯净，口感更纯正。印度吃货继续领先，他们研究出一种新方法，用石灰乳、草木灰等原材料，能够除去蔗糖中的杂质，制造出一种纯度更高的白砂糖。虽然这些白砂糖仍有些发黄，但比起以前黑不溜秋的样子，颜值和纯净度已经提升了好几个档次。

唐朝皇帝李世民试吃了印度朝贡的白砂糖之后，龙颜大悦。但贡品毕竟数量有限，再说了还有后宫三千佳丽，每个妹子都分一块，这点糖完全不够分。李世民也是一个执着的吃货，他对这种贡品白砂糖念念不忘，为此吃不好睡不香，决定派人去印度学习制糖技术，然后实现本地化建厂生产。于是，一个名叫王玄策的人被紧急召到宫里。

王玄策：拜见陛下，不知道急召在下有何吩咐？

李世民：玄玄啊，最近都在忙啥呢？

王玄策：骑马射箭，占卜星象，窃玉偷香。

李世民：你小子看样子很闲，去帮我做件事。

王玄策：何事？

李世民：后宫妹子都爱吃糖，我要你去印度学习制白砂糖技术。

王玄策：咱不是也有糖吗？

李世民：咱们的蔗糖黑不拉叽的，妹子们都不喜欢。

王玄策：还让我去印度，上次我都差点死了。

李世民：去吧，上次你那么英勇，这次顺便去看看你的小弟们。

王玄策：好吧。

这个为糖出征的王玄策在唐朝是一个传奇。但璀璨的大唐王朝群星闪耀，名人实在太多，即使剽悍如王玄策，也被淹没在人群里。王玄策已经去过两次印度。尤其是第二次，他经历各种凶险离奇，其逆天的表现足能让他名留青史。

贞观二十一年（647），王玄策再次出访印度，遭遇了一起黑天鹅事件。

印度国君戒日王突然去世，随着这位与唐朝十分友好的印度首领离世，印度宫廷也陷入一片混乱，权臣阿罗那顺手握重兵，成功发动政变，自立为印度王。这让刚到印度的王玄策非常尴尬，进也不是，退也来不及。

阿罗那顺非常仇视唐朝，他上位之后首先要拿唐朝使团开刀。唐朝使团遭到阿罗那顺的军事突袭，30 人被活捉。本来想先吃顿咖喱飞饼，结果下车就被活捉。王玄策并不甘心，他趁晚上看守疏忽，成功越墙逃脱。若是一般人，死里逃生后肯定会尽快回大唐报信搬救兵，但王玄策认为回唐朝搬救兵时间太长，他决定自己搞定这件事。

他日夜兼程赶往附近的吐蕃国，说服吐蕃国王帮他召集军队。在皇族的支持下，他成功召集了 1200 名吐蕃步兵、7000 名泥婆罗骑兵。

几天后，王玄策带着 8000 多人的精锐部队转身杀回印度。经过三天鏖战，王玄策大破城池，斩首 3000 余人，刚登基几天的印度新王阿罗那顺被俘，500 多个小城邑惊恐万分，纷纷表示臣服大唐。

王玄策一战封神，震惊整个印度，历史上称其为“一人灭一国”。

消息传回大唐，举国振奋，在诗词歌赋文人密集的唐朝，如此英雄事迹着实不多。王玄策在印度当地拥有极高声望，大小城邑莫不对他恭恭敬敬。

## 中国制造

### 黄泥淋糖法技惊世界

显庆二年（657），王玄策第三次出使印度，去学习制糖技术。《唐会要·杂录》记载："西蕃胡国出石蜜，中国贵之，太宗遣使至摩伽陀国取其法。"最终王玄策不辱使命，成功学会白砂糖制作技术。

在获得白砂糖制作技术之后，唐朝强大的手工业开足马力生产，很快，中国便取代印度成为世界白砂糖的主要产地，中国制造的白砂糖在唐朝各个阶层中开始普及。

随着这次技术大进步，白砂糖也变得越来越便宜。唐人李匡乂《资暇集》记载：唐朝的白砂糖仅卖60文一斤。按照当时的物价，白砂糖不再是贵族专有，普通百姓消费已毫无压力。

《东京梦华录》记载，当时的名小吃"饮食果子"里有西川乳糖、狮子糖，可以看出，在宋朝时，糖已经成为普通市井小吃，而且花样也开始变多。

虽然从印度学过来的制糖技术还算不错，造出的砂糖比以前黑乎乎的蔗糖颜值和口感都好很多，但挑剔的中国吃货还是有些不满足，因为这种糖块依然存在杂质，似乎还差点意思。中国吃货开始改进白砂糖提纯的方法，希望改进白砂糖制作技术。明朝嘉靖年间，中国吃货的制糖技术取得历史性突破。

这一次，我们发明了著名的“黄泥水淋糖法”，这种简单、易用、低成本的神奇方法让全世界为之惊叹。

其实，黄泥水淋糖法源于一次偶然事件。

清朝人刘献廷在《广阳杂记》中记载了这一过程：“嘉靖中，一糖局偶值屋瓦坠泥于漏斗中，视之，糖之在上者，色白如霜雪，味甘美异于平日，中则黄糖，下则黑糖也，异之。遂取泥压糖上，百试不爽，白糖自此始见于世。”

这是一个甜蜜的偶然性事件：嘉靖年间，某个造糖厂破败不堪，房顶瓦片和墙上黄泥不慎掉入正在生产糖的漏斗中，结果让现场的人见证了奇迹。褐乎乎的糖意外被分离，上面是晶莹剔透的白糖，中间是黄糖，下面是黑糖。

这简直太神奇了，困扰人类吃货几千年的砂糖提纯问题，没想到被中国的一堵土墙给解决了。原来，墙的主要成分黄黏土中的矿物质吸附了糖汁中的色素。没有杂质、晶莹剔透、白如霜雪的白砂糖，终于第一次出现在世人面前，不但颜值更高，而且口感也更好。

明朝工艺百科全书《天工开物》记述了黄泥水淋糖法的操作流程：“孔中塞草，用黄泥水淋下，其中黑滓入缸内，溜内尽成白霜。最上一层厚五寸许，洁白异常，名曰西洋糖，下者稍黄褐。”流程是：用一个漏斗状的容器塞上一些稻草，然后倒入甘蔗汁熬制出来的黄糖浓稠汁，再用黄泥混合的水从容器中淋下，就会出现白糖和杂质分离的现象。

曾有网友亲自试验《天工开物》提供的方法，根据视频记录，可以看出其方法的确可行，最后成功完成蔗糖分离，效果堪称神奇。果然，古人不欺我等吃货。

黄泥水淋糖法是民间偶然智慧，也是全球吃货大事件。明朝时期，大航海时代已经开启，中国新型制糖方法通过新航路快速传遍世界，这种操作简单、成本低廉、糖品纯净的方法大受欢迎，迅速淘汰了其他制糖法。

果然，论搞美食发明，我华夏吃货从来就没有输过。虽然以前在制糖技术上被印度人暂时领先，最终中国还是成功扳回一局，彻底解决了白砂糖提纯难题。

不久后，印度人学会了从中国传来的黄泥水淋糖法，他们也被这个操作震撼了，果断用中国技术替代以前的技术，还把白砂糖叫作“Cini Sakara”，意思是“中国糖”。

正如美国人类学家西敏司所说：“中国若没有率先发明世界领先的制糖术，或许这个世界就不会像现在这个样子，工业革命也不会发生，所以，这项技术对于世界的贡献度，堪比中国的四大发明。”

中国白砂糖的出现，彻底统一了全球制糖技术，毫无争议地解决了几乎所有国家的制糖难题，中国人对蔗糖经济的贡献毫无争议地排在第一位。

## 攻陷欧洲

### 中国茶与糖在英国的浪漫邂逅

中国制糖技术很快传入欧洲。欧洲人如获至宝，他们惊喜地发现原来制造白砂糖如此简单。在学会黄泥水淋糖法后，欧洲蔗糖的质量得到了进一步改善。

口感良好的白砂糖的出现，激发了影响欧洲几百年的吃糖运动。

贵族们似乎要把以前买不起糖的日子补回来。皇室和贵族开始流行大剂量吃糖，什么菜都要加上超量的糖汁，他们从价廉物美的糖中获得期待已久的多巴胺，也得到了前所未有的快乐。随后，白糖的另一位来自中国的黄金搭档出现在欧洲，这让欧洲贵族的吃糖运动达到高潮，白糖由此彻底攻陷整个欧洲，甚至后来逐渐成为主导了工业革命的功臣级食物。

这位强悍的中国黄金搭档就是茶叶。

当时英国经济并不发达，多数人以从事农业生产为主，这些重体力劳动者生活异常乏味，一日三餐只能面对淡而无味的黑面包，这些黑硬面包吃起来令人难以下咽。因此，英国人习惯在吃面包时搭配饮料，有钱人搭配啤酒、牛奶、果汁、茶叶，而一般农民则只能喝白开水。

茶叶泡水味道偏苦涩，中国人显然早就习惯这种味道，甚至可以说非常享受这种苦涩味，但刚接触茶叶的欧洲贵族很难在短时间内适应这样奇特的口感。为了降低茶叶的苦涩味，英国贵族尝试在茶水里加入砂糖，第一次尝试这种喝法的只能是有钱人，因为茶和砂糖在当时都属于奢侈品。这两种奢侈品混合后，瞬间创造出了一种全新的口感。

茶叶，在中国的崇山峻岭幽谷中默默生长了几万年，砂糖在英吉利海峡终于等到了它的到来。这种搭配不但保留了茶叶的清香，还有效降低了茶叶的苦涩味，新组合饮品的味道清香又甘甜。这种喝法迅速在英国贵族圈子里传播开来，富人吃货们纷纷在茶水中加入砂糖。

同时，糖也为中国茶叶征服欧洲提供了更好的解决方案，让那些害怕苦涩味的欧洲人养成了饮茶习惯，英国人的味蕾从此彻底沦陷在茶与糖融合的美好之中，英国吃货的世界里再也没有了矜持。

英国宫廷带头开始流行红茶加糖的风尚。英国文化中，历来就有民间模仿上流社会的习惯，看到宫廷流行红茶加糖，民间富人也开始模仿。一时间，红茶加糖的下午茶成为英国最时尚的休闲方式。

需求不断增加，导致整个英国红茶和砂糖的消耗量开始飙升。欧洲本地并不出产茶叶，所有茶叶都需从中国进口，大量贵族对茶叶的需求让茶叶开始紧俏，价格甚至翻倍上涨。

此刻，茶叶和糖在欧洲依然是奢侈品，即使在皇家宫廷也是拿得出手的贵重礼品。

1662 年，葡萄牙公主凯瑟琳嫁给英国国王查理二世，嫁妆中有两件东西令人瞩目：第一件是印度孟买的地契，这块土地随着公主出嫁被赠送给了英国；第二件是一大箱中国名贵茶叶。茶叶与地契并列作为公主的嫁妆，可见其珍贵程度。

虽然中国的黄泥水淋糖法非常先进，传播到欧洲后，欧洲的茶叶和砂糖的价格却并未因此下降。经济学告诉我们，价格只有在供应量增加后才会下降。

欧洲贵族吃货们此刻正持币等待着茶叶和砂糖，商人们谁有货谁就能赚钱。在巨大的经济利益诱惑面前，英国商人绞尽脑汁地想办法得到更多的茶叶和砂糖。

欧洲的新一轮产糖运动轰轰烈烈地开始了，在巨大的经济利益面前，商人们开始参与策划一场罪恶的交易。

## 蔗糖革命

### 巨大的利益与黑奴悲惨的命运

茶与糖的相遇，使欧洲人对糖的需求呈现爆发式增长。此时需求上升而供应严重不足，蔗糖行业已成为一个暴利行业。

欧洲土地有限，几十个国家密密麻麻挤在一起，住的地儿都不大够，肯定没地方种甘蔗，于是欧洲人开始到处疯狂寻找可以种植甘蔗的地方。

此时哥伦布已发现了美洲新大陆，美洲广袤的土地是种甘蔗的最佳地方。于是，殖民者尝试把甘蔗带到美洲种植，他们发现美洲简直就是完美的甘蔗种植地。最先尝到甜头的是西班牙，它是世界上的第一个日不落帝国。西班牙在美洲殖民地牙买加岛屿开垦土地种植甘蔗，这里迅速成为美洲甘蔗种植中心，成为欧洲蔗糖的主要供货源。

随后，葡萄牙人崛起。他们在美洲唯一的执念就是到处找地方种甘蔗。后来，他们成功在殖民地巴西大面积种植了甘蔗，加工成糖后输送到欧洲。

17 世纪后，美洲的加勒比地区已经成为全世界的甘蔗种植中心，整个加勒比地区大大小小的岛屿上密密麻麻种满了甘蔗，包括英属巴巴多斯岛、法属马提尼克岛等。

加勒比地区气候闷热、湿度大，像是为甘蔗量身打造的生长天堂。这里的甘蔗产量和质量都非常好，这也进一步激发了人们继续开发加勒比地区其他荒岛的干劲。最后，殖民者几乎把这里的无人荒岛全部变成了甘蔗种植园。

事实上，越是适合甘蔗生长的地方，就越不适合人类居住。加勒比地区天气湿热，再加之居住卫生条件极差，导致当地瘟疫和疾病持续泛滥，来这里种植甘蔗的苦工九死一生。据统计，当初到加勒比地区的 15 万民工最后只剩下不到 2 万人，死亡率高达 86%。

面对如此高的死亡率，即使是死囚也不愿意到这里工作。1700 年后，几乎没有任何白人愿意来加勒比地区种植甘蔗，大部分白人都移民到气候更适宜的地方。即使是拥有甘蔗园的英国庄园主也很少来这里，他们会雇用当地人辅助自己管理，自己则尽量住在气候更舒适的伦敦。

工人薪水一直上涨，但仍然无法吸引工人，再上涨庄园主则无利可图，甘蔗种植园不得不面对长期劳动力缺失的困境。最终，英国政府找到了更为罪恶的解决方法，那就是使用非洲黑奴。

历史学家川北稔曾说："哪里有砂糖，哪里就有奴隶。"成千上万的非洲黑奴被贩卖到美洲甘蔗种植园当苦工。在蔗糖庄园主眼里，黑奴无疑是完美的劳动力，他们既不受法律保护，也没有人身自由权。更让这些庄园主满意的是，黑人免疫力强，非常适应这里的气候，几乎不会得对其他种族危害较大的瘟疫。使用黑奴的成本也比请工人更低，庄园主既不需要给黑奴发工资，也不需要为他们提供太好的饮食和住所，赚钱了更不会给他们分红。这些毫无人身自由的黑奴如同牲口一样被戴着项圈强制劳动，直至劳累致死。

导演史蒂夫·麦奎因拍摄的电影《为奴十二年》就真实展现了当时黑人奴隶的悲惨命运。一个生活在纽约、受过教育的自由黑人所罗门，被两个人以帮他找工作为名，欺骗绑架当作奴隶出售，从此不得不在暗无天日的甘蔗种植园工作，经历多年磨难才依靠一位好心的加拿大人帮忙送信回家，经过一场诉讼重获自由。

所罗门的故事，只是当时黑奴买卖行业的冰山一角。

无数英国黑奴商人参与到这一行业中。这些人蜂拥至非洲进口黑奴，再运到加勒比地区出售。这里的甘蔗庄园主更愿意高价购买黑奴而不是请工人，除去运输费用、中途死亡的黑奴，黑奴商人的净利润能达到 20% 左右。稳赚不赔的黑奴贸易吸引了无数商人，就连很多信奉上帝的牧师都参与了黑奴买卖。英国一个叫约翰·牛顿的牧师就做了

6 年黑奴商人，当然这个牛顿并非我们熟知的那个科学家。

嗜糖如命的欧洲人几乎没人同情这些黑奴的命运，不但不同情，相反，他们还对黑奴报以嘲讽，不得不说这是黑奴的悲哀，也是人类文明的悲哀。甚至连当时大名鼎鼎的哲学家休谟也对黑奴悲惨的命运不屑一顾，他说："黑奴生来就是低人一等，因为黑人没有自己的生产技艺，没有本土文学，也没有创造科学成果，倘若某些黑人偶尔表现出智慧的一面，也不过是鹦鹉学舌而已。"

那么，欧洲各国政府会干涉这种贩卖黑奴的行为吗？很不幸，他们不但没有阻止贩卖黑奴，而且还是黑奴买卖的参与者。

1663 年，一个庄园主写给英国王室的报告曾陈述道："黑奴是西方世界的命脉和力量，庄园主们如果能够得到黑奴，就能够积累更多财富，就能为王室带来更多税收。"此时，英国正向全球疯狂扩张，需要大量资金来支持帝国野心。而英国的蔗糖贸易与黑奴贸易为国家贡献了不少税收，高峰期的收入几乎占英国财政收入的 30%，这对政府来说是稳赚不赔、一本万利的买卖。

有了英国政府的支持和政策默许，黑奴贸易几乎变成一种合法行为。政府与庄园主们默契合作，把黑人从非洲源源不断地卖到生存条件最为艰苦的加勒比群岛。在很多自媒体文章中，都是欧洲人去非洲到处抓人，然后将其强行当作奴隶，卖到甘蔗种植园。事实并非如此，欧洲商人虽然足够坏，但还没到亲自下手去抓奴隶的地步，他们只是参与买卖，这些黑奴基本都是被本地黑人抓来卖给欧洲人的。

非洲各个部落为了争夺有限的资源，经常在部落酋长的带领下发动战争。战败部落的黑人就会被胜利一方当作奴隶卖掉，他们像牲口一样被送到奴隶商船上标价售卖，胜利方会得到出售奴隶的全部金钱。但战争的胜负可能是交替的，这次战争你是胜利者，的确能得到卖奴隶的钱，而对方部落肯定还会报复性杀回来，下一次可能你就是战败者，就会被其他部落当作奴隶卖出。此起彼伏的自相残杀，造成非洲大地上的黑人越来越少。

欧洲黑奴商人买到黑奴后，立刻装船运往加勒比，由于运输途中条件恶劣，会造成一定比例的死亡，最后活下来的黑奴会被卖给甘蔗庄园主。黑奴商人在美洲卸载完黑奴后，会把船装满蔗糖，运回欧洲高价出售。在欧洲卸载完蔗糖后，他们会采购枪支、烈酒、辣椒等在非洲受欢迎的物品再回到非洲，用这些物品跟当地酋长换取黑奴。酋长拿到武器后再发起战争，打败对方，俘虏更多黑奴。

这就是令人恐怖的黑奴产业链，无数参与其中的人赚得盆满钵满，只有黑人是唯一的输家。蔗糖产业把获取黑奴的非洲、种植甘蔗的美洲、销售蔗糖的欧洲紧紧连在一起。

这种跨越非洲、美洲、欧洲三大洲的贸易，被称作“黑三角贸易”。这个产业虽然充满了罪恶，但也具有另外一方面的意义——全球不同大陆第一次因为经济和贸易而互联互通。

还好黑人没有屈服于当奴隶的命运。1790 年，海地发生黑奴起义，虽然后来被法国镇压了，但由此拉开了拉美殖民地奴隶反抗殖民统治者的大幕。1804 年，海地正式宣布独立，成为世界上第一个黑人建立的共和国。1838 年，经过无数人的努力奔走，英国终于正式废除了殖民地奴隶制度，其殖民地的 77 万名黑奴重新获得了自由。但事情并未就此结束，黑奴虽然获得了自由，蔗糖需求量却依然存在，黑奴被释放回家，谁来种植甘蔗呢？

于是，西方殖民者又把罪恶的黑手伸向了中国。

1846 年，殖民者开始在中国厦门一带招募中国苦工，谎称去美国修铁路可以赚大钱，招募后，华工的胸前被强行用烙铁打上烙印，以

S、P、C三字母分别表示送往夏威夷、秘鲁和古巴。在毫不知情的情况下，他们被运送至美洲的甘蔗种植园、制糖厂，每天进行高强度、长时间的劳动，死亡率高达75%。

国内仁人志士不断游行呼吁，清政府迫于各界压力，与殖民者展开多轮谈判。多年后才终于废止华人的契约劳工制。

虽然奴隶产业被废除，但非洲、美洲、欧洲的黑三角贸易路线却被保留下来。后来，这个三角贸易圈开始运送其他商品，其中主要商品是棉花。美洲的棉花通过这个路线销往全球，曾经的罪恶三角贸易圈帮助美洲成为全球棉花基地。因此，三角贸易圈带给欧洲的不只是罪恶的蔗糖，还带来了助力欧洲纺织业发展的棉花。

第一次工业革命正是从英国纺织业开始的，三角贸易圈建立起近代世界最早的海洋贸易物流体系。它参与促成了英国的第一次工业革命，间接帮助英国一跃成为雄霸全球的日不落帝国。

马克思在《资本论》第一卷中谈道："商品的流通是资本的起点，商品生产和商品流通，就是贸易，这也是资本产生的历史前提。"

历史学家将这场变革称为"蔗糖革命"，蔗糖从此成为一种全球贸易商品。由欧洲吃货驱动、带着血泪的蔗糖革命也让世界格局发生了巨大转变。

## 砂糖贸易战

### 跨界玩家拿破仑的破圈贡献

歌德说："拿破仑是我从来没有见过的、最富于创造力的人。"丘吉尔也评价拿破仑说："这世界上没有比他更伟大的人了。"

戎马一生的军事巨人拿破仑，意外地贡献了一个让吃货津津乐道的故事。很少人知道，正是由于他的贡献，白砂糖才变成平常人家能买得起的消费品。

1804 年，35 岁的拿破仑在巴黎圣母院登基称帝，成为法国历史上最伟大的统治者。称帝后不久，法国和英国打起了贸易战。拿破仑正面硬刚英国，宣布欧洲的所有国家都不准和英国进行商业贸易；否则，任何与英国有商业往来的船只要经过法国口岸，都会被法国扣押。

这次贸易战的起源就是白砂糖。当时，欧洲吃货对糖钟爱有加，无论什么菜都要大量放糖，全世界每年有 24.5 万吨糖销往欧洲市场，而法国又是白砂糖的重度依赖国，每年消耗超过 2 万吨。大多数白砂糖通过三角贸易圈自美洲而来，英国凭着强大的海军控制着整个海上贸易体系，可以随时提价，随意切断供应。

总之，关于白砂糖的一切贸易都被英国拿捏得死死的。英国非常清楚，欧洲吃货无法戒除对糖的依赖。

贸易战是一场杀敌一千、自损八百的游戏。法国虽然确实让英国白砂糖生意严重受挫，导致英国白糖销售量大幅下滑，但法国也因此付出了巨大代价。贸易战使得法国白砂糖进口量减少，白砂糖价格一路暴涨。1790 年，1 千克白砂糖只需要 1 法郎。贸易战爆发后，1 千克白砂糖价格最高达到 20 法郎，足足暴涨了 19 倍，大多数法国人都对高价白砂糖望而却步。

拿破仑当然也看到了这一切。伟大的拿破仑不得不出面解决吃货的困难，他下决心要解决白砂糖被英国垄断的问题，摆脱对美洲白砂糖的依赖。但法国的气候不适合种植甘蔗，为了找到替代甘蔗的作物，他组建了科学研究小组，希望在法国土地上种出能提炼白砂糖的植物。

英国用白砂糖卡住了法国的脖子，法国吃货淌着口水盯着拿破仑，这个刚上台的皇帝有能力发动贸易战，也必须有能力解决麻烦才能保持威信，但他还需要一个科学奇才的帮忙。

此时，拿破仑忽然想起50多年前一个科学怪人的实验。

1747年，普鲁士一个名叫马格拉夫的化学家从一种长得像大白菜、其实叫甜菜的植物中提炼出了一点点白砂糖。普鲁士帝国拨出一笔巨资支持该研究，让马格拉夫的学生朗茨·阿查德继续培育糖分更高的甜菜，以替代甘蔗成为制糖原料。

克劳德·贝托莱是一名化学家，被誉为“法国的牛顿”，他也是拿破仑的好友。贝托莱受命组建一个团队，攻关从甜菜里提炼砂糖，打破英国的垄断，这就是拿破仑秘密进行的“甜菜计划”。

这位现代科学巨人马上放下了手头的科研工作，卷起裤腿下地倒腾蔬菜，但即使如此聪明的大化学家，对用甜菜提炼砂糖的项目推进也非常缓慢，很长一段时间都没有任何进展。可拿破仑耐心有限，多次催促，贵族们也是口水流了一地，各种声音甚嚣尘上，正在民怨沸腾之际，这个难题被一个银行家给攻克了。

是的，是一个被金融耽误了的化学家实现了突破。本杰明·德勒则，一位来自瑞士的法裔银行家，是个不折不扣的富二代，法国有名的德勒则银行、法国银行就是他家的资产。德勒则公子腰缠万贯，喜欢研究植物学和化学。他出版了多本关于植物学的书籍，巧合的是，他也早就在研究用甜菜提炼砂糖项目。

他在巴黎附近盖了一座甜菜研究所，建了一座小型甜菜加工厂，花重金聘请科学家、植物学家、化学家参与，整个团队正在开足马力研发甜菜糖的提炼技术。

拿破仑大喜过望，马上拨款资助德勒则公子的研究计划。1811年底，德勒则公子的团队终于取得突破性进展，成功研发出甜菜批量变成砂糖的方法。法国突破了制糖技术后，拿破仑下令法国北部大面积种植甜菜，再加上当时法国金融繁荣、交通发达，甜菜糖制糖业很快成为与甘蔗糖制糖业抗衡的巨大产业。

相比甘蔗，甜菜更容易种植，价格更低，欧洲其他国家也开始大面积种植甜菜。供给充足后，白砂糖的价格开始大幅度下跌，欧洲一夜之间获得白砂糖自由，曾经躺着赚钱的蔗糖市场随之热度骤减。

法国甜菜糖不仅满足了法国国内的需求，还出口到全球砂糖市场，开始影响全球砂糖价格。甜菜糖在口味上与蔗糖没有任何区别，甚至连化学分子式都一模一样。

此后，甜菜成为欧洲唯一的糖料来源。蔗糖因为成本较高，频频出现滞销，大量库存的蔗糖无法卖出，最后蔗糖商人不得不忍痛亏损清仓。正是因为拿破仑的努力，糖才真正变成一种普通阶层可以消费得起的物美价廉的大众消费品。法国也因为摆脱了英国的蔗糖垄断，国内经济开始不断实现新突破，在国际上逐渐展示出自身的影响力。

## 联手土豆

### 制糖工业助攻土豆“导演”的工业革命

糖不仅让食物的味道更美好，也对世界经济发展产生了巨大影响。糖既与土豆联手促成了工业革命，又持续为工业革命赋能，为工人带去了高效的能量。

先说蔗糖是如何协助土豆促成工业革命的。我们知道，因蔗糖而兴起的黑三角贸易打通了美洲、非洲、欧洲三地的贸易路线，这对于欧洲的经济发展具有革命性贡献。后来，通过这条贸易路线把美洲大量的棉花运到英国，促进了纺织品行业的快速发展。1765年，哈格里夫斯发明珍妮纺织机，这被认为是开启技术革命新连锁反应的标志，是打开工业革命“大门”的“钥匙”。但这还不够，工业革命除了需要纺织机这样的新一代机械设备，还需要电力、流程、人力资源等要素，而蔗糖成熟的生产流程成为现代意义的工业生产线雏形，首先被借鉴到工业生产中。

在甘蔗园里，资本主义早已经开始萌芽。甘蔗园成为最早意义的现代化工厂，在加工蔗糖的过程中，分工开始出现，人才需求开始随着岗位不同而有差异。加工蔗糖的流程有蒸煮、除沫、脱水、温控等，这都需要对应有熟练的专业知识和技能、不同工种的工人，大家各司其职，高效合作。

制造蔗糖需要持续的动力。为了高效制造蔗糖，商人们早就研发出了先进的风力、水力发电设备。这些电力设备的创新，为后来工业革命期间的纺织、钢铁、造纸等行业提供了能源保证。最后，在释放劳动力、提供工人日需能量方面，糖更是为工业革命解决了一个重大难题。

在糖普及之前，欧洲处在半饥半饱的危机边缘，闹饥荒是常有的事，因此，欧洲各国必须有80%以上的人口种粮食才能保证粮食的正常供应。随着甜菜制糖技术的成熟，砂糖价格一路下跌，最终成为廉价的大众日常用品，这也让欧洲工人彻底摆脱了传统单一的饮食模式，靠吃大米、小麦、玉米摄取热量的日子一去不返。蔗糖提供了更高效的热量来源，很多欧洲工人经常选择多吃几口糖，就能少吃甚至不吃主食。因此，欧洲出现了人口高速增长，但粮食价格开始下降的现象。

这都是糖的功劳，蔗糖让欧洲人对于粮食的需求大幅度下降，也就是说，糖让这些吃货们开始减少摄入主食。

这引发了一系列连锁反应。由于粮食价格不断下降，农民们种粮不再赚钱，人们从粮食种植的劳作中大规模解放出来，聚集到城市，开始在城市找出路。当时英国的第一大城市伦敦的人口在蔗糖革命开启后快速增长，短短 30 年内就翻了一倍。

人力资源充足，劳动力成本进一步下降，工厂主们更愿意招募劳动力，扩大生产规模，以期望赚更多钱；而更多的人力也促成了更大规模的分工协作；更细的生产分工提高了效率，进一步促进了工厂对新技术的需求，各种发明创新如雨后春笋般层出不穷。第一次工业革命开启。

糖不但促成了工业革命，还哺育了工业革命。它随后又为工业革命中的工人提供了足够的能量，蔗糖也被称为工业革命中的“工人能量之源”，煤炭则被称为工业革命中的“机器能量之源”，现在看来，两者缺一不可。

在工业革命初期，煤炭还没有被大面积使用，机器也没有普及，生产中的大部分依然要靠人力来完成。当时，工人每天的工作极为繁重，而能让工人集中精力与保持充沛体力的正是咖啡、糖和茶叶。

随着工业革命的进行，工人对糖的消耗持续上升。到了 1900 年，有“快速能量”之称的糖为英国人日常工作和生存提供了 25% 的热量。糖让大脑分泌多巴胺，让工人即使在艰苦的环境下也能快乐地工作。对人体来说，糖是一种最容易被吸收的能量，它几乎满足了工业革命中工人们的多种需求，包括低层次生存所需的热量，以及基于多巴胺的高层次快乐需求。

可以说，蔗糖革命本质上是工业革命的前奏，有历史学者将当时各国的蔗糖价格进行了统计，发现了一个非常有趣的现象：糖越便宜的地方，越早完成工业革命。因为糖助攻企业解决了生产模式、劳动力、流程改造、工人能力供给等关键问题。

英国著名经济史学家奥利弗·威廉姆森曾说：“如果没有茶叶和糖，工厂工人的粗劣饮食就不可能使他们如此坚持干下去，也不可能成就工业革命的发展。”

第八章

# 贸易逆差引发的战争

宁可三日无食，不可一日无茶。

——中国古语

## 东方树叶
### 神农氏又一次创造了吃货需求

第一个发现茶叶的人依然是发现生姜的神农氏。

数千年前一个酷热夏季的午后，吃货鼻祖神农氏在山上试吃百草。口渴难忍的他决定烧点水解渴，正值水煮沸之时，突然一阵清风，一种树叶掉落在锅里。沸腾的水很快就变了颜色，什么都爱尝一口的神农氏惊喜地发现，这种树叶煮开的水清香润脾、回味无穷。

神农氏继续尝试用各种树叶来熬汤解渴和解毒，传说“神农尝百草，日遇七十二毒，得茶而解之”，他一天能遇到 72 种毒，都能用茶解除。但这只是一个传说，真正关于茶叶的民间记录出现在 2000 多年后的西汉。

公元前 59 年，西汉王褒一篇名为《僮约》的文章中有关于茶叶的描述。他在四川彭州市游历时，遇到寡妇杨舍家发生主奴纠纷，他便代这家主人订立一份契约，以明确此后奴仆的义务和禁忌。《僮约》中记载，这份契约规定奴仆需要负责“脍鱼剖鳖、烹茶尽具、牵犬贩鹅、武阳买茶”等事，这是全世界关于茶叶的最早记载。书中还详细说明了如何选茶、泡茶和斟茶等事宜。

这让四川当之无愧成为全世界可以考据的最早饮茶之地。由此看得出来，今天成都遍及大街小巷的茶馆，其实有着深厚的历史渊源。

顾炎武在《日知录》中记录：“自秦人取蜀而后，始有茗饮之事。”秦始皇统一了蜀国，四川人就学会了喝茶。因此从秦汉到两晋，四川一直是主要的茶叶产区，而饮茶真正成为整个中国的社会普遍风气则是在更晚的唐朝。

盛唐时期，中国已经成为世界上面积最大、国力最强、人口最多的国家。唐朝高峰期人口超过5000万人，都城长安是当时世界上最大的城市，大约居住了200万人。唐朝的“茶圣”陆羽的著作《茶经》成为第一部系统论述茶叶的著作。他让世人真正了解了应该如何选茶、煮茶、品茶，世人才开始注意到喝茶过程也大有讲究。陆羽详细论述了茶的栽培、加工、煮泡、品饮之法。凡与茶相关之事，无论大小无一遗漏，包括茶叶的功效、何种水最适合沏茶、烧水步骤、茶具等方方面面。

他强调水要煮至“其沸，如鱼目。微有声为一沸，缘边如涌泉连珠为二沸，腾波鼓浪为三沸”。而且，他认为三沸水不可用，因为“水老不可食也”。传说陆羽的识水能力非常强，他甚至能品出水的来源，说出取水的河段。而陆羽最大的贡献是将解渴的茶变为文化和修养的象征，从此，选茶、品茶、评茶成为一种技能，也慢慢成为文人社交中一种优雅的文化爱好。《茶经》开篇第一句道：“茶者，南方之嘉木也。”可见，茶叶一开始基本都生长在南方，即四川、福建、湖南、江浙、安徽、江西等地。

唐朝喝茶的人越来越多，茶叶贸易逐渐变成一门赚钱生意。唐代诗人白居易在《琵琶行》中写道：“商人重利轻别离，前月浮梁买茶去。”浮梁，就是今天的江西省浮梁县，也是当时的产茶胜地。

唐代人口快速增加，也得益于茶叶的流行，因为茶叶具有很强的抗菌消炎功效，相当于古代的消毒液。茶叶中的单宁酸能杀死引发霍乱、伤寒、痢疾等疾病的细菌。所以，泡茶其实是中国最早的一道净水工艺，可以杀死细菌、净化水质，降低细菌感染概率，降低人的死亡率，从而延长平均寿命。

宋代，中国茶文化走向成熟和普及。唐人喜欢把茶叶放入水中一起熬煮后再喝，而宋朝以后喝茶方式发生了巨大变化，更类似今天的冲泡方式，也就是等到烧开水后再放入茶叶，从煮茶变成泡茶。

元代蒙古人入主中原后，皇室及官员的饮茶之风逐渐衰落。蒙古人不喜欢饮茶，草原游牧民族更喜欢在广袤的草原上牧羊放马，策马奔腾，共享人世繁华，然后大碗喝酒、大块吃肉、开疆拓土，对文艺范儿的喝茶没什么兴趣。这个马背上的民族最爱的饮料是马奶酒，马奶在皮囊里搅拌发酵、将乳糖转化成烈酒。马奶酒和牛肉干一起成为蒙古帝国远征的必备军粮。

14 世纪，元被明朝取代，茶文化回归。茶文化以其强大生命力，在荒废百年之后重新博得了大众的热爱。

饮茶虽然最早始于中国，但喜欢借鉴、模仿的日本人在隋唐时期从中国学会了喝茶。1191 年，日本一个叫弁丹（丹尔圣一）的和尚把中国种茶、采茶、制茶、烹茶体系化知识引入日本。当时，一个日本幕府将军源实朝得了重病，弁丹就用茶泡水帮助治病。巧了，茶叶水效果奇好，愣是让幕府将军恢复了健康。茶叶救了将军一命，这位将军随即成为茶叶粉丝。病愈后，他倡议宫廷和百姓喝茶，而日本的气候和土壤也非常适合茶叶生长，于是，举国上下普遍开始种茶、喝茶。

现在日本对茶叶的喜爱程度比中国有过之无不及，他们在中国喝茶礼仪基础上不断发扬光大，逐渐发展成日本的“茶道”。日本茶道的内涵已经不仅仅在于喝茶解渴，而是一套精致的艺术流程。日本茶道仪式表演全程需要一个多小时，彰显出茶文化无穷的魅力。

# 茶叶外交

## 明清外交的树叶筹码

人类早期，贝壳、石头等都曾经充当过货币，后来，逐渐演变为贵金属货币，如黄金、白银等。茶叶也曾经一度变成货币，成为一种广为流通的硬通货。

很长一段时间里，中国是全世界唯一的产茶地区。茶叶会让人上瘾，但它又不像其他很多上瘾品一样会对身体造成伤害，在人们的印象中，茶叶对人体似乎是有益无害的。易上瘾但又有益无害，这两个优点让茶叶成为不可多得的完美商品。因此唐宋时期，茶叶已成为国家战略物资，被用来交换邻国稀有的贵重物品。其中最有名的就是“茶马贸易”。

唐宋时期，中原军马紧缺。事实上，中国本就不产马，不但用于战争的军马不够，民间骑乘、拉货的普通马匹也严重不足。

唐朝以前，中原是用丝绸从游牧民族手里换取马匹。唐朝之后，游牧民族更希望得到的商品不是丝绸，而是茶叶，于是就有了以茶换马的模式。中原通过茶马贸易获得用于战争的军马，游牧民族则得到茶叶。所以有“彼得茶而怀向顺，我得马而壮军威”的说法，意思是周边国家得到茶叶很开心，中原买到军马则能增强国防，可以说是一种双赢的买卖。

为何唐朝之后在周边的游牧民族中的畅销品从丝绸变成了茶叶呢？这里不得不提及最早的种草小能手——文成公主。

641 年，文成公主嫁给吐蕃的松赞干布。在出发去吐蕃之时，她带上了中原人非常喜欢的茶叶。文成公主把饮茶的习俗带到了吐蕃。100 多年后，整个吐蕃及蒙古边疆地区都开始流行饮茶，而这些地区都是古代的良马产地。于是，茶不仅仅是一种普通的商品，还逐渐成为中原与游牧民族在外交上的筹码。

中原地区是茶叶的唯一产区，茶叶出口权紧紧掌握在中原王朝手里。中原王朝在茶叶贸易上掐住了游牧民族的咽喉，致使他们在侵扰中原之前须三思而行，可以说文成公主立下了大功。文成公主一出手，让边疆游牧民族喝茶上瘾，他们从此不得不依赖中原的茶叶供应，不但将白花花的银子和雄赳赳的马匹自动送过来，而且对中原自带几分忌惮。文成公主成了唐朝在吐蕃等边疆地区的“特洛伊木马”，她是中国最早的种草高手，也是史上最厉害的带货主播。从此以后，对茶上瘾的吐蕃人再也无法与中原地区彻底断绝联系。

文成公主与张骞可以称得上是中国最早的进出口贸易推动者。文成公主负责出国种草，让边疆游牧民族喝茶上瘾，不用一兵一卒，谈笑之间就影响了中原与边疆的“外交天平”。张骞负责出国海淘，带回了令今天吃货们赞不绝口的食材，核桃、芝麻、石榴、葡萄、大蒜、香菜等，试想如果没有这些东西，生活将是多么单调和无聊。

从北宋开始，朝廷开始重视茶马交易，专门在四川设置了“茶马司”管理茶马交易事宜。四川每年有近 3000 万斤茶叶运往甘肃和青海一带，换得军马 15000 余匹，帮助宋朝不断加强国防力量。由此，这条贸易通道变成宋代的军事政治通道，这就是著名的“茶马古道”。

茶马古道以川藏路、滇藏路、甘青路三条大道为主线，衍生出众多支线，构成了庞大的陆地交通网络。道路艰险，其行程跨越了四川、云南、青海、西藏等地，延伸到南亚、西亚、中亚和东南亚各国，最远到达印度。在中国古代文化交流史上，茶马古道与丝绸之路齐名。

吃喝，原来可以产生如此强大的外交制衡力量。

宋、元、明时期，朝廷频繁变钞，不断废除旧钞、发行新钞。当时的消息流通全依赖口口相传，如此一来，越是在偏远山区往往越晚得到变钞消息，手里的旧钱贬值了可能还浑然不觉。而靠近京城的人消息灵通，则能快速将手里的旧钞转换成金银珠宝来保值，所以，离都城越远，拿着纸钞的风险就越大，这些纸钞随时可能成为废纸。

中国的茶叶贸易规模不断扩大，茶商每次出门交易都需要携带大量钱款，既不方便也不安全，所以做成砖形的“砖茶”开始被用作流通货币。砖茶重量轻，容易携带，而且茶叶本身就是保值的商品，持有人也不用担心茶叶跟纸钞一样瞬间贬值。砖茶还可能会随着时间推移而增值。中国人喜欢陈年茶叶，如同喜欢陈年酒一样。越是时间长，茶叶可能价值越高，越是在偏远之地，茶叶越有可能保值升值。因为偏远之地交通不便，砖茶数量较少，也更值钱，在很多偏僻之地被称为“茶黄金”，跟金银一样保值。直到近现代，中亚国家一些落后山区地带依然把砖茶作为货币，在那里，砖茶是畅通无阻的硬通货，可以用来购买牲畜、交易日常用品。

笔者的《小白经济学》中详细分析过宋朝经济繁荣的根源。宋朝是中国古代少有的开放时代，政策灵活、政局稳定，人们对商人的地位也非常认同，这造就了宋朝商业异常发达的局面。

商业需要沟通，今天人们常常爱去咖啡馆谈生意，而宋代人则是习惯于喝茶谈生意，因此茶楼和茶坊十分繁荣，成为商业合作、人脉汇聚之地，商贾名流、文人大夫皆喜欢在茶楼谈天说地。当时，北面的辽、金地区也有见面喝茶叙旧的风俗，但辽、金地区并不产茶，他们消费的茶叶都要从宋朝进口，金朝每年采购茶叶的花费达到 30 余万两白银。

1222 年，金宣宗担心再这样喝下去会导致白银持续流失，决定颁布法令禁止民间饮茶，严禁商人向大宋采购茶叶。金宣宗显然不懂经济。禁令归禁令，百姓的茶瘾并不会立刻消失，茶叶中含有大量咖啡因和茶碱，这些物质会使人产生幸福感、愉悦感，这种让人上瘾的感受，绝对不是一纸文件就可以消除的。所以，如果茶叶的需求没有消失，只是单方面断掉了供应，只会导致茶叶价格上涨，还会造成走私活动。

一种东西如果可以使人上瘾且对人体无害，那就是一种最完美、最理想的商品。上瘾品的吸引力就是重复刺激大脑，让大脑产生随机性愉悦。茶叶不会对身体造成伤害，是完美的商品之中的王者。

茶叶成为一种战略武器，决定着中原与游牧民族的外交平衡，可见，扼住一个国家吃货们的咽喉，就会产生巨大的外交力量，甚至可以影响两个国家力量的“天平”。

## 垄断与走私

### 明朝市场经济的胜利

茶叶是如此赚钱，以至于明朝政府开始动起了歪脑筋。这个太监成群的王朝，最终决定垄断茶叶经营，与民争利。朝廷随后宣布，茶马贸易是国家级战略贸易，只能由国家来开展，任何私商未经许可进行茶马交易都属于违法。

明朝宪法《大明律》明确规定：茶叶必须由国家专卖，经销商要想销售茶叶，必须向官府交费购买“茶引”，按照许可的数量销售茶叶。茶引是一种销售茶叶许可证，伪造茶引者会被处死并没收所有财产；如果无证经营，则会被杖击一百，监禁三年。

1397 年，安庆公主的驸马爷欧阳伦自以为是皇亲国戚，做起了走私茶叶的买卖。安庆公主是朱元璋最偏爱的公主，所以，官吏都睁一只眼闭一只眼，一路开绿灯听之任之。但驸马爷走私茶叶这事还是被朱元璋发现了。朱元璋对女婿并未手下留情，他下令将欧阳伦处死，还将他的同党们斩首示众，看得那些帮助其走私茶叶的官员肝儿直颤。

朱元璋之所以对茶叶走私处理得如此严厉，是因为当时茶叶是国家战略物资，只能用来办最重要的事情，比如购买军马、增强国防等，而走私茶叶则是用茶叶换回一堆生活用品。如果游牧民族用生活用品就得到了茶叶，朝廷就不能再用茶叶置换军马，这可牵涉江山社稷的稳固。

好钢用在刀刃上，朱元璋对茶叶的定位非常清楚。

因此，明朝对茶叶的管制比对盐还要严格，当然这两者也有不同之处。对盐的管制针对的是国内流通，而对茶叶管制则是限制国家之间的贸易。朝廷不但垄断茶叶交易，还禁止个人囤积茶叶。明朝法令规定"所蓄不得过一月用，多皆官卖"，意思是个人家里最多只能囤积够用一个月的茶叶，如果太多就必须卖给官府，以防止民间商人囤积居奇。

明朝在垄断茶叶贸易权后开始提高茶叶价格，以此压低马匹价格，然后操纵茶叶和马匹之间的交易价，有点类似今天操纵两国之间货币汇率。这让北方游牧民族心怀不满，但又无计可施，因为只有中原地区才产茶。

洪武年间，边疆一匹上等马可以换到 120 斤茶叶，但到了万历年间，一匹上等马只能换茶 30 篦，中等马换 20 篦，下等马换 15 篦。"篦"是明朝计量单位，1000 斤等于 330 篦，也就是说，1 篦大约等于 3 斤，由此看出，万历年间的马价已经被严重压低，一匹上等马的价格从 120

斤茶叶变成了 90 斤茶叶，直接下降了 25%。

明朝依靠提高茶价、压低马价的方式，赚了不少轻松钱。但游牧民族并不傻，他们渐渐减少了官方茶叶交易，转而购买民间走私的茶叶，茶马贸易开始迅速衰落。明朝官库的茶叶过剩，最后只能将茶叶当作俸禄发给官员。还别说，明朝官员还真挺惨。朱棣时期，郑和下西洋带回各种石头和土特产，发给官员当俸禄。现在，又把仓库里的茶叶发给官员当俸禄，明朝那些小官员始终没有逃脱摆摊卖东西、换钱养家的命运。

邻国吃货的茶瘾不会自动消失，官方茶马交易日渐衰落，但民间茶叶走私生意却进行得如火如荼。虽然朝廷对走私茶叶的刑罚非常严酷，但因为走私茶叶的获利很高，所以屡禁不止。价格可以改变人的行为，高收益会诱惑商人铤而走险，如同当年扬帆出海寻找香料的冒险者一样，利益是他们永恒的驱动力。

1465 年，明朝官府发现已无法阻止民间茶叶走私行为，干脆选择将茶叶走私合法化，允许民间自由进行茶叶买卖。茶叶从此变成非垄断产业，民间商人可以无限制参与茶叶贸易。

新政策鼓励茶叶私人交易，政府可以从中征税。商人在产茶的地方收购茶叶，其中 4 成茶叶要交给官府作为茶叶税，相当于缴纳 40% 的赋税，剩余 60% 归商人自由买卖。从此，茶马贸易正式由官营改为民营。虽然茶叶税收如此高，但茶叶商人依然能够赚钱。

茶马贸易变成民营之后，商人们嗅到了其中的商业机会。茶叶贸易再度繁荣，越来越多的人加入茶叶贸易领域，据说当时“商贾满于关隘，而茶船遍于江河”，通往边疆的茶马古道重新焕发出活力，游牧民族也因此得到了价格更低的茶叶。

茶叶贸易的兴起，进一步促进了中国传统商帮的发展，其中以陕商、晋商、徽商最为有名。明朝时期，陕商的实力最强，他们在茶叶贸易领域呼风唤雨，执西北茶叶贸易之牛耳，垄断多个产区的茶叶。晋商也主要靠茶叶和盐起家，依靠其地理位置优势，将盐销往江浙沪、四川区域，将茶叶贩往西域和俄罗斯，当时的俄罗斯也是中国茶叶的消费大国。而徽商则依靠安徽的长江、淮河水运之便，苦心经营中国华北市场。清代，北京茶叶、东北茶叶以及食盐市场几乎被徽商垄断。

在茶马古道上，传递的并非只有茶叶。商业和文化几乎是同时传播的，在这条古道上，丝绸、布料、虫草、藏红花等开始进入中亚一带国家，也让藏传佛教从印度进入西藏。

丝绸、瓷器、茶叶，是中国出口中亚地区和西方的最主要商品，喝茶要用到茶壶、茶杯，这也带动了中国瓷器闻名天下。青花瓷从出窑的那一刻起似乎就在等待茶的到来，青花瓷与茶叶，在中国最伟大的盛世里相遇，一起奠定了丝绸之路的商业文明。

## 利益的角逐
### 英国与荷兰的百年战争

1610 年，荷兰船队第一次把茶叶当作商品运到欧洲。那时候，欧洲对这种外观普通的树叶不屑一顾，也未对这些东方树叶泡水喝怀有任何期待，因此，初入欧洲的茶叶几乎无人问津。

第一批到达欧洲的是中国人最爱喝的绿茶。绿茶和红茶的区别在于工艺不同。绿茶是将新鲜茶叶“杀青”后干燥而成。杀青就是摘下茶叶用热锅炒制，然后自然晾晒。绿茶的工艺让它保留了更多天然物质，泡出来的水也会呈现绿色，西湖龙井、竹叶青就是典型的绿茶。红茶是杀青后再进行发酵的产品，茶叶中的茶多酚发生酶促氧化，产生茶黄素等香气物质。红茶口感更加醇厚，泡出来的茶水呈现红色，祁门红茶、正山小种、金骏眉都是典型的红茶。

当然中国的茶叶种类繁多，远不止这两类，比如还有普洱茶、乌龙茶、白茶、黑茶等，相信总有一款适合你。

明朝时中国人几乎只喝绿茶，对经过发酵工艺的红茶完全无感。当时大多数人认为红茶品质更低，只适合给不懂茶的外国人喝，所以很多人嘲笑爱喝红茶的外国人。茶叶进入欧洲充满曲折，刚开始，荷兰人把这些稀有的茶叶当作药品来使用，他们认为这是一种中药汤剂。

一位医生西蒙·鲍利甚至认为茶叶有毒，他说茶叶在漫长的运输过程中已经变质有毒，会导致人中毒死亡，对于老人而言害处更大，所以他强烈反对使用中国茶叶。真是一个带有偏见的愚蠢医生！

另外一位荷兰医生尼古拉斯·迪尔克斯则持相反观点，他认为茶叶对身体健康非常有益，坚持喝茶的人都会无病无疾、健康长寿，他建议人人喝茶，而且不限数量，越多越好。这把茶叶的作用夸张得让咱中国人自己都不好意思了。

1650年，欧洲人开始逐渐接受茶叶，并且开始创新茶叶饮用方法。他们不但学会了在茶叶中加入糖，还开始尝试在茶叶中加入牛奶，发明了今天还在流行的奶茶。法国贵族们非常喜欢喝奶茶，他们相信奶茶可以改善肠胃功能，而且牛奶与茶水混合后，不但味道更加香醇，颜值看起来也提升了不少。但是很可惜，法国的喝茶风潮并没有流行多久，就被后来出现的咖啡取代了。

让茶叶真正在欧洲扎根的功臣是英国人。当时全欧洲对茶叶都没有什么好感，只有英国人不可救药地爱上了茶，举国上下几乎人人都喜欢喝茶。此时，前文提到过的英国东印度公司登场，它首先看到了茶叶贸易的巨大利润，为了讨好王室，公司负责人从中国各地搜罗了茶和瓷器献给国王。国王非常喜欢，一开心就给了英国东印度公司各种权力，比如确认领土权、货币发行权、保有军队权、营建联盟权、对外宣战权、战争谈判权、司法豁免权。其中最重要的是，它得到了从中国进口商品的贸易垄断权。

1705 年，英国东印度公司在中国建立茶叶贸易站，方便进口中国茶叶。它成功促进了中国茶叶出口欧洲，让英国茶叶进口量开始井喷。

由于规模经济效应，随着茶叶出口数量的增加，中国茶叶到英国的运输成本被持续摊薄，英国茶叶的零售价也不断下降，这进一步让更多普通英国人消费得起茶叶。

茶叶和丝绸、瓷器成为中国出口欧洲的三大核心商品，中国茶叶每年出口量接近 6000 吨。茶叶成为英国东印度公司主要的利润来源，高峰时期，英国东印度公司的年营业额 70% 都来自中国茶叶。英国政府也靠着征收茶叶税赚得盆满钵满，当时，英国 GDP 每年大约有 12% 来自茶叶税。但并非只有英国看到了茶叶的经济价值，荷兰也是当时的海上强国，一直在和英国争抢欧洲茶叶市场。荷兰从中国进口的大量茶叶销售到欧洲各国，甚至倾销到英国本土。“海上马车夫”荷兰多年来专注于海上物流，所以在成本方面比英国更有优势，低价茶叶打得英国措手不及，导致英国失去了大块市场。

1652 年 5 月，积怨已久的英、荷两国海上舰队在多佛海峡发生冲突。英、荷两国一共爆发了 4 次大型战争，前后持续了 132 年。最后，英国靠着强大的海军彻底打垮荷兰，并趁机掠夺了荷兰的商品、商船和殖民地，叱咤风云的“海上马车夫”地位从此一落千丈，沦为二流小国。

荷兰战败后，英国东印度公司再无竞争对手，彻底垄断了欧洲的茶叶贸易。欧洲每一片茶叶几乎都经由英国东印度公司之手。英国茶叶店遍布欧洲各地，每家茶叶店都人潮涌动，采买茶叶成为一项时尚的购物活动。而且，中国的青花瓷美妙绝伦，英国人在品茶的同时，还能展示瓷器，很多贵族都会邀请朋友到家里，用中国的青花瓷杯泡上好茶，一边展示如何泡茶、煮茶，一边讲解茶叶与瓷器的搭配。

当时，品茶、品瓷器变成了一种社交手段，如同现在的红酒品鉴会一样，是当时英国新贵们的时尚社交活动。最后，中国茶与美洲糖在伦敦相遇，这次浪漫的邂逅奠定了英国的下午茶文化，从此，英国吃货们便沉沦在甜蜜的英式下午茶中无法自拔。

一位英国诗人曾说：如果说水是英国人生命的第一大组成成分，那么茶则排名第二。

这片来自中国的神秘树叶，历经坎坷之路，亲历百年战争，此时已经深深融入英国人的血液之中。

## 鸦片战争

### 茶叶引发的中国近代国耻之战

在中国，提及贞观之治、康乾盛世，似乎都代表着中国古代经济文化的鼎盛繁荣，事实是否真是如此呢？

贞观之治是否真的繁荣富强已无处考证，但康乾盛世时期有大量图片文字记录，事实证明这称呼名不副实。那时候大清国力已经非常衰弱，整个国家处于闭关锁国、民不聊生的状态之中。康乾盛世事实上是统治阶层财富的盛世，他们的财富积累建立在广大农民、手工业者日益贫困的基础上，大量农民饿死，从而这一时期也被称为“饥饿的盛世”。康乾盛世时期，全国人口大幅度减少。以人丁兴旺的四川省为例，仅仅在乾隆继位后30年间，总人口就由350万人骤然降到95万人。

一帝功成万古枯，千里白骨无鸡鸣。

1790年，乾隆皇帝八十大寿，在北京举办了盛大的生日宴。周边小国都派遣使者来贺。1793年，英国国王乔治三世也借贺寿名义派遣使节马戛尔尼来中国进行贸易合作洽谈，这就是历史上著名的“马戛尔尼访华”事件。

马戛尔尼提前准备了很多礼物，包括当时英国最为先进的蒸汽机、纺纱机、怀表、望远镜、火器等，而且乔治三世还把英国皇家战舰“君主”号的模型送给了乾隆皇帝。马戛尔尼公爵在宏伟的紫禁城见到了年迈的乾隆皇帝。没想到，双方在见面礼仪方面发生了巨大分歧，乾隆皇帝要求使团给皇帝行双膝跪地礼，马戛尔尼认为自己对英国国王都不用下跪，为什么要跪一个外国皇帝呢？所以坚持不跪拜任何人，只愿意行鞠躬礼。这让乾隆皇帝非常不爽，他一辈子没见过不跪拜自己的人。最后，经过双方艰难的协调，大家各退一步，马戛尔尼向乾隆皇帝行了单膝跪拜礼，双方都找到台阶下，算是敷衍过去了。

马戛尔尼给乾隆皇帝献上他们带来的礼物，心里不愉快的乾隆皇帝看都没有看一眼，就让人放进了仓库。因为在乾隆皇帝眼里，外国这些奇奇怪怪的东西完全没有珍珠、玛瑙、玉石值得把玩，而且他也没觉得世界上有哪个国家比得上大清帝国。当使者表达了英国国王想和清政府进行贸易的想法时，乾隆皇帝哈哈大笑，说大清帝国完全可以自给自足，没有必要与你们这些小国互通贸易。英国这么偏僻和落后，只有一些没用的小玩意儿，没什么好东西够格与清朝贸易。当然，如果英国愿意归顺清朝，那倒是可以考虑。

马戛尔尼被不知天高地厚的乾隆皇帝给整蒙了。乾隆皇帝还给乔治三世回了一封976字的信，开篇就气势磅礴：“天朝物产丰盈，无所不有，原不藉外夷货物以通有无。”意思是：我堂堂大清帝国，地大物博，物产丰富，无所不有，既不需要外国的货物，也不需要与任何外邦国进行贸易。接着开始洋洋洒洒吹嘘大清帝国多么厉害，这里不作详解。乾隆皇帝完全不知道世界已经发展到超越他认知的地步了。真是应了那句话：时代抛弃乾隆皇帝的时候，连招呼都不打。乾隆皇帝在信的最后表示：“至尔国王表内恳请派一尔国之人，住居天朝，照管尔国买卖一节，此则与天朝体制不和，断不可行。”意思是：贵国提出派人常驻中国、与中国做生意，这想法不可行。你们跟我们体制不同，咱不是一路人，这件事以后就不用再提了。

乾隆皇帝用自己的傲慢拒绝了清帝国发展的好机会，狭隘地觉得地大物博的中国完全可自给自足，闭关锁国也能保持世界强国地位。

其实，这在当时并非只是他的个人想法，清政府的很多人都有同样的感受。中国茶叶源源不断运到全球，自信满满的大清对欧洲产品不感兴趣，虽然当时欧洲科技已全面超越了中国。对外面世界一无所知的中国人依然固执地认为中国是地表最强国，外国科技只是一些“奇技淫巧”，毫无用处。

英国东印度公司用白银在中国采购上千吨茶叶运往英国，但是，茶叶采购所需的白银数额巨大，英国商人一时难以筹集如此多的现金，而且，当时白银升值比茶叶还快，如果完全用白银来买茶叶，就会导致无论怎么做生意，英国人始终都会亏损一部分。

从乾隆皇帝的表现可以看出，闭关锁国、自以为是的大清肯定不太愿意选购英国的商品，而只愿意接受白银，这样一来，英国对中国之间的贸易逆差会变得越来越大。

什么是贸易逆差？简单地说，一个国家进口额大于出口额，就是贸易逆差；反过来，如果一个国家出口额大于进口额，就叫贸易顺差。英国需要大量购买中国茶叶，中国又不需要英国商品，这就造成了英国的进口额大于出口额，形成了严重的贸易逆差。

贸易逆差导致英国的白银储备大量流失，能买茶叶的白银储备越来越少。

根据德国学者冈德·弗兰克的研究，可以估算出在 1500—1800 年的 300 年间，流入中国的白银高达 5.1 万~7.3 万吨，即 16.3 亿~23.36 亿两。茶叶需求量却不断上升，最后英国几乎没有足够的白银来中国买茶叶。英国必须找到一种中国人需要的商品，在中国卖出并回收白银。正在英国人一筹莫展之时，英国商人找到了改变对华贸易逆差的救命稻草——鸦片。

鸦片，也就是罂粟，是中东医药传统中的宁神剂。张骞出使西域就带回了鸦片，唐代史料就有鸦片进口记录，当时被称为“罂子粟”。在北宋著作《开宝本草》中，鸦片被命名为“米囊子”，名字听起来有点萌，危害却一点也不含糊。明朝时，全世界都爱来中国朝贡骗经费，其中暹罗国喜欢进贡鸦片，他们每次都会给明朝皇帝进贡 200 斤鸦片，但这玩意儿会上瘾，这点量不够皇帝和妃子使用，所以皇帝会派太监去民间采购鸦片。万历皇帝就是一个十足的瘾君子，30 年不上朝，在宫中试验、服食丹药。他的丹药中就含有大量鸦片，他还亲自给鸦片起了一个非常吉利的名字：福寿膏。只不过福寿膏并没有给万历皇帝带来福和寿，过量吸食鸦片导致他经常犯毒瘾，头晕、眼花、走路踉跄，58 岁便死掉了。

清朝时期，已有富人吸食鸦片，但不多，因为当时鸦片在中国贵如金银，只是一些有钱人家的奢侈品。英国东印度公司敏锐地看到这个商机，决定从鸦片入手，以改变英国对华的贸易逆差。

当时，鸦片主要种植地在印度，而印度整个国家的贸易都掌控在英国东印度公司手里。为了布局未来的鸦片贸易，英国东印度公司在印度大面积种植罂粟。在他们眼里，鸦片就相当于白银，一定会成为大清王朝新的硬通货。

英国东印度公司非常聪明，虽然鸦片贸易得到了英国官方默许，但为了避免中国与英国两个国家间的麻烦，他们采取间接输入的方式，而不是直接输入。具体做法是，在印度种植罂粟，加工成鸦片，在印度年度拍卖会上拍卖出售，买下这些鸦片的则是印度一些民间贸易公司，他们买下鸦片之后，通过各种渠道运到中国销售。这些印度民间贸易公司也非常狡猾，他们通过海路把鸦片运到中国广州，但并不登陆广州本土，而是在伶仃洋的荒岛卸货。中国商人在此接货，用白银买下鸦片后用渔船运达广州湾，最后流向全国。

从程序上看，英国和英国东印度公司谁都没有把鸦片直接运到中国，他们表面上并没有违反中国法律，但这种大剂量的鸦片输入，导致中国鸦片价格大幅下降，民众开始抽大烟，鸦片使用量呈百倍上升，整个大清王朝下到庶民、上到一品大员，几乎都沦为瘾君子。仅仅 1830 年一年，中国的鸦片消费量就增长了 250 倍，达到了 1500 吨，1790—1838 年间，英国输入中国的鸦片多达 440576 箱，价值 2.4 亿两白银，这个数量早已超过英国人采购茶叶所需的白银。

英国为扭转茶叶贸易逆差，把大量祸国殃民的鸦片输入中国，摧残了无数中国人的健康，让中国遍地是烟馆，人人萎靡不振，成为西方国家眼中不屑一顾的“东亚病夫”。

随着中国鸦片消耗量的增长，中、英两国的贸易逆差状况完全扭转，中国反而出现贸易逆差。从 1808 年起，原本白银净流入的中国成为净输出国，白银以每年 700 万～800 万两的速度外流，迅速导致中国国内白银通货紧缩。通货紧缩导致白银价值一直上涨，从清代河北宁津县大柳镇一家商店当时出入银两流水账所载银钱比价中可以看出：每两白银 1801 年只能兑换 1040.7 文铜钱，到 1838 年上涨到兑换 1637.8 文，白银升值 60%之多。官府并非不知道伶仃洋的岛上鸦片走私活动，但由于大清腐败不堪，人人都想捞钱，商人早就用钱买通了各个港口和渠道，运输鸦片的船在广州湾川流不息、畅通无阻，即使偶尔出现清剿行动，也只是做做样子。

此时，朝廷对鸦片造成的白银外流使中国对国内通货紧缩已有共识。但就如何处置则有分歧。大臣主要分为两派，一派是穆彰阿、伊里布、琦善在内的满族大臣，另外一派则是包括林则徐、邓廷桢等在内的汉臣。满族大臣认为应该从经济利益出发，干脆把鸦片贸易变成官营，自己种植罂粟，抵制外来鸦片，这么多民众上瘾，朝廷一定可以赚到很多钱。汉臣派表示强烈反对，他们认为鸦片危害国民健康，如果国民再这么吸食鸦片，数十年后，中国几无可以御敌之兵，且无可以充饷之银。

道光皇帝还算没有昏庸到是非不分的地步，最后采纳了汉臣的建议，任命林则徐为查禁鸦片的钦差大臣，前往广东打击鸦片销售。林则徐出发之前就暗下决心，对外直言“若鸦片一日不绝，本大臣一日不回，誓与此事相始终，断无中止之理”。1839 年 6 月 3 日，林则徐亲自主持了震惊中外的“虎门销烟”，在虎门海滩集中销毁了收缴来的全部鸦片，整个销毁过程历时 23 天，共销毁鸦片 2 万余箱，重量约 237 万余斤。

英国东印度公司相信林则徐只是新官上三把火，后期用钱行贿就可以买通，恢复鸦片生意，不料，林则徐公正廉明，完全不吃这一套。

我们知道，英国东印度公司设计了一套复杂路线，让外人看不出英国在输入鸦片，他们一直否认贩卖鸦片到中国，此时也只能吃个哑巴亏，无法出面阻止禁烟运动。

不久，一场冲突为英国人找到了理由。起因是两名英国士兵杀害了一名中国人，林则徐要求英国政府交出凶手，但英国政府以各种理由推脱拒绝。林则徐一怒之下将所有英国商人驱逐出广州湾。

1840 年，英国以保护自由贸易为由发动鸦片战争。

战争，就是两个国家的实力较量，残酷的现实让清政府第一次感受到自己的落后。欧洲的先进完全超出了清政府的预计，在一次海洋遭遇战中，英国仅用 2 艘战舰就彻底击溃了 29 艘中国战船编队。

在陆地战中，中国也几乎毫无招架之力。英军有当时最先进的滑膛枪，而中国还以落后火枪为主，甚至有一部分人用大刀、长矛对抗。双方不对等的实力让战争呈一边倒态势，英军势如破竹。1842 年夏天，英军已经全面占领香港，控制了珠江三角洲、上海等中国重要地区。

清政府战败，被迫签署了《中英南京条约》，割让香港岛，开放 5 个通商口岸，允许英国在华进行自由贸易，并赔偿英国 2100 万银元，折合白银 1491 万两，其中 600 万两用以赔偿林则徐所销毁的鸦片。

英国借此控制了中国的贸易，大量英国手工业产品免关税涌入中国，对中国手工业几乎造成毁灭性打击。法、德、俄、美、日等国家也纷纷来到中国，希望从中分一杯羹，为后续的领土、租界问题埋下了祸根。

鸦片战争失败后，鸦片继续在中国销售，1840—1915 年的 75 年间，战败赔款和贸易逆差导致中国白银外流达到 12.5 亿两之多。中国经济也由于白银供给不足，陷入了一蹶不振的长期衰败。

茶叶和鸦片，都是让人上瘾的商品。英国是如此想要中国的茶叶，中国那么坚决地拒绝英国鸦片，最后，两个帝国以一场战争解决了这次争端。茶叶，这种来自东方的神秘树叶，最后彻底改变了两个帝国的命运。从此，一个帝国崛起，而另一个古老的东方帝国陨落，一场茶叶引发贸易逆差的战争，让中国进入了一段最屈辱的时光。

## 茶叶大盗
### 中国痛失全球茶叶主导权

中国垄断了世界的茶树种植，英国不甘于对中国茶的严重依赖，一直企图将茶树种植本土化，想尽各种办法得到茶种和茶叶制作技术。

当时，沦为英国殖民地的印度境内的喜马拉雅山脉南麓与中国最好的产茶地在地理条件上几乎相同，具备喜马拉雅山的高海拔和肥沃的土地，还拥有云雾缭绕的湿润生长条件，而且在冬季还有轻度霜冻气候，这都是生产丰富、浓郁、可口茶叶的天然条件。如果茶树可以在印度成功种植，那将给英国东印度公司带来无尽的财富。但是，这需要得到最好的茶树品种，需要从中国成千上万的茶树中选择最优质的品种，还要学会种植的每一个细节，以及中国顶尖茶匠传承了千百年的制茶、发酵工艺。但茶叶和制茶工艺都是中国的经济命脉，种子管理和技术都是国家秘密，英国东印度公司曾经计划用外交途径拿到中国的茶种和茶叶制作技术，但英国驻上海领事卢瑟福·阿尔科克表示这绝无可能。

最后，英国东印度公司想到了一个办法，何不派一个人潜伏到中国的产茶区，盗窃中国的茶种，偷学中国的种植技术及制茶工艺？但这是一个极具难度的任务，需要合适的人来执行。完成这个任务的人必须是一个植物猎人，一个园艺学家，一个窃贼，一个间谍。最终，他们找到了合适的人，这个人名叫罗伯特·福钧。

为什么选择福钧呢？因为他非常熟悉中国，在这之前他已经到过中国，且在中国暂住过3年，对中国农村非常熟悉，能说一口流利的中国话。最后他从中国偷走了大量名贵的鲜花品种，还出版了一本《华北各省三年漫游记》。

1848年5月，植物学家罗伊尔博士前往邀请福钧，与他达成协议。福钧答应以“植物猎人”身份受雇于英国东印度公司，年薪500英镑，他随即重返中国，开始偷盗茶叶工作。1848年9月，福钧到达上海，为了能够顺利进行盗茶活动，他决定先对自己的外在形象进行乔装打扮，他定制了一套中国人穿的长衫，剃掉了胡须，还花钱加了个长辫子，再加上他对中国农村民俗非常熟悉，以及会说流利的中国北方方言，南方人居然没有认出他是外国人，当然这也跟当地农民从来没有见过外国人有一定关系。

紧接着，福钧花钱收买了一个来自安徽省休宁县的王姓人。安徽是中国最闻名的绿茶产区，老王也非常熟悉中国各个产茶地区。老王先回到自己安徽老家，将福钧安置在自己家。福钧在王家住下之后，立刻开始行动，大量收集绿茶的茶树和茶种，而且记录中国种植茶叶的技术流程，在老王的帮助下，他顺利将13000株茶树苗和上万茶树种子用沃德箱运抵上海，在上海休整些日子后，装船运往印度。

沃德箱，是伦敦外科医生沃德发明的一种改变世界植物史的设备。当年世界的交通都靠航海来连接，而海上航行短则几个月，长则一年，长途运输中，植物幼苗几乎都无法存活，植物的跨越洲际成为大问题。在机缘巧合下，沃德发现植物在密闭透明玻璃罐中会生长得很好且还会继续繁殖，这彻底解决了活体植物运输的世界级难题。因为容器密闭，整个箱子会形成一个小的生态循环系统。水分蒸发后，会在玻璃内壁上形成冷凝水，冷凝水滴到土壤上，形成水汽的自然循环，土壤一直保持同样的湿度，与此同时，阳光可以透过玻璃照射进来。

沃德箱最长可以让植物保持 3 年不浇水。沃德箱的存在，改变了世界的植物分布，成功将茶树从中国迁到印度，把橡胶树运送到亚洲，把香蕉转移到太平洋岛屿、美国中部和加勒比地区。但福钧的第一次偷盗最终还是失败了。由于沃德箱是玻璃制成的，在跨洋航船剧烈的颠簸之下，大部分箱子破碎，最终，福钧送到印度的首批茶树存活率只有 7%，种子基本完全腐烂。

第二年，福钧又前往中国最重要的红茶产区，准备偷盗红茶种子。在到达武夷山后，他迅速展开行动，成功偷盗了最优质的茶树苗，这次他有了经验，把种子和树苗都放在沃德箱中并做好防撞措施，最终，红茶树苗和种子全部健康抵达印度。

在武夷山地区，他住宿在庙宇中，通过贿赂僧侣，逐渐打听到红茶更多的秘密，包括绿茶进一步发酵成红茶的工艺和火候、种植的土壤、所需的光照等，还学会了红茶冲泡和水质之间的关系。

3 年时间里，福钧到过黄山（休宁）、福州、宁波、舟山、武夷山等地区，采集了上万种茶树种子，学到了许多种植知识，了解到多雾的气候和富含银元素的土地是种植优质茶树的关键。当然，他深知要复制中国茶叶，必须引进人才，只有中国的种茶者才能真正教出更好的学徒。于是他秘密招聘了 8 名中国工人并带到了印度，其中包括 6 名种茶和制茶工人、2 名制作茶叶罐的工人。

1851年2月，福钧带着8名工人离开中国，也带走了中国垄断了5000年的茶叶，以及几千年积累的种植技术、制茶工艺。这次盗窃被认为是“人类史上最大的贸易秘密盗窃”。

不久，中国的茶树在喜马拉雅山南坡落地生根，而英国的工业化帮助茶叶生产从手工劳动变成机械化生产，效率更高的英国茶叶工业在世界市场崛起，中国茶叶开始走向衰败。

中国茶叶出口量迅速减少，1817—1833年间，广州口岸出口的茶叶占全国出口总货物价值的60%左右，也就是说，中国出口货物的6成都是由茶叶担当的。英国的印度茶叶开始参与竞争后，中国茶叶的出口量大幅下降，茶叶占出口总值中的比例迅速降到40%，到1905年，降至11.2%，1913年降到8.4%，只占丝绸出口总值的1/3。此刻，中国茶叶行业作坊面临着严重的亏损和倒闭风潮。

1888年，曾国荃上奏朝廷：“近年来，印度、日本产茶日旺，售价较轻，西商皆争购洋茶。”仅安徽一省就“亏累将及百万两（白银）”，全国亏损超过千万两白银。而《农学报》记载原先九江城有五六十家茶庄，如今“仅四五家耳”。风光无限的中国茶叶在世界竞争中败下阵来，直到今天依然未恢复，如今中国7万家茶企的出口量甚至抵不过英国一家茶叶公司。以2016年为例，中国总共近7万家茶企的出口总额为14.8亿美元，不到当年英国“立顿”茶30亿美元销售额的一半。

**茶，这片神秘的东方树叶，曾经垄断全球、制衡边疆外交，也曾经攻陷欧洲、主宰商业沉浮。无数商帮因它而兴起，无数洋人求知若渴，如今却落寞偏安一隅，想起来真是令人神伤。**

第九章

# 成瘾经济学

咖啡如魔鬼般漆黑，如地狱般炙热，
但又如天使般纯洁，如爱般甜蜜。

——法国主教
夏尔·莫里斯·德·塔列朗–佩里戈尔

## 羊群发现的咖啡
### 穆斯林防止礼拜瞌睡的神器

埃塞俄比亚位于北纬 15 度的东非高原，这里气候炎热，平均海拔近 3000 米，素有“非洲屋脊”之称。1000 多年前，这里居住着一支古老的民族，他们大部分以放牧为生。

传说，6 世纪的一个傍晚，埃塞俄比亚山区一个普通牧羊人卡尔迪结束了一天的工作，准备赶着羊群回家，就在他照例吹响召集羊群的竹笛时，羊群却一反常态，并未像往常一样围拢过来。他非常焦急地到处寻找，最终发现羊群正在疯狂啃食一种树叶，这种树长着宽长的绿叶和细小的红果，羊群兴奋得吃个不停，怎么也赶不走。他费尽周章才把羊群赶回家，当天夜里，他发现所有羊几乎整夜没法安睡，兴奋得躁动着在圈里上蹿下跳，跟白天一样精神。这种让羊群整夜亢奋的植物就是后来影响世界几百年的经济作物——咖啡。

好奇的卡尔迪也摘了这种树的果实品尝，发现自己浑身是劲，心情也变得非常愉快。咖啡传到世界，也跟甘蔗一样，与一场战争有关。当年，欧洲十字军东征，把甘蔗带到了欧洲。因为一场非洲入侵阿拉伯国家也门的战争让咖啡走向了全球。

525 年，阿克苏姆帝国国力强盛，国王加列布在拜占庭帝国的怂恿下，借口也门国王杀害基督徒，随后领兵 7 万人，越过红海入侵也门。

面对突如其来的阿克苏姆帝国军队，也门军队准备不足，被打得溃不成军，也门国王战败后跳海自尽，从此也门沦为阿克苏姆帝国附庸小弟。

阿克苏姆帝国统治也门期间，把自家的土特产咖啡带到了也门种植，同时开辟了数百个咖啡种植园，殖民者还投入人力物力在山区建了水利设施引水灌溉。

阿拉伯人逐渐学会了如何种植、培育、烘焙咖啡，同时开始饮用这种提神、抗疲劳的饮品。他们给咖啡起名了一个新名叫“qahwa”，在阿拉伯语中意为“阿拉伯美酒”。

这种饮品传播到世界后，有各种名字，在法国称cafe，在德国叫kaffe，在西班牙名kape，在意大利则为caffe，在希腊是kafes，在荷兰又成了koffe，传到英国就是现在统称的coffee。

而真正让阿拉伯人普遍喝咖啡的理由是，穆斯林在晚上做礼拜时容易犯困，甚至有人会当场睡着，这种行为看起来似乎对宗教有些不敬，但清真寺也一直没有很好的解决办法。咖啡出现以后，教徒们发现咖啡可以让人在祈祷仪式上保持清醒。所以，为了避免出现做礼拜时睡着的尴尬场面，很多教会管理者都要求穆斯林在做礼拜之前饮用咖啡。

后来，咖啡逐渐进入阿拉伯国家普通百姓的日常生活，大街上咖啡馆遍布，一些有钱人家还在自己家里设置咖啡间，专供朋友相聚时享用咖啡。

15 世纪末，咖啡已遍及包括波斯、埃及、奥斯曼、北非地区的整个阿拉伯世界，咖啡用户越来越多，咖啡逐渐演变成了极其赚钱的世界级商品。但麻烦也来了，虔诚的伊斯兰教徒看到曾经在宗教仪式上饮用的咖啡如今在民众咖啡馆就可以随意购买，而且这些人在喝咖啡时言语放肆、动作夸张，他们认为如此随意有违宗教严肃性，一直呼吁关闭咖啡馆。

不久后，麦加城的总督凯尔发现有人在咖啡馆里写了很多嘲讽自己的诗歌，恼羞成怒，于是利用手中权力，联合宗教、法律、医学等各界人士，在1511年关闭了麦加城内所有的咖啡馆。

君士坦丁堡的管理者听闻了麦加的事，担心自己城市的咖啡馆会出现反动言论，于是也下令关闭所有咖啡馆，而且他还规定民众在家也不能喝咖啡，一旦发现，要被施以重刑，重复违反者，会被装进皮袋扔到海里。

真是要用命来喝咖啡了。

但残忍的惩罚并没有吓倒热爱咖啡的吃货们，他们经常在政府监控的间歇悄悄喝咖啡，不但冒险喝咖啡，而且冒死上街游行抗议。最后，在巨大的民意压力下，政府不得不撤销了咖啡禁令。而且，咖啡馆的社交场景体验非常好，人们面对面坐着沟通交流，轻松的气氛不但可以激发诗人的创作灵感，还可以让情侣约会更浪漫，陌生人之间也有更多机会相互搭讪认识，这都是传统餐饮无法提供的体验感。

很多阿拉伯城市管理者对咖啡非常开明，比如，开罗就非常欢迎商人开咖啡馆。16世纪时，咖啡已成为阿拉伯国家的家庭必需品，甚至当时有些城市还有关于咖啡的特别法律：如果丈夫无法保证家里有足够的咖啡，妻子可以向丈夫提出离婚，而且大多数情况下法院都会支持妻子的诉求，实在是有点令人难以想象。

## 占领欧洲

### 咖啡遭遇的肯定和非议

1547年，奥斯曼帝国占领也门，虽然引入咖啡的埃塞俄比亚殖民者早已经撤离，但也门的咖啡习俗和咖啡种植园却保留了下来。奥斯曼帝国对咖啡生意觊觎已久，他们决定继续在也门扩大咖啡种植园规模，把咖啡列为奥斯曼帝国的主要经济作物，他们大量出口咖啡豆，为帝国赚回了大量利润。

摩卡港是著名港口，也是也门咖啡豆出海的重要货运港。摩卡咖啡的名字就源于此。奥斯曼帝国建立了一条通向世界的咖啡路线：咖啡豆从摩卡港运出，经过红海、埃及、苏伊士运河，抵达吃货云集的欧洲，最后进入千家万户和咖啡馆。

奥斯曼帝国为了长期保持对咖啡贸易的垄断权，专门颁布法律要求：所有出口的咖啡豆都必须先经过水煮、烘焙，让咖啡种子失去生命力，以保证这些种子无法在其他地方种植。

奥斯曼帝国垄断咖啡种植 60 多年，其间赚得盆满钵满，但如此暴利的产业，其他国家不可能一直容忍其长期独占。

17 世纪晚期，“海上马车夫”荷兰秘密派人从也门偷走了咖啡种子。咖啡种子被荷兰人带到他们的殖民地之一——印度尼西亚的爪哇岛。在那里，荷兰人建立了密集的咖啡种植园，并利用爪哇的土地和劳动力，开始主导世界咖啡贸易。

欧洲民众一开始并不喜欢咖啡，他们觉得咖啡的味道实在太过怪异。英国诗人乔治·桑狄斯甚至写道：“土耳其人每天大部分时间都围着一种名为咖啡的饮料谈天说地，这种饮料像煤烟一样黑，喝起来也和煤烟差不多，但据说这种饮料能帮助消化，并且带给人快乐。”但罗马教皇却非常喜欢这种东西，他第一次喝咖啡就喜欢上了这种与众不同的味道。由于其他教徒对咖啡一直存有误解，教皇最后决定举行一个洗咖啡豆仪式，将“魔鬼的影响”从咖啡豆里去掉。教皇还真会忽悠，只用一个小仪式就把咖啡“转正”了。不过有了教皇的加持，此后基督教徒可以名正言顺地喝咖啡，也是一件令人开心的事。咖啡开始在欧洲流行开来。

欧洲多国陆续出现咖啡馆，咖啡馆也逐渐成为欧洲人交际、聊天之地。这种提神的饮料让软绵绵的欧洲人一下子精神了许多，还让很多欧洲人成功戒酒，而且，不少欧洲医生在专业上支持咖啡，声称咖啡对人体有益。

法国人接受咖啡的时间最晚。当时法国普遍认为咖啡是一种异教徒饮料，很多人无法接受以这种饮料全面替代法国人喜欢的葡萄酒。还有一个医生甚至认为“咖啡会耗尽脑脊髓液，使人精力枯竭、四肢瘫痪并失去性能力”。可能是最后 5 个字击中了法国男人的要害，一下镇住了天天出去浪的法国男青年，咖啡成为当时法国人最嫌弃的东西。

1696 年，巴黎一个医生决定给咖啡正名。他使用咖啡做试验，偷偷把咖啡作为灌肠剂开给病人，结果发现，咖啡治疗效果非常好，而且能让人精神饱满，于是他在报纸上发表了自己的试验结果，这才让咖啡逐渐被法国人接受。

法国历史学家儒勒·米什莱认为：“咖啡的出现是一个让这个时代繁荣昌盛的革命性事件，是这个时代的一件大事，此后形成了饮食习惯，甚至改变了法国人的性情。”

从此，法国人以咖啡馆为场所自由交流，在这里进行激烈的思想碰撞，新思想的浪潮推动了法国大革命的爆发，所以，从这个角度来看，说咖啡推动了法国大革命也并不夸张。而且，浪漫的法国青年男女也在咖啡馆里找到了更多邂逅机会。法国美食作家玛格丽特对此大有感触：“男女在咖啡馆里可以自由交往，不用像往常那样感觉有什么不妥之处，他们可以在这个公开场合见面聊天。”

法国人会做饭众所周知，法式大餐几乎与满汉全席齐名，法国吃货完全接受咖啡后，就开始对咖啡进行升级改造。1710 年，法国人发明“浸泡式咖啡”，他们先把咖啡磨成粉，然后用小布袋包起后悬空，用开水冲淋咖啡粉而得到咖啡，这样冲泡的咖啡比长时间煮出来的更新鲜、更美味。

法国作家巴尔扎克更是嗜咖啡如命，他的喝法与众不同，人家都是用水冲泡，而他则直接是吞食咖啡豆研磨的细粉。他说：“吞完咖啡粉之后，我觉得浑身细胞都被激活，思如泉涌，各种回忆不断闪现，正是每天晚上有黑咖啡刺激我伏案写作，有咖啡粉来帮助我，我可以在笔下宣布开战或停战，文章形式和人物性格在灵感的指引下跃然纸上。”大文豪的吃法果然是豪气冲天。最终，吞服大量咖啡粉的巴尔扎克创作灵感爆棚，写出了《高老头》《人间喜剧》等伟大作品，被称为“现代法国小说之父”，相信其中也一定有咖啡的一份功劳。

## 金融的博弈

### 不产咖啡的伦敦垄断了交易

自从被荷兰偷走了咖啡树，奥斯曼帝国就彻底失去了对咖啡的垄断力。荷兰接过大旗成为全球咖啡霸主，但精明的荷兰人当然不会止步于简单继承，而是在想办法创新。

荷兰人精于金融手段创新，第一家股票交易所就是在荷兰诞生的。这一次，他们当然也不会放过咖啡，于是，他们引入了一种更为先进的金融手段销售咖啡豆——拍卖。他们采用了“价高者得”的拍卖方式，这在咖啡领域还是第一次。据记载，1712 年，世界上首批通过拍卖出售的咖啡是在荷兰的阿姆斯特丹交易所完成的，这批爪哇咖啡一共 894 包。

采用拍卖不但可以解决库存问题，而且可以卖出更高的价格。拍卖现场让人热血沸腾，在竞价对手的刺激下，男人们又爱争强好胜，如果再找几个托儿在旁边跟着抬价，很容易让人给出远超头脑冷静时的报价。

不过，荷兰人对咖啡的垄断并没有持续多少年，咖啡霸主的位置就被英国给抢了过去。虽然英国人主要饮茶，消费咖啡的数量并不多，但这并不影响伦敦成为世界上最大的咖啡交易场所，因为伦敦的金融足够发达，这里连接了世界上几乎所有的银行，强大的金融支持让咖啡贸易在伦敦更为方便。

伦敦的咖啡市场非常繁荣，在这里卖家和买家可以快捷达成交易，而且伦敦推出了非常人性化的寄卖服务，即可以把自家咖啡豆寄放在拍卖所，不需要卖家守着等顾客。一旦拍卖成功，拍卖所会帮助卖家完成接下来的交易事宜，卖家只需要出一点拍卖费就可以。

咖啡豆是畅销货，一般不愁卖，所以拍卖所一般都会先承接下客户的咖啡豆，甚至还会提前支付一部分现金给寄卖人。也就是说，咖啡还没有开始拍卖，种植户就可以收到预付款。

这简直是咖啡种植户的福音，他们可以快速周转资金。这是荷兰咖啡市场无法具备的优点，英国完善的金融配套帮助伦敦迅速成为全球咖啡交易中心，越来越多的咖啡生意人选择伦敦作为交易地，因为这里卖得足够快。

伦敦最早的咖啡拍卖就在咖啡馆进行，名字也很有趣：蜡烛拍卖。因为在拍卖时会点燃一支蜡烛，蜡烛燃烧的过程中买家叫价竞购，蜡烛熄灭那一刻最后一个出价的人将获得这一批咖啡豆。中国武侠电影中常见的一炷香的时间，熟不熟悉？

这些咖啡拍卖者有圈子里的行话、暗语、肢体语言，买家以秘密手势同身边的人沟通，避免竞争对手看出自己的心理价位。这些都是专业知识，不经过专门学习的外人根本无法理解。

擅长金融的英国人虽然不爱喝咖啡，但玩金融倒是炉火纯青，他们开发出一系列金融衍生品参与咖啡交易，还首先推出了咖啡期货。

什么是期货呢？下面来举例说明这个人类最伟大的金融发明之一。

武大郎开了一个炊饼铺，他需要经常要买面粉材料。当前面粉的价格是 3 元一斤，但他感觉今年气候不好，小麦会歉收，未来面粉可能要涨价，面粉涨价会增加炊饼的成本，而武大郎不希望轻易让炊饼涨价，那会影响炊饼销量。于是，武大郎想到了一个好办法。

武大郎：老板，我希望接下来一年始终都能用每斤 3 元的价格购买面粉，我要锁定这个价格，即使未来面粉涨价了，你还是给我这个价。

老板：大哥，这个要求有点过分。

武大郎：老板，你提条件。

老板：那你可以付一点钱，我就给你保留锁定价格的资格。

武大郎：多少钱，你说。

老板：每锁定一斤面粉价格的“手续费”是 2 分钱，你要多少斤？

武大郎：2000 斤。

老板：那锁定价格的手续费一共是 40 元钱，如果你到时候不来购买，这 40 元钱不退。

武大郎：没问题，如果以后价格下跌到 2 元钱一斤呢，我怎么办?

老板：那你有两个选择。第一，放弃这个资格保留手续费，去买低价面粉，损失40元钱。

武大郎：第二个选择呢?

老板：第二，你可以启用这个资格，以3元的价格购买面粉，多花2000元钱。当然你不会这么蠢。所以，你大概率会放弃这个资格，最终只损失40元钱。

武大郎：那如果以后面粉涨到6元钱一斤，是不是我就赚了?

老板：如果涨价，证明你赌对了，你原价3元一斤买来的面粉，转手就可以用翻一倍的价格卖出去。

武大郎：那我可以把这个资格转让给别人吗?

老板：当然可以，街对面卖包子的西门庆也需要面粉，涨价后他本来要花6元去采购，但是你手握2000斤价格3元一斤的购买资格，你可以转让给他。比如，你一斤面粉的购买资格以2元钱转卖给他，一份资格你就赚了1.98元，一共能赚2000×1.98=3960元。

武大郎：他乐意买吗?

老板：他当然乐意，他本来需要用6元一斤的价格采购，在你这里买到资格后，他采购的一斤面粉价格3元、资格费2元，共计5元，所以，算下来，2000斤面粉他少花了1000元钱。

武大郎：这个真不错，我面粉都没搬一下，居然就可以赚到3960元。而且西门庆也不亏，他也赚了1000元，这真是一个双赢的游戏。

老板：这就是期货，你买的这种叫看涨期权，还有看跌期权。关键是看你对未来的判断能力如何，你判断会涨价，买看涨期权，你觉得会跌价就买看跌期权。很多人并不需要开店买面粉，也能从面粉生意中赚钱。

武大郎：那你到时候不承认怎么办？

老板：我可以找王婆做见证人，但是需要给她一点服务费。

武大郎：好嘞。

在这个故事中，武大郎和面粉老板就是期货合同的双方，第三方王婆相当于期货交易所，西门庆则是参与期货交易的投资者。

期货交易不需要进行商品实物的买卖，也就是说，你不需要买卖一袋袋实际的咖啡豆，也能赚到咖啡生意的钱。所以，期货交易深受那些不想进行商品实物买卖、只想挣钱的金融玩家喜爱。

如今，农产品几乎都有期货交易，比如玉米、白糖、棉花、菜籽、大豆、豆油、鸡蛋、棕榈等，也都是同样的原理。黄金期货也被称为“纸黄金”，不需要你看到黄金实物，也可以投资赚钱。为了方便大家理解，我们暂且把伦敦的咖啡期货称为“纸咖啡”，在咖啡期货开启后，纸咖啡的销售量一度达到咖啡豆实物数量的 10 倍。1888 年，全球咖啡豆收成仅 600 万袋，而期货交易所的总成交量却多达 6100 万袋，这就是期货有趣的地方。

期货市场跟赌场类似，都是玩家赌自己对未来价格趋势的判断力，所以，咖啡价格的波动不仅取决于地里长出来的咖啡豆，还有期货价格。这些高智商投资家在交易所里进行实力、谋略和胆量的较量，然后又推动实物咖啡的价格。

有的人参与期货是为了赚钱，有的人则是为了对冲风险。比如你是养猪大户，你担心养猪饲料中的主要原料豆粕涨价，导致后期成本上升，就可以去购买豆粕的看涨期权。如果后续豆粕涨价，虽然你养猪的饲料成本上升了，但你在期货里却赚钱了，两边一平衡，无论豆粕怎么涨价，你都可以控制饲料成本。所以期货也经常被人称为“套期保值”，就是用来保证在价格变化中始终可以把风险控制在一定范围内。

那么，期货投资者如何判断未来价格走势就成了难题。因为影响咖啡未来价格走势的因素有很多种，这里选择一种影响最大的“咖啡周期”因素来讲解。周期，是经济学家经常提到的一个词，是指某个行业出现规律性的上升和下降。“猪周期”就是一种经济周期现象，也就是说，猪肉的价格上涨和下降是有规律的，时间一般是3年左右，猪周期循环发生，逻辑也非常简单。

一旦猪肉价格上涨，刺激猪农的积极性，会有越来越多的人开始养猪。不久后猪肉供应太多，造成肉价下跌，大家开始减少养猪。消耗一段时间的库存后，因为养猪的人变少，猪肉又开始出现供给短缺，肉价上涨。周而复始，形成了一轮又一轮的猪周期。

咖啡周期也是如此。咖啡豆价格上涨，咖啡种植户看到赚钱机会，开始增加咖啡树种植面积，然后咖啡豆供应过量，价格大幅下跌，咖啡种植户开始烧咖啡树，发誓再也不种咖啡，结果第二年咖啡产量大幅度减少，不久后价格又再度上涨，如此循环往复，跟猪周期逻辑相同。

在咖啡周期低谷时期，欧洲咖啡种植户陷入恐慌，开始减产，种植工人被辞退，开始转向玉米、棉花种植，甚至开始养牛。不久以后，因为咖啡减少，咖啡的价格开始上涨。那些已经开始种玉米、养牛的咖啡种植户惊奇地发现，自己曾经觉得“相当于垃圾的咖啡豆”又涨价了，就又开始转向种植咖啡，然后，新一轮循环再次开启。

因为咖啡豆储存时间更久，而且储存成本也不高，咖啡种植户会持有咖啡豆很长时间等待涨价。这跟猪周期不同，养着活猪等着涨价不可行，因为猪要消耗饲料，长时间冷冻猪肉也不行，冷冻成本也不低，所以咖啡周期比猪周期更长，从历史看来，咖啡周期大致是10年。

这种咖啡种植户与市场之间的重复心理博弈，常常影响咖啡豆价格以及咖啡期货价格，但咖啡市场的博弈不仅发生在种植户之间，更大的博弈是帝国之间的贸易搏杀。

## 巴西崛起

### 浪漫的邂逅成就“咖啡帝国”

咖啡贸易控制权被金融发达的英国掌控，咖啡已经不再是一种简单的食品，而成为扰动世界经济贸易的一只“蝴蝶”。

当时法国和荷兰称霸美洲大陆，谁也不敢招惹他们。法国和荷兰当然希望继续垄断咖啡种植，同样立法严禁咖啡树和咖啡种子流向其他国家，犯法者将会被处死。

巴西是南美洲最大的国家，看到咖啡这么赚钱也非常心动，但苦于无法得到咖啡树，他们心里千万次念叨：既然荷兰可以去偷奥斯曼帝国的咖啡，那我们咋就不能偷荷兰的咖啡呢？但靠偷咖啡起家的荷兰显然在防守方面更有经验。他们对咖啡种子严防死守，其他国家根本没有下手的机会，为了达成目的，巴西研究起中国的三十六计。

三十六计，美人计为上计。

经过周密的策划，一位名叫帕列塔的巴西小伙决定为国牺牲色相，去获得让巴西等待已久的咖啡豆。

当时，法国总督驻扎在美洲管理咖啡殖民地。总督夫人仪态万方，而总督为人刻板、不解风情，巴西小伙帕列塔不但人长得帅，而且风趣幽默，他开始有计划地接近总督夫人。好看的皮囊并不多见，有趣的灵魂万里挑一。外貌和有趣双料“冠军”帕列塔很快赢得了总督夫人的芳心，两个人如胶似漆。帕列塔以身相许，总督夫人也投桃报李，答应帮助他拿到咖啡种子。

在一场舞会上，总督夫人将一束鲜花献给舞技出众的帕列塔，这一切看起来都符合公共社交礼仪，但其他人不知道，这花束内藏有没被煮熟的咖啡种子。

舞会结束后，帕列塔优雅地带着这束鲜花离场，随后，他成功逃过搜查，带着咖啡种子迅速驾船回到巴西。

从此，在巴西便有了女神帮助巴西获得咖啡种子的浪漫传说，但世人谁又能真去了解，事后这个小伙儿在哪个角落哭泣。

总之，有了这次蓄谋已久的邂逅，咖啡从此在巴西亚马孙河流域的帕拉州落地生根，巴西从此登上咖啡贸易舞台。

当时，巴西是世界上最主要的甘蔗种植地。当地人种植甘蔗多年，技术非常成熟，现在巴西人需要选择，到底是种甘蔗还是种咖啡树，因为这决定着巴西的未来经济发展。

甘蔗是草本植物，一年收成一次，而咖啡是木本植物，种植 4 年后才能第一次收成。对于当地种植户来说，如果种植咖啡树，则意味着需要过 4 年没有收入的苦日子。正当巴西人纠结种甘蔗还是种咖啡树之时，拿破仑的甜菜糖研制成功，甘蔗的价格一落千丈，而利润较高的咖啡几乎成了巴西的救命稻草。拿破仑猛推巴西一把，从此巴西人果断放弃甘蔗，决定全部改种咖啡树。从 1812 年开始，巴西大规模砍倒甘蔗，种植咖啡树，咖啡树的成熟期是 4~5 年，根据生产时间计算，巴西的咖啡豆将会在 6 年后销往世界各地。

1818 年，巴西第一次将收获的 75000 袋、550 万公斤咖啡豆投放到欧洲市场，因为数量不算太多，所以这个咖啡新手并没有引起欧洲市场的关注。1823 年，巴西咖啡豆取得罕见大丰收，大量倾销到欧洲，使得欧洲咖啡价格大幅度下跌，欧洲人这才发现巴西咖啡豆杀过来了。

但一切为时已晚，巴西很快就掌握了全球咖啡市场的主导权。此后 100 年中，巴西的咖啡产量占世界总产量的 97% 左右，几乎垄断了全世界的咖啡市场。巴西从此登上了咖啡霸主的地位。巴西咖啡后来居上，能如此快成为世界咖啡贸易的主宰者，源于巴西拥有的三大不可替代的优势：土地、制度、劳动力。

首先是土地禀赋优势。巴西大片原始森林的土地肥沃而松软，富含氮、磷、石灰岩和碳酸钾等腐殖质，枯萎的树叶落入泥土中成为肥料，源源不断地给植物提供营养物质，是咖啡树生长的天堂。其次是政治制度优势。当时的巴西领导人佩德罗二世不仅在政策上鼓励咖啡产业，还大量修建交通等配套设施，让咖啡运输到港口的成本不断降低，效率大幅提升。再次是廉价劳动力优势。当时巴西仍然保留着奴隶制度，这些奴隶大多是来自非洲东西海岸的黑人，他们身材健壮、机智聪明，是非常优秀的产业劳动力。

1888 年 5 月，巴西废除奴隶制，奴隶被解救回到家园，但巴西因为咖啡种植业发达，很快又迎来大量种植咖啡树的欧洲移民。听闻巴西奴隶制被废除，欧洲一大批待业者涌入巴西的港口和边境城市。这些移民到巴西后，基本都种植咖啡树。废除奴隶制之前，巴西每年移民人数不到 3 万人，废除奴隶制之后的移民人数每年超过了 28 万人。

土壤气候、政治制度、人口红利，这三大优势让“咖啡王国”巴西的咖啡树长势迅猛，巴西咖啡豆产量每年呈几何级增长。

## 咖啡经济危机

### 贪婪的欲望蕴藏着风险

俗话说：“成也萧何，败也萧何。”巴西得天独厚的种植优势碾压了对手，但巨大的产量也给自身埋下了隐患。经济学不断警示人们，如果一种商品长期供应大于需求，价格就会大幅下跌，巴西咖啡豆的产量不断刷新纪录，价格崩盘的危机也可能随时会到来。

1906 年，巴西的咖啡豆产量接近 2000 万袋，按照全球咖啡市场需求量推测，这批咖啡一旦进入市场，定会引起全球咖啡价格剧烈动荡，甚至会让价格跌至冰点。此刻，巴西 90% 的国家收入都与咖啡种植业相关，如果现在把这些咖啡豆投放到市场，无疑是经济自杀行为，这将导致大量种植园破产，巴西经济被拖垮。

这考验着巴西决策者的智慧，经过商议，巴西政府出台了一个强制性经济措施——《陶巴特协议》。该协议核心就是维持巴西咖啡豆的价格，具体操作步骤是：巴西政府出面收购咖啡豆，放到仓库封存。这样就可以减少在市场中流通的咖啡豆，以维持咖啡豆价格。

这非常像现在的央行进行货币调控。利用的是经济学中的供求理论，在需求没有明显变化的时候，以减少供给的方式维持价格。这个国家收购计划需要大量资金，巴西政府并没有如此多的现金来完成计划，于是他们开始寻求国际资本的帮助。最后，欧洲金融街伸出了援手。欧洲人显然不是善心大发，是因为巴西经济的稳定关乎他们自身的利益。大量欧洲资本家长期定居在巴西，他们不但投资了种植园，还大量给咖啡商人贷款。不少金融家手里都有巴西咖啡公司的股票、债券，一旦咖啡行业危机加剧，巴西经济就会有系统性风险，欧洲金融家的资产就会大幅缩水，甚至被清零。

巴西政府努力通过各种渠道融资，甚至将圣保罗的一条铁路抵押，贷款了 200 万英镑。他们还发行了 500 万英镑的政府债券。金融家们为了自身利益，一起号召民众购买债券，在他们的带领下，巴西政府债券发行第一天就被认购一空。

募集到足够资金之后，巴西政府买下了大量多余的咖啡豆，装船运至纽约、汉堡及勒阿弗尔等地密封贮藏。然后，巴西政府又用库房里的咖啡豆作为抵押，继续贷款收购咖啡豆，越来越多的咖啡豆作为抵押品被封存，这进一步减少了市场上咖啡豆的数量，成功稳住了价格。

按照咖啡种植经验，如果某一年丰收，那么接下来的几年大概率会减产。树和动物一样，也会出现产后虚弱症，一次大丰收后，需要几年时间重新从土壤中积聚能量。但巴西的土地实在太过优秀，1907 年咖啡不但没有减产，反而再接再厉，依然是一个丰收年。好不容易熬过这年，1908 年又是一个丰收年。巴西咖啡不讲武德，完全不按规矩出牌，看着堆积如山的咖啡豆，种植户几乎都绝望了。

巴西政府库房里的咖啡豆越来越多，占用的资金量也越来越大，政府手里可用的收购资金越来越少，压力巨大的巴西政府处于资金周转崩溃的边缘。

幸好，从第四年开始，后面几年的咖啡收成总算有了减弱迹象，巴西政府万般辛苦地扛到第七年——也就是 1913 年 2 月，随着最后一袋库存咖啡豆投向市场，库存咖啡豆终于被清空了。巴西政府用了

7 年时间，以政府出资收购的模式化解了这场咖啡经济危机。按道理，咖啡种植户们应该明白一个道理：万事皆有度，不要太贪心。但是，人类贪婪的本性无法被控制，他们并没有记取这个教训，没有控制咖啡树的种植量，一如既往疯狂扩大咖啡树种植面积。

1914 年，巴西咖啡再次丰收，咖啡危机再次光临，这一年收获的咖啡豆数量更大，经济危机的风险更大了。这一年，正是第一次世界大战开始，巴西政府决定用老办法，采取“政府采购然后封存”的方案以维护咖啡豆高价。但这一次并不顺利，德国、奥地利等咖啡主要消费市场因为战争而被封锁，咖啡豆销售大幅减少，堆积的咖啡豆越来越多。而且，咖啡豆消费大国法国也遭到德军潜水艇的封锁，连中立国丹麦、瑞典等也因政治原因陷入经济危机，巴西咖啡豆的销售情况一时陷入绝境。

焦虑的巴西政府派出各路人马到全球各国拉关系销售咖啡豆。1917 年，法国被巴西销售人员骚扰得不行了，答应分担 200 万包咖啡豆。华盛顿也答应愿意为其远征军购买 100 万包咖啡豆，但他们的条件是：巴西必须向德国宣战。事实上，巴西没有参战意愿，因为当时的巴西外交部长劳罗 · 穆勒就是德裔，但经济危机似乎比战争还可怕，权衡再三，为了拯救巴西经济，巴西最后决定对德宣战。巴西本只想卖卖咖啡，结果惹上了一场战争。

最后，法国、美国遵守了承诺，购进大量巴西咖啡豆，让巴西咖啡危机得到了暂时缓解，但即使是这样，剩下的咖啡豆还是堆积如山，要彻底解决咖啡豆的库存问题，还得靠老天帮忙。只有老天来一次极端夜霜天气，才能解救巴西人民。这种恶劣的夜霜天气会导致第二年咖啡大幅度减产，如果产量减少，就能维持咖啡豆的高价。

幸运的是，夜霜天气不久之后如期而至，寒冷的天气摧毁了咖啡花和刚刚结出的小果，次年咖啡严重减产。而欧洲又因战争结束、经济增长，咖啡销量大幅度增长。一方面咖啡减产、供给减少，另一方面消费上涨、需求增加，二者一起推动了咖啡豆的价格暴涨。种植园主满心狂喜，侥幸躲过一劫之后，他们得意忘形，甚至在报纸上写道：“上帝来自巴西。”

巴西人不会总结教训。这次危机过后，巴西人再也没有顾忌，继续扩大咖啡树的种植面积，下一次咖啡危机很快又来了。

1920 年，人们发现不仅是战败的德国经济下滑，战胜国也是赢了战争，输了经济，而且整个欧洲都欠着美国的战争债务，欧洲的经济危机到来，人们的购买力大幅下降，咖啡销量大跌。况且，经济危机之下，咖啡的替代品——无花果、茶叶更加经济实惠，渐渐得到了欧洲消费者的欢迎，巴西的咖啡豆又出现了严重滞销。

巴西政府非常无奈，不得不再一次介入市场，希望故技重施挽救种植园主，但这一次欧洲整体经济萎靡，巴西政府更难筹集到收购咖啡的资金。正当巴西政府绝望之时，事情出现了神奇反转。

1920 年 1 月 16 日 0 时，美国宪法第十八号修正案——禁酒法案正式生效。这项法律规定：凡是制造、售卖、运输酒精含量超过 0.5% 以上的饮料皆属违法。这就是对美国影响深远的禁酒令，这个法案让美国人的爱好从酒精转向了咖啡。巴西咖啡及时补位，填补了酒精的空位，咖啡逐渐成为美国人的酒精替代品，该法令也为美国此后成为全球最大的咖啡消费国打下了基础。美国人发现咖啡像是能量蓄电池，能给人的神经和肌肉持续提供能量，于是，他们开始慢慢喜欢上喝咖啡，以至于一些人对咖啡的上瘾程度超过烈酒。

1913 年，美国的咖啡豆进口量仅有 650 万袋，而到 1923 年，已经增长到 1200 万袋，10 年中咖啡进口量几乎翻倍。巴西得到了美国禁酒令的神助攻，看似不可逆转的咖啡危机得到化解，巴西咖啡再次逃过一劫。

这一次，巴西人终于开始认识到放纵种植数量的后果，种植园主们都觉得应该控制好咖啡树种植面积，避免再出现类似的危机。于是，他们集体作出承诺：不再扩大咖啡树种植面积，严格控制产量。但很快这些咖啡种植园主就原形毕露，贪欲使他们再次进入心理博弈阶段：咖啡豆的价格一再上涨，如果别人增加了咖啡树的种植面积，而我遵守承诺不增加种植面积，岂不是吃亏？于是，这些种植园主相互比着扩大种植面积，一时间咖啡树的种植面积完全失控，而且，在种植园主以前的经验里，他们始终觉得政府会帮他们兜底。甚至许多不懂咖啡树种植的投机商人也趁机参与进来，导致咖啡豆质量参差不齐，国际咖啡商也开始回避风险，转而寻找巴西之外的其他咖啡产地。

1924 年，巴西咖啡再次丰收，跟往常一样，种植园主们开始呼吁政府来解决危机。而这一次，巴西政府拒绝了。此刻，巴西政府的经济实力今非昔比，已没有足够的资金来收购大量的咖啡豆，而且欧洲金融家也早就看穿了巴西咖啡种植园主贪得无厌的本性，很多年前就开始转移投资，现在他们没有任何理由再蹚这趟浑水了。巴西咖啡豆此刻也已有替代品，中美洲咖啡产量日益增长，哥伦比亚、尼加拉瓜和哥斯达黎加的咖啡产量惊人，口味跟巴西的咖啡并无太大差异，甚至更有特色。

1929 年 10 月，巴西迎来了咖啡种植历史上最灰暗的一天，咖啡豆的价格一落千丈，无数种植园主、咖啡商人倾家荡产，那些不敬畏经济学规律的人们，终于用贪婪亲手埋葬了自己。

# 工业革命的兴奋剂

## 土豆、蔗糖、咖啡完成联手

如果说糖是第一次工业革命的能量，那么咖啡就是兴奋剂。

第一次工业革命时期，工人几乎都是农民出身。英国废除《谷物法》之后，美洲的粮食大量进入英国，英国本土农民种粮几乎成了亏本买卖。英国农民开始聚集到城市寻找工作机会，工厂得到了大量廉价劳动力，开始蓬勃发展。变成工人的农民，也把在乡下的生活习惯带到了城里。他们在乡下作坊工作时没有严格的作息时间，松散的工作方式让他们养成随意的餐饮习惯，没有严格的早餐、午餐、晚餐时间，一切以自己方便为主，农活忙碌时一天一顿饭，闲暇时一天可能要吃五顿饭。进城之后，纺织厂、钢铁厂、砂糖厂等都有严格规范的作息制度，上班、吃饭、下班都是统一行动，而且随着妇女进入工厂，很多工人夫妻都在生产线上，吃饭成为一个大问题。当时城市和工厂也缺乏食堂等配套设施，工人都靠着面包、糖在工作间隙补充能量。

而咖啡则是工作的兴奋剂，人们在那种环境恶劣、流程乏味的工厂工作，很容易身心俱疲，咖啡因给工人带来了开心和快乐，帮助他们度过了一个个困倦的午后。一位历史学家记录了工业革命初期工厂的生活："无数的纺织女工为了能多挣一点点刚够糊口的钱，只能一直坐在织布机旁边织布，根本没有那么多时间准备午餐和晚餐，于是就只能靠不断地喝咖啡来缓解饥饿。"

热烫的咖啡不但能提神，还可以带来一种饱腹感，所以人们对咖啡的依赖越来越严重，很多工人每天的早餐从啤酒变成了咖啡，因为这些睡眠不足的工人需要提起精神上班，他们睡眼惺忪地起床，喝上一杯浓咖啡，就可以驱赶睡意，精神一上午。

第一次工业革命重点是制造业，工厂资本家希望工厂全天候运转，自然也发现了咖啡的妙处。他们甚至主动花钱给工人采购咖啡，希望工人工作时更有精神。果然，咖啡的效果非常好，过去工人每天最少休息五六次，现在可以连续工作不用休息。有历史学家曾写道："工人为了多赚几分钱，马不停蹄地操纵织布机器，根本没有时间料理三餐，咖啡和面包就成为果腹圣品，至少喝咖啡后会让人觉得很温暖，精神百倍……"

工业革命后期，工人家庭的食物构成发生了巨大变化，不再像之前那么单一，开始出现更多肉类、土豆、奶酪、黄油、牛奶等物品，但有一点没变，就是他们在茶、咖啡、糖上面的花费一直居高不下。据统计，工人家庭在茶、咖啡、糖方面的花销平均是农村家庭的两倍，长期处于枯燥环境中的工人，更愿意为咖啡买单，当时超过 70% 的工人家庭都把咖啡列为生活的必需品。咖啡出现在工人工作的每个时段。

正是咖啡、糖与茶叶一起有力地支撑了这场改变世界的工业革命。"贵族的饮品已成为大众必备的药物，早餐代替了啤酒、汤。"美国作家马克·彭德格拉斯特写道。

在工业革命期间，人们对于合作、融资等的需求开始增加。在合作前期的对接中，商人们需要一个更加轻松、方便的场所进行面对面沟通，而这个场所往往又不能是气氛忙碌紧张的办公室，咖啡馆自然而然就成了人们的最佳选择。

1650 年，一位来自黎巴嫩的犹太移民雅各布在牛津开设了英国的第一家咖啡馆——格兰德咖啡馆。英国咖啡馆逐渐盛行，氛围轻松的咖啡馆成了创意的"摇篮"，许多影响世界的想法都源于咖啡馆，比如伦敦证券交易所、伦敦劳合社创立都是人们在咖啡馆里想出来的。

在咖啡馆里，人们还可以自由交换各种信息，大学教授、作家、政治家齐聚于此，谈论政治，交流学术。这里既不像酒馆一样吵吵闹闹，又不像饭馆一样让人拘谨，浓烈的咖啡香气与学术之气更搭配。在全球的咖啡馆里，随着一杯杯热烫咖啡的消费，商人们签下了一笔笔订单。据统计，在咖啡馆里签下的合同可能占工业革命期间总合同的 30% 以上。

那个时代的英国，任何人只要花几便士买杯咖啡，就可以坐在咖啡馆里听诗人、教授等人的讨论，获得免费的学习资源，极大地满足了平民家庭孩子的求知欲望，因此，英国人把咖啡馆称为“便士大学”。咖啡学家乌克斯在《咖啡天下事》中写道：“每当咖啡引进，就会助长革命。咖啡是人间最极端的饮料，咖啡因会刺激思考，老百姓一旦深思就想造反，危及暴君地位。”所以，北美的咖啡馆也成为交流新思路、策划反殖民活动的主要场所。1773 年，一群人在波士顿的一个咖啡馆秘密策划了一场反对英国税收的活动，这就是有名的波士顿倾茶事件，这次事件直接导致美国独立战争爆发。

随着咖啡文化的不断扩散、茶文化不断渗透，它们逐渐把世界的饮品分成泾渭分明的两部分，形成了一条“咖啡分界线”。1000 多年来，咖啡和茶终于决出了胜负。咖啡分界线的一边是英国、俄罗斯、日本、中国、印度等忠实的茶文化的爱好者，这些国家都是中国早期的贸易互通国。另一边是南欧、中欧、西欧、北欧、地中海沿岸的阿拉伯国家，如埃及、安纳托利亚地区、以色列等咖啡的追随者，这些是远离中国、欧洲海洋文明的覆盖地。

## 稀缺的价值
### 猫屎咖啡真的货真价实吗?

随着咖啡行业的不断发展，吃货们不再满足于简单地磨碎冲泡，他们不断创造种类繁多的咖啡：拿铁、卡布奇诺、摩卡、焦糖玛奇朵、拿铁玛奇朵、美式咖啡等。而且，人们也不再满足于随处可见的大众咖啡，开始热衷于追求稀缺的咖啡。

经济学告诉我们：稀缺，才有价值。咖啡也是如此，高端吃货们需要更稀缺、昂贵且能代表自身调性的咖啡产品，其中最为人津津乐道的就是“猫屎咖啡”。这来自一种麝香猫在吃下咖啡果后的排泄物，人们从猫的粪便中找到咖啡豆，清洗后碾磨成咖啡。麝香猫大量生活于印度尼西亚。18 世纪初，印度尼西亚殖民者在苏门答腊岛、爪哇岛一带种植咖啡树，当地的麝香猫经常偷吃咖啡果，一些农民想喝咖啡却买不起，就从麝香猫粪中找到了咖啡豆，他们清洗后磨成咖啡，发现味道居然超过普通咖啡。其实这并非麝香猫的肚子有神奇效果，而是因为麝香猫会挑选最熟、最甜的咖啡豆食用。嗅觉灵敏的麝香猫无意中进行了一项咖啡果优选工作，吃下了经过挑选的咖啡果，排出来的咖啡豆当然味道就更好了。

猫屎咖啡渐渐声名远扬，成为国际市场上的抢手货，但麝香猫本身是一种小型动物，食量很小，而且野生麝香猫群体数量也不多，因此猫屎咖啡非常稀有，价格也非常昂贵。

价格会改变人类行为，商人开始参与猫屎咖啡的生产和贸易，为了实现规模化生产，他们采用的方式是人工养殖麝香猫。

人工喂食咖啡果，这直接跳过了麝香猫自发筛选成熟、味甜咖啡果子的过程，这些咖啡豆未经麝香猫选择，无论是味道还是品质都没有任何优势，只不过是一种噱头罢了。

而咖啡里真正的王者，并不是靠故事支撑的猫屎咖啡，而是咖啡界公认的顶级咖啡品种——瑰夏。

世界咖啡师大赛因其被誉为“咖啡界的奥运会”而成为咖啡行业的顶级赛事，几乎所有选手都会采用瑰夏咖啡豆来参加比赛，可见瑰夏咖啡在咖啡界的地位。瑰夏咖啡原产于咖啡树的起源地——埃塞俄比亚，这是一种有花香的微甜的顶级咖啡。1931 年，它被人从埃塞俄比亚瑰夏山中发现，故名为“瑰夏”。

瑰夏咖啡豆外观呈现出非常漂亮的蓝绿色，拥有玉石般的温润手感，而且不同品种的瑰夏咖啡豆有不同的味道，比如青草香、桃子味、浆果味、奶香味，让人爱不释手。

瑰夏咖啡陆续击败波本、卡杜拉、卡杜艾、帝比卡灯等世界知名咖啡品种，一举囊括 2005 年、2006 年、2007 年巴拿马“国宝豆杯测赛”头奖。但好东西并不一定高不可攀，瑰夏虽然口味出众，价格却非常亲民，1 克普通瑰夏咖啡豆售价只有 2 元人民币，算起来一杯咖啡的成本也仅有 40 元人民币，相比价格虚高、动辄两三百元的猫屎咖啡，瑰夏确实称得上是物美价廉。

时代在变迁，咖啡馆也在不断适应人们的需求。咖啡馆变成商务洽谈、朋友见面的重要场所，全球咖啡产业也发展成 10 万亿级的大消费产业。据统计，2023 年的全球咖啡市场规模可能会超过 16 万亿元人民币，全球咖啡赛道孕育出了许多优秀的咖啡品牌，国外有星巴克、Costa、Tims、Doutor 等，国内也有瑞幸、太平洋、漫咖啡等极具特色的品牌崛起。这其中，最具代表性的是全球最大的咖啡连锁店星巴克。它以恰当的定位、优良的产品、舒适的环境风靡世界，全球范围内已经有近 12000 间分店。星巴克名字来自小说《白鲸记》，书中一位捕鲸船的大副名叫Starbuck，他爱喝咖啡。星巴克创始人决定在这个名字后面加个s变成Starbucks，这样做的目的是让名称更加顺口。由于近年新型冠状病毒感染对咖啡店收入有较大影响，以疫情发生前的2019年为例，星巴克全年营业收入为1850亿元人民币，体量相当巨大。

中国2022年共消费咖啡20万吨左右，咖啡消费量每年人均为12杯，而世界咖啡消费量第一的巴西每年人均消费约为481杯，相比之下，中国的咖啡市场还有很大空间。

## 上瘾的秘密

### 行为经济学给商业的启示

如果一种商品可以让用户上瘾，那么用户就会有强烈的愿望为这种东西买单；如果这种东西没有太明显的坏处，那么这就是一种完美商品。咖啡、茶叶都是相对完美的商品，那么，到底为什么人们会对咖啡、茶叶这样的物品上瘾呢？

《奥德赛》中讲到了海伦所引发的“特洛伊战争”，称海伦手中有一种“神奇药水”可以使人精力旺盛、不睡觉、战斗力爆表，很多人认为应该说的是咖啡。

1820年，德国化学家隆格第一次从咖啡中萃取出了咖啡因。咖啡因是一种生物碱，分子式是$C_8H_{10}N_4O_2$，这是一种黄嘌呤生物碱，以针状结晶的形态存在，形似白色鸟羽和雪花状态，味道微苦。黄嘌呤是一种广泛分布于人体及其他生物体的器官及体液内的嘌呤碱，常用作温和的兴奋剂和支气管扩张剂，特别用于治疗哮喘症状等。黄嘌呤其实是一种缓慢释放的兴奋剂，能够刺激身体分泌多巴胺，让大脑神经细胞亢奋，从而使人振奋精神，消除疲劳和睡意，改善动作灵活性，有轻松愉悦的感觉。

瑞士学者古斯塔夫·冯·邦吉从另外一个角度解释了人为什么会对咖啡上瘾。他说因为黄嘌呤富含氮元素，而且传递到细胞的速度非常快，人们渴求咖啡因，只不过是身体细胞在不自觉地渴求更多的氮元素而已。而且咖啡中不只有咖啡因，还含有其他超过千种香味物质，比雪茄、红酒等还要多，这些元素相互融合、叠加，才能产生复杂而浓郁的咖啡香和与众不同的味道。

为了探寻人们在喝到咖啡的那一瞬间身体到底是什么反应，日本一所大学对咖啡饮用者进行了持续的血液量测量。结果显示，人们闻到咖啡香的瞬间，右脑中负责调节愉悦感的区域的血液量快速增加，喝下咖啡的瞬间，血液增速变得更快。

现在讨论一个关键问题：为什么人们会上瘾？

最初，成瘾性被用来描述人们长期使用一种药物而导致对这种药物形成强烈的依赖，包含生理依赖、心理成瘾、行为成瘾等。美国经济学家加里·贝克尔和凯文·墨菲从经济学角度创立了“理性成瘾理论”，用来解释人们为什么会对除药物之外的东西上瘾，以及如何计算上瘾后的持续使用量。

加里的观点是：“成瘾行为即使程度很深，从包括稳定偏好的有预见性的最大化行为的意义上讲，通常也都是理性行为。”简单理解就是：个体在自身效用最大化的过程中始终保持前后一致，消费者的偏好是保持稳定的，不随时间推移而变化，所以是可以用数学来计算的。加里提出了著名的Becker-Murphy模型，他认为，一个理性的消费者根据自己的效用函数、消费资本函数和对商品价格的预期计算出最优的消费路径，决定未来自己对商品的消费量。但加里忽略了一个关键问题：个体计算能力有限。一个人不可能始终按照自己计算出的一生的最优消费路径决定消费量，更别说得出“最优”消费路径了，所以这种只是一个美好的假设。

奥法尼德斯等人对“理性成瘾理论”进行了延展。他们认为很多人事先对于自己对某种商品是否上瘾其实并不确定，而通过实际的消费经历后发现自己已经上瘾。虽然这些人将对自己的选择感到悔恨，但已难以自拔。连自己是否上瘾都无法确定，计算起来可能需要更多其他变量。

苏拉诺维奇从另一个角度对“理性成瘾理论”进行了较大改动。他认为，消费者会考虑现在对成瘾性物品的消费可能导致自己在未来上瘾，但他们不会去计算复杂的最优消费路径，而只决定当前的消费量。而上瘾者在真正上瘾之后，试图中止、减少对成瘾性物品的消费时，往往会在心理上出现强烈的负面情绪，有时还会出现生理上的不适。这时候，戒除需要付出的成本就成为他们是否继续的关键。比如，如果不戒酒就会牺牲生命健康的代价，那么戒酒就会比较容易；如果不戒咖啡也不会有什么坏处，反而戒了会打不起精神，那么戒咖啡就很难。所以，他提出了“戒断成本”概念，并且建议把戒断成本函数加入计算中，将其作为效用函数中独立的一部分。

通俗地讲，大多数“上瘾消费”的本质，其实是一种解压消费。是因为我们处于一个有压力的环境之中，有的人喜欢辛辣刺激的辣椒，有的人喜欢甜甜的蛋糕，而有的人喜欢咖啡的苦涩，还有人喜欢的是喝红酒后的微醺，这其实都是和现代都市生活场景相匹配的。

虽然年轻人成瘾性消费的形式有很多种，但成瘾的底层逻辑依然是缓解压力和情绪。我们很多人生活在快节奏的生活中，渐渐会沉迷于这种快捷、短暂又直击感官的满足感，让紧凑的节奏得到快速调节、缓解，治愈来自工作和社会中的负面情绪。因此，很多商家和机构正是看中了这一点，开始投其所好地制造很多“上瘾”的陷阱，然后利用媒体加大宣传它们的产品如何满足这种“上瘾需求”，最后静静等君入瓮。洞悉人性的商家设好的上瘾陷阱一般都会让目标自投罗网。

这些商家告诉消费者：你们需要仪式感。他们为人们种下仪式感的瘾，只要时机合适，瘾会自动发作，于是跟生日、节庆、纪念日仪式感相关的产品畅销就不再是问题。比如，商家告诉人们需要“秋天的第一杯奶茶”的仪式感，一旦设定一个瘾品，人们随后就会主动找到商家去满足这种设定好的瘾。还有的时候，商家设定的瘾是一种认同感，一些咖啡的广告，背景是精致、明亮、高档的大公司，这就是设定一种都市白领的自我认同感，即使一些消费者未必喜欢喝咖啡，但看到所有广告中都把咖啡与白领等同，他们也会选择尝试咖啡，同时获得一种“咖啡是精英白领的必需品”的认同感。

五星级的下午茶、中国的高尔夫、上海的名媛酒会、深圳的游艇局，这些社交媒体上经常看到的展示，其实也是上流生活的象征物，尤其是在快节奏、扁平化的当今社会，很多人对个人的定位、形象的固守，也是另一种上瘾。

**一位法国哲人曾说：“咖啡的出现，给欧洲人带来最伟大的文明，其意义仅次于火的使用。从历史来看，咖啡甚至在西方世界和伊斯兰世界的演变中，都扮演了重要的角色。”从牧羊人在埃塞俄比亚大山里发现咖啡后 1000 多年来，咖啡因的诱惑征服了全球，让全球亿万人疯狂上瘾、欲罢不能。它历经了基督徒与穆**

斯林的战争，目睹了荷兰与巴西的咖啡争霸，参与了英国咖啡期货的金融创新，也见证了多次巴西种植园主贪婪带来的咖啡经济危机。咖啡杯里涤荡的千年历史，不仅仅是一部经济史，更是一部人性史、文化史和社会史。

第十章

# 流动的财富

管它什么金钱，管它什么财产；

陈酒就是金钱，陈酒就是财产。

——美国作家　伦道夫

## 啤酒改变世界

### 农业社会源于吃货要喝更多啤酒？

公元前6000年前，美索不达米亚平原正值夏季，西边叙利亚沙漠卷过来阵阵热浪，炎热让这里的苏美尔人无处躲藏，他们急需一种解渴抗暑的饮料。没有可乐、雪碧、冰激凌，他们得自己想办法。

苏美尔人是当时人类最高技术水平的代名词，今天的如车轮、占星术、医学、学校、图书馆、法律、音乐等都是他们发明出来的，发明饮料只是早晚的事。

苏美尔人的主食是大麦、椰枣、小麦，按常理来说，这3样东西只能排列组合成6种食品，无论多么厉害的厨子也不能琢磨出什么花儿来。但他们另辟蹊径，靠着单调的食材搞出了惊天动地的大发明——啤酒。

美索不达米亚平原生长着茂密的野生小麦和大麦，没有经过驯化的野生谷物非常粗糙，苏美尔人一般会用石头将其砸碎后用水泡软再吃，这样口感会好很多。机缘巧合下，一个苏美尔人捣碎谷物泡上水后，还没来得及吃完就跟同伴出门打猎去了，几天后再回来时，他便闻到石头罐子里的剩饭散发出一阵奇特的香味。

这就是啤酒的味道。经过发酵的大麦散发出他从未闻过的气味，他吃下一碗发酵的大麦之后，整个下午都处于一种恍恍惚惚、妙不可言的状态之中。

与其说是吃货发明了啤酒，还不如说是他们发现了啤酒。啤酒更像是大自然的杰作。大自然是最伟大的酿酒师，它将大麦、雨水、氧气混合在一起，成就了流传人间近8000年的芬芳。从此，苏美尔人一发不可收拾，他们通过反复观察、实验，不断优化流程，以此提升啤酒的品质。他们发现，谷物的饱满度越大、发酵的时间越长，啤酒的口感就会越好，因为大颗粒谷物糖含量更高，所以能够通过酵母转化成更多的酒精。他们还发现，如果反复使用同一容器酿酒，酒的味道也会更好喝，这其实就是现代酒窖的概念，如果一个酒桶重复使用，就会有微生物累积，酒的口味也会更好。

苏美尔人着实非常厉害，他们最后拓展出20多种不同种类的啤酒，其中包括鲜啤、黑啤、鲜黑啤、烈啤、红棕色啤酒、淡色啤酒、淡味啤酒和低浓度啤酒等。在苏美尔人眼里，啤酒也是一种食物，啤酒富含蛋白质、维生素C、维生素B，而且因淀粉糖化的效果使得它特别能扛饿，深受劳动者欢迎。而那些贵族为了获得更好的口感，还往发酵桶里加入水果、蜂蜜、香料、草药、树皮等东西进行调味，以此获得了不同口味的啤酒。

在许多古埃及、苏美尔人富人的陪葬品里都有啤酒。考古发现，古埃及墓穴里几乎都有啤酒酿造、面包烘烤的工具，比如在埃及法老图坦卡蒙的墓中，人们就发现了酿造啤酒的过滤器。

苏美尔人有句谚语："快乐即是啤酒，烦恼即是远征。"他们撰写诗歌歌颂啤酒，相信在微醺状态下可以达成与神明的交流。

在人类发展的学术研究中，有个问题一直困扰着历史学家：在告别猿猴生涯之后的数百万年中，人类都以打猎、采集为生，但为何在苏美尔人时代忽然弃猎从耕、弃采归田，开启农业生活呢？许多专家一致认为，苏美尔人爱喝啤酒，而酿造啤酒需要大量的大麦。也就是说，吃货们想喝酒，所以他们定居下来栽种更多大麦，于是形成了农业定居模式。

啤酒是每个苏美尔人的喜庆仪式、宗教祭祀的必需品。不同年龄、贫富程度、阶层都对啤酒有大量需求，同时它也是社交必需品，苏美尔语中“宴席”一词，字面意思就是“摆着啤酒和面包的地方”。

美索不达米亚平原出土的楔形文字中清晰记载了当时人们对啤酒的需求：职位越高，可以得到越多的啤酒，最底层的劳动者每日分到啤酒 1 升，普通官员为每日 2 升，高级官员和王宫人员每日 3 升，地区行政最高长官则是每日 5 升。

苏美尔人嗜酒，从美索不达米亚平原和埃及地区的文物发掘和文字记载中不难看出，每年大量的啤酒需要有大量谷物来酿造，而啤酒又很难长期储存，想随时喝啤酒，就必须保证有大量谷物存储，随取随用。但自然生长的野生谷物数量有限，质量也不可控，只有集中种植模式才能满足他们对于谷物的大量需求。于是，他们选择停下来，以定居的模式种植大麦、酿造啤酒，以此满足自己的食欲，也从此引发了一场农业革命，改变了人类的文明进程。

啤酒，这种冒着泡沫的饮品，从石器时代的村落、美索不达米亚的宴会大厅一路走来，陪伴了人类几千年时光。人类文化也浸润在这神秘的液体中，形成了巨大的啤酒产业。2022 年，全球的啤酒产量接近 2000 亿升，世界人均啤酒消费量为 23.6 升，而中国人均啤酒消费量为 24.3 升，超越全球平均水平，成为全球最大的啤酒消费国家。

# 烈酒货币

## 与黄金白银媲美的高光时刻

啤酒清凉了苏美尔人的夏日，但自然发酵的啤酒度数较低，即使是最好的自然酵母，也无法酿出超过 15 度的酒，因此，15 度就成为自然发酵的最高度数，也成为啤酒的天花板。

对那些野心勃勃、豪情万丈、征服自然、追求星辰大海的远航男人们而言，15 度的啤酒显然不够刺激，他们需要一种度数更高、更能代表野性和力量的烈酒。

《圣经》里讲了一个有关于酒的故事：在逃脱洪水灾难之后，挪亚在土耳其的最高峰阿勒山附近的山坡上种下了一株葡萄藤，最后，葡萄被用来发酵成酒，但葡萄酒和啤酒一样度数不高，也无法满足人们对酒度数更高的要求。

阿拉伯人拥有强大的航船和先进的航海技术，那些随船远航的水手们更渴望烈酒，啤酒和葡萄酒对他们来说都过于风花雪月，正是在这些需求的驱动下，阿拉伯人首先实现了烈酒研究的突破。

公元 8 世纪，阿拉伯学者哈扬开启了蒸馏酿酒的先河。他设计了全新的蒸馏设备，把普通葡萄酒加热蒸馏提纯，进一步变成度数更高的烈酒。酒精的沸点是 78℃，而水的沸点是 100℃，如果把葡萄酒加热后温度控制在 78℃以上、100℃以下，确保一直不达到 100℃，那么酒精就会在水沸腾之前逐渐蒸发，理论上蒸汽中绝大部分是葡萄酒蒸汽，这些蒸汽冷凝后就是不太纯的酒精。通过反复蒸馏不断提纯，最后会得到一种酒精度非常高的液体，这就是高度烈酒。朗姆酒、伏特加、中国的白酒，大致都是经过这样反复蒸馏酿造而成的。

烈酒再一次点燃了男人们豪情万丈的激情，啤酒、葡萄酒等温和的酒类在烈酒面前都相形见绌，烈酒方显英雄本色，因此烈酒很快获得了男性群体的青睐。

欧洲人随后学习了阿拉伯人的蒸馏酿酒技术，意大利炼丹大师迈克尔·塞勒纳斯是欧洲第一个尝试的人。

塞勒纳斯从一篇阿拉伯语文章中学到了蒸馏酿酒技术，他试着将一份高浓度纯葡萄酒与三份盐混在一起进行高温蒸馏，就产生了一种“燃烧水”，其实这就是高浓度酒精。之所以叫它“燃烧水”，一方面是因为它遇火即燃，另一方面是因为喝下这种高浓度烈酒之后，喉咙里立刻会有一种灼烧感，身体会变得热血沸腾，所以，这种蒸馏烈酒在寒冷地区很受欢迎，比如，俄罗斯、北欧等地都是烈酒消耗较大地区。

此时正值大航海时代到来，探险精神成为人们的热议话题，欧洲国家纷纷派出探险家去全球建立殖民地，烈酒不仅为枯燥的远航提供了乐趣，还逐渐成为相当重要的经济物品。

非洲部落之间战争频频爆发，战败者被迫成为胜利方的奴隶，胜利方会用奴隶与欧洲人交换黄金、丝织品、贝壳、金属碗杯等商品，最受欢迎的三样东西就是白糖、辣椒和高浓度烈酒，甚至一些部落要求只能用烈酒交易，烈酒也无意中成为罪恶的黑三角贸易中重要的一环。

烈酒之所以在非洲如此受欢迎，是因为非洲人早就有饮酒的习惯，但一开始仅限于饮用蜂蜜酒、啤酒等低度酒。自从烈酒出现后，非洲人便不可救药地爱上了它，也许烈酒与那些孔武有力的非洲大哥更为般配。非洲人发现欧洲烈酒实在是比蜂蜜酒和啤酒劲儿大多了，几杯下肚，就可以让自己迷迷糊糊地进入另一种境界，所以，烈酒在非洲甚至可以直接当作货币使用。

在非洲，喝进口烈酒逐渐成为部落首领的身份象征，其中，又以白兰地最能显示身份地位，没几瓶白兰地，部落首领都感觉没办法混圈子，所以，在非洲可以用白兰地酒直接购买任何商品。欧洲人要想在非洲买到更强壮的奴隶，就必须哄好当地的部落首领和奴隶贩子。欧洲人会在进行交易之前先向当地人贿赂白兰地酒，以得到质量更好的奴隶。

白兰地成为货币，也成为奴隶贸易的帮凶。不但奴隶买卖流行以白兰地作为货币，即使是欧洲人雇用非洲当地零工搬运东西，零工们也更希望以白兰地来支付工钱。在非洲用白兰地支付薪酬甚至比用黄金支付更受本地人欢迎。

## 朗姆酒贸易战

### 引发美国独立战争的上瘾品

白兰地的生产原材料是葡萄酒，而葡萄酒的生产原材料是葡萄。葡萄也是有限的，随着非洲白兰地需求的不断扩大，葡萄渐渐供不应求。

1637 年，荷兰人彼得·布洛尔把原产于印度的重要植物——甘蔗带到了加勒比海地区的巴巴多斯岛，之后甘蔗种植业和蔗糖制造业就在这里逐渐发展，并向加勒比海地区的其他岛屿传播开来。这里的甘蔗在收割后，会立刻被熬制成蔗糖块，通过黑三角贸易圈运回到欧洲销售。

把新榨的甘蔗汁用大火熬制成浓稠的液体糖浆，然后进一步提纯、脱色后就变成了白砂糖，在提纯形成糖的过程中会产生一些副产品，其中数量较大的是黏度很高、有点味苦的糖蜜。

大约每生产 2 公斤蔗糖就会产生 1 公斤糖蜜。糖蜜闻起来有点臭，尝起来有苦味，所以一直以来都被直接丢弃。美洲种甘蔗的奴隶们没有资格吃成品蔗糖，他们经常不得不去捡吃那些被扔掉的糖蜜。他们发现糖蜜经过发酵，会产生一种类似酒精的液体，再经过多次蒸馏，就能酿出一种美味的烈酒。奴隶们第一次喝到这种美味而廉价的辛辣烈酒时，一起开心激动地齐声高呼“rumbullion”，以此表示“兴奋、激动”之意。因此，这种酒被称为“Rum”，“朗姆酒”的名称由此而来。

巴巴多斯殖民地 1651 年的一项历史文献中也记载了朗姆酒。观察者这么写道：“岛上居民经常会喝一种叫作Rum的酒，由于能够治疗病痛，他们又把它叫作‘杀死恶魔’，这种酒由甘蔗酿造而成，口感十分灼热。”

白兰地的原材料葡萄酒价格较高，而朗姆酒的原材料更易得、更便宜，但它的口感却与白兰地非常接近。于是，甘蔗酿造的、物美价廉的朗姆酒一夜之间力压白兰地，成为风靡全球的烈酒。朗姆酒的绰号又叫“海盗之酒”，因为过去横行在加勒比海地区的海盗都喜欢喝朗姆酒。电影《加勒比海盗》中，船长杰克·斯帕罗就经常拿着一瓶朗姆酒，醉醺醺地嬉笑怒骂、左冲右突。

这种低成本、高利润的朗姆酒有着更不寻常的意义，它成功把烈酒、蔗糖、奴隶的经济效益联系得更加紧密，让非洲、美洲、欧洲的黑三角贸易闭环更加牢固。

对英国来说，朗姆酒还有更大的贡献，它甚至在某方面改变了英国的战局。

当时，大英帝国正向全球扩张。英国军队原本一直都给士兵配送啤酒，但啤酒度数低，每个人的消耗量较大，要占用大量的空间，最后英国皇家海军舰队决定用更高度数的朗姆酒代替啤酒。朗姆酒跟啤酒不同，它是一种高度烈酒，如果士兵不加节制地饮用，可能在遇到敌人突袭时会因烂醉如泥而丧失战斗力，因此，舰队规定所有朗姆酒必须兑水稀释后才能喝。于是，士兵们自发地进行各种创新，有的把朗姆酒兑水，有的则兑入橙汁，还有的混合兑了多种果汁，这就是鸡尾酒的雏形。这样不仅可以防止一喝就醉，还可以增添口感的多样性。

长期以来，英国海军士兵一直存在健康的问题，由于长期在海上航行，大部分人会因为缺乏维生素C死于坏血病，当时人们并不知道坏血病的病因是缺乏维生素C。士兵们发现自从喝了朗姆酒之后，他们几乎很少得坏血病，于是越来越多的人相信朗姆酒可以避免坏血病。其实，不但朗姆酒本身给人体补充了一定的维生素C，混合柠檬和酸橙汁的朗姆鸡尾酒也起到了辅助作用。

1805年，英国海军彻底击败了西班牙无敌舰队。人们发现西班牙给海军配的是白兰地，白兰地维生素C含量不高，所以西班牙海军一直深受坏血病拖累。朗姆酒可以说对英国的局部战争起到了非常关键的作用。

1607年，英国在北美洲建立了第一个殖民地。英国期望北美能给本土供应水果、盐、橄榄油、木材等农产品，从而减轻英国对欧洲大陆物资进口的依赖。总之，英国人期望中的北美是一个大的“聚宝盆”。但事实证明英国人有点想多了，他们的期望完全落空，北美当时的农业条件非常严酷，粮食种植没有获得丰收，荒凉的现状还给他们上了一课。

生活在那里的第一批殖民者不断遭受自然摧残，那里的气候和土壤根本不适于英国传统作物生长，先去的英国殖民者只能忍受着食物的匮乏和疾病的折磨，期望能够找到金属和矿物。但是，他们依靠当时的技术和设备并没有找到任何值钱的矿藏，却惹下了不少麻烦。因为他们侵占印第安人的土地而引发了激烈冲突，双方数十年中相互屠杀，两败俱伤。

除了自然条件极差，最让英国殖民者沮丧的是北美洲本地没有任何酒，既没有葡萄酒、啤酒，也没有朗姆酒，甚至没有任何能喝下去的饮品，只能依靠英国补给船运来少量的酒。运到北美洲本土的酒，也因为运输途中没有冷冻技术而严重变质，喝下这些酒的殖民者上吐下泻、叫苦不迭。没办法，英国吃货自力更生的劲儿又上来了。

这些殖民者吃货们下决心要用本地作物酿酒。他们尝试了无数种原材料来酿酒，包括玉米、树汁、南瓜、苹果皮等，最后都以失败告终。最终，万念俱灰的殖民者不得不放弃酿酒，带着沮丧的心情专心种植烟草，只能靠吞云吐雾忘却人间烦恼，遗憾无法“诗酒趁年华”了。

17 世纪 70 年代，一名叫约翰 · 特纳的北美船长开始了酿制朗姆酒的尝试。他最开始只是贩运货物的商人，负责将北美的木材运至朗姆酒的发源地加勒比海，再将那里的甘蔗糖浆运回北美。约翰 · 特纳的家人住在北美，他们根据船长的描述自学了蒸馏技术，并用甘蔗糖浆的副产品糖蜜制成了朗姆酒，从此开启了北美自产朗姆酒的历史。

朗姆酒的原材料比白兰地的原材料更加便宜，完全可以在美洲本地酿造，不必靠长途运输，既节省成本，又能保持新鲜。朗姆酒比白兰地度数更高，能缓解劳累、舒筋活血，在天气寒冷、气候恶劣的北美，简直就是令人温暖的存在。因此它很快就成为北美殖民者最喜爱的饮品，也逐渐成为北美殖民者利润最丰厚的商品。

到独立战争前，仅仅马萨诸塞州就有近 140 家朗姆酒厂。此后，商船从加勒比海出发，将甘蔗糖浆送到北美换朗姆酒，然后商船满载朗姆酒驶向非洲，用朗姆酒换回一船奴隶，最后将奴隶运往加勒比海的甘蔗园，周而复始，所有人都赚得盆满钵满。而且，还有酿酒工厂专为非洲奴隶交易定制了度数更高的朗姆酒，以满足非洲人的特殊爱好。由于其酒精浓度非常高，非洲人将之视为“液体黄金”。

酿造朗姆酒需要甘蔗糖的副产品——糖蜜，但各个国家的糖蜜价格又都不同，法国糖蜜价格比英国更便宜，原因是法国为保护国内白兰地产业，严禁国内生产朗姆酒。所以，法国蔗糖生产商很乐意把糖蜜以低价卖给北美商人。北美酿酒商人更愿意去法国购买低价糖蜜，而放弃了英国本土的高价糖蜜。于是英国糖蜜滞销，英国政府坐不住了。英国皇室向北美殖民地发出警告，希望他们优先选择英国糖蜜，否则会受到处罚，但在市场经济作用下，商人当然不会乖乖听话，他们更看重的是价格和质量，依然会去选择高性价比的法国糖蜜。在多次警告北美商人无效之后，英国政府开始对进口糖蜜加税，以此打压法国糖蜜。

1733 年，英国通过了一部蔗糖和糖蜜税法，规定进口糖蜜每加仑征收 6 便士的进口关税，购买英国糖蜜则不征关税。英国政府希望以此阻止商人进口糖蜜。但上有政策、下有对策，北美酿酒商人买通海关人员，从法属岛屿走私糖蜜。根据统计，该税法通过后的几年里，95%的朗姆酒都是由走私糖蜜酿造的。

蔗糖和糖蜜税法颁布之后，朗姆酒市场不但没有受到影响，反而得到了更加蓬勃的发展，朗姆酒厂数量上涨了 10 倍，朗姆酒产量也快速增加，带动了北美烈酒出口贸易不断壮大。

1756 年，英国与法国爆发了“七年战争”，虽然最后英国赢得了战争，但其也因战争欠下了巨额债务。穷得发慌的英国政府再次升级搞钱方法。英国海军亲自参与打击走私，监督征收进口糖蜜的税收。军队镇场子，这下走私肯定搞不下去了。所以酿酒商人要么只能买高价的英国糖蜜，要么购买征税的高价法国糖蜜，原材料的价格上涨了很多，朗姆酒价格也随之上涨，吃吃喝喝的成本陡然上升。但此时北美人民已经对朗姆酒上瘾，英国的收税政策引起了北美地区吃货们的不满，多地出现了抵制英国糖蜜、反对税法的运动。

但自信的英国又陆续出台多部税收法，包括 1765 年的《印花税法》、1767 年的《汤森税法》、1773 年的《茶税法》。这些不合理的税法最终催化酿成了波士顿倾茶事件。1773 年 12 月 16 日，一群“自由之子”乔装成美洲原住民，潜入英国东印度公司的商船，将船上的茶叶全部倒入海中，以此抗议北美十三州没有国会代表却有纳税义务的不公现象。从此之后，英国与北美十三州的矛盾开始激化。

1776 年，北美宣布独立，北美民兵与英国鏖战 8 年之久，最终取得了胜利。美国的开国元勋之一约翰 · 亚当斯多年后给他朋友的信中写道：“我们必须承认，很多伟大的事件都是从小事情发展起来的，比如糖蜜就在美国独立运动中起到了必不可少的作用。”

历史作家莉齐 · 克林汉姆在他的书《饥饿帝国》中写道：“食物帮助英国变成了日不落帝国，最终也瓦解了日不落帝国。在这场关于食物的矛盾中，朗姆酒扮演了重要角色，这种海员们爱不释手的饮料，最终摧毁了大英帝国的骄傲，帮助北美十三州成了大国游戏的新玩家。”

**朗姆酒的贸易战促成了北美的独立，世界吃货们继续摇旗助威推动历史，从另一个维度重新塑造了世界。**

# 禁酒令

## 违背经济学的政策撕裂了美国

英国因向糖蜜征税而引发了北美独立战争，但独立后的美国显然没有总结前人的经验教训。在美国建国 140 多年后，同样在烈酒方面犯下了一个致命错误。美国国会 1919 年 1 月 16 日通过了美国宪法第十八修正案、1919 年 10 月 28 日通过了《沃尔斯泰德法》，这就是有名的禁酒令。这项法律规定：凡是制造、售卖、运输酒精含量超过 0.5% 的饮料皆属违法，与朋友共饮和举行酒宴都属违法。

为什么美国会出台这个看起来有些愚蠢的禁酒令呢？原因其实非常复杂，简单来说有两点：宗教和女权主义。

来美洲开荒的第一批公民大都是英国的清教徒，《圣经》明确告诫人们："不要醉酒，酒能使人放荡。"清教徒们一直强调对基督教信条的遵守，限制自己的欲望和享乐与消费行为。美国独立后，全球新移民不断涌入，娱乐业兴起、酒吧盛行、性解放趋势加剧，这让清教徒们非常担忧，他们已经觉察到美国固有的价值和文化正在遭受稀释和冲击。但美国毕竟是一个倡导自由和民主的国家，当然宗教信仰也自由。你可以遵守宗教清规，别人也有喝酒的自由，因此宗教不是最主要原因，真正让禁酒令落地的其实是女权主义。

1919 年的美国贫富差距不断加大，工人、中产阶级都面临阶层焦虑，在生活压力之下，社会嗜酒成风，人们都愿意用短暂的幻觉冲淡心中烦恼。

酒也是一种上瘾品，人喝酒之后，酒精就会刺激中脑边缘多巴胺系统产生令人兴奋的信号，这种信号又会强化人的饮酒意愿，让人越喝越多。长期反复饮酒会对大脑形成长期稳定的刺激，且产生依赖性。

这种外来刺激一旦中断，就会让人有不舒服的感觉。这时候人们就产生了酒瘾。

当时，普通工人月收入大约为 25 美元，而一瓶威士忌或是朗姆酒最便宜也需要 3 美元左右，也就是说，在经济低迷的时代，普通工人一个月的收入只够买七八瓶廉价烈酒而已。

一些工人在上班时，会面对大量危险的机械设备，喝得醉醺醺的工人受伤事件数量快速上升，最多每年达到了 50 万次，每年有 3 万人因为醉酒死伤在岗位上。酗酒问题不但影响工作，还会伤害家庭。工人的大部分工资用来买酒，带回家里的钱就会很少，家庭矛盾不断升级，妻子与丈夫争吵不断，醉酒的丈夫缺乏理性大打出手，甚至演变成家庭暴力。所以，许多社会学家认定酗酒是犯罪、贫穷、家暴的根源，再加上媒体对家庭暴力的渲染报道，女权运动领袖们也开始联合其他社会团体，共同推进全社会禁酒运动。

当时，有 3 个倡议禁酒的组织比较有名，分别是反酒馆联盟、基督教妇女禁酒联合会、禁酒党。她们宣称，禁酒令实施之后，这些钱可以用于孩子吃穿，提升家庭幸福感，绝对是一举两得。

“禁酒运动”背后是美国女权意识的觉醒，多个女权组织趁着反对饮酒的契机，要求女性必须在工作、教育、政治上得到与男性平等的权利。即便如此，要实行彻底禁酒依然阻力重重。但当时女性已有投票权，支持禁酒就成为政治正确的选择。如果某个参选议员、州长想要获得选票支持，就必须公开宣称支持禁酒运动，这导致大量政客被迫宣布支持禁酒令。

经济学告诉我们，如果一种物品的需求没有被消灭，只是简单粗暴地截断供给，结果只会导致这种物品的价格疯狂上涨。禁酒令并没有消除人们的酒瘾，只是单方面消灭了供给，这也导致了美国吃货历史上最为悲催的境遇——酒瘾还在，但酒没了。

这些酒瘾发作的人四处疯狂找酒喝，导致地下烈酒价格成倍上涨。有一些医生可以开威士忌治疗某些疾病，于是这类病的患者开始上百倍增长，最后医院不得不取消这种威士忌处方。然后，大家又听说教堂有葡萄酒，于是很多人转行做了神父，显然并不是喜欢这个职业，而是为了方便喝酒。甚至还有些人喝工业酒精，最后导致永久性失明。

价格会改变人类行为，在利益驱动下，走私酒开始出现，地下酿酒产业迅速发展，地下酒厂老板偷偷雇用工人酿酒，甚至还有人开起了地下酒吧，自产自销，一条龙服务。

很多新移民美国的人正愁没工作，趁势加入地下酒厂，生产、运输、销售干得风生水起。黑帮分子也开始崛起，趁机垄断市场、强买强卖，黑吃黑的事件天天都在上演。

美国电影《铁面无私》的主角原型是著名的走私酒黑帮老大阿尔·卡彭，他拥有一张庞大的地下走私酒网络，从生产到销售全链路配套，每天可以赚 5000 美元，在当时几乎是一个工人 30 年的收入。好莱坞经典电影《教父》的原型是在禁酒期间声名鹊起的“现代有组织犯罪之父”——卢西亚诺，是他最先建立了赌城拉斯维加斯的雏形。电影《美国往事》和美剧《大西洋帝国》，都是描述禁酒令期间故事的影视作品。

从 1919 年威尔逊总统宣布禁酒令实施开始，到 1933 年罗斯福总统废除禁酒令为止，一共历时 14 年。禁酒令也成为美国历史上唯一被废除的宪法修正案。

禁酒令带给美国的伤害远不止断酒的焦虑，还有一连串的社会影响，从经济到政治、从道德到文化习惯，都造成了不可逆转的损失。为了政治正确，政客表面支持禁酒，背后收取贿赂为走私酒大开绿灯，美国遭受独立以来最大的社会道德下滑危机，腐败成风，不少人在一夜之间变成伪君子。禁酒导致美国黑帮迅速崛起，犯罪率空前高涨，宗教信徒也参与走私葡萄酒，医生职业操守沦丧，违规给人开烈酒处方，所有人都把利益作为处事标准。而且，禁酒令导致酒厂倒闭，严重破坏了美国的酿酒工业。那些曾在正规、专业、工艺复杂的酒厂工作过的人纷纷失业，不得不选择改行，另谋出路，导致美国酿酒工业人才大量流失、技术停滞不前，美国酿酒工业至今依然缺乏竞争力。

酒产生的力量不可忽视，朗姆酒让英国失去北美地区，而禁酒令则撕裂了整个美国社会。

## 白酒的魅力

### 华夏文明浸润的独特文化

虽然人们对伏特加、威士忌、白兰地、朗姆酒都冠以烈酒之名，但实际上这些烈酒的酒精度一般都只有40度左右，跟中国动辄53度、68度的白酒比起来，简直有点小巫见大巫。

中国白酒历史非常久远，可追溯到距今6000多年前的远古时代，在仰韶文化遗址中，出土的许多陶罐上面就有甲骨文“酒”字。

白酒的起源至今未有定论，相关传说倒是不少，比如“上天造酒说”“猿猴造酒说”“仪狄造酒说”“黄帝造酒说”“杜康造酒说”等。

朗姆酒以甘蔗的副产品糖蜜酿造而成，白兰地由葡萄酒进一步蒸馏酿造得到，威士忌由大麦、黑麦、燕麦、小麦等粮食酿制。中国白酒原料以高粱、青稞、稻谷等为主，与威士忌更接近，但中国白酒和威士忌的酿造工艺却完全不同，所以白酒度数最高可达 70 度，是真正的“烈酒之王”。

白酒承载了 5000 年的华夏文化。从古至今，酒已经深深融入中国人的文化血液之中，无论文人骚客、江湖豪侠、贩夫走卒，酒在他们心中都是一个特别的存在。

王维有诗云：

> 新丰美酒斗十千，咸阳游侠多少年。
> 相逢意气为君饮，系马高楼垂柳边。

这是一个多么美好的场景：正值春光明媚，出游的少年把宝马良驹系在高楼旁的柳树上，拱手礼让，呼朋引伴，这些锦衣华服、意气风发的少年游侠们，大碗豪饮来自新丰县的美酒，各自描绘着自己的锦绣前程。

要说最爱饮酒的诗人，非李白莫属。出生在西域碎叶城的李白后来全家移居四川江油，幼年时期就表现出过人的天赋，5 岁能文能诗，15 岁便已经名满乡里。他深受道家思想影响，期望仗剑走天涯，于是写出了“十步杀一人，千里不留行”的豪迈诗句，被誉为诗仙、酒仙、剑仙。“五花马，千金裘，呼儿将出换美酒，与尔同销万古愁。”李白道出了豪迈不羁的人生快意，也写出了借酒消愁、怀才不遇的落寞。台湾诗人余光中这样写李白：“酒入豪肠，七分酿成了月光，余下的三分啸成剑气，绣口一吐，就是半个盛唐。”

中国文化里，酒是一种奇妙而又复杂的东西，它时而是“白日放歌须纵酒，青春作伴好还乡”的豪放，时而是“人生得意须尽欢，莫使金樽空对月”的豁达。它是“对酒当歌，人生几何”的通透，也是

“酒酣胸胆尚开张，鬓微霜，又何妨”的不服老去的倔强。它是“酒醒只在花前坐，酒醉还须花下眠”的惬意，也是“举杯邀明月，对影成三人”的落寞。它是“酒入愁肠，化作相思泪”的缠绵，是“今宵酒醒何处，杨柳岸，晓风残月”的清冷，也是“三杯两盏淡酒，怎敌他晚来风急”的思念。

文人用酒消除寂寞，斗酒之后诗百篇；侠客以酒磨砺刀锋，豪饮之后刀光剑影。酒，是金庸、古龙武侠小说中的灵魂。大碗喝酒、大块吃肉的侠客们抱侠义之心、行江湖之间、拜世外高人、饮旷世烈酒、怀绝世武功、执神兵利器、直面正邪对决、快意江湖恩仇，让我们看得大呼过瘾。梁山好汉聚义水泊、替天行道，生死之交一碗酒，路见不平一声吼，群雄汇集震动朝纲。宋江浔阳楼酒醉题下反诗“他时若遂凌云志，敢笑黄巢不丈夫”。黄文炳欲斩宋江于江州法场，宋江彻底断绝了体制内谋职的幻想，被逼走上梁山，成为梁山泊发展的转折点。

政治上也离不开酒，刘关张桃园结义一杯酒，共谋天下事。项羽设下鸿门酒宴，项庄舞剑助酒兴，伺机行刺刘邦，幸得项伯和张良相助才幸免于难，否则大汉天下又是另一番场景。

到了现代，白酒依然是中国宴席的主角，是中国商业、社交的必备之物，推杯换盏合作无间，觥筹之间畅所欲言。酒文化与当地人文相生相和，演绎出一系列全新的文化图谱，生生不息地诠释着中国的历史和文化。

2022 年，中国白酒产量接近 750 万吨，市场消费规模接近 7000 亿元，国内 19 家白酒上市企业市值总额接近 5 万亿元。“美酒之处，必有佳泉”，四川、贵州的山清水秀孕育着中国众多名酒——茅台、五粮液、泸州老窖、剑南春等闻名遐迩。

酒，自从诞生以来，就注定因其不凡的气质，极大地促进了狩猎采集社会转化为农业社会，深度参与了影响世界的黑三角贸易，成为非洲奴隶贸易的交易货币。

它曾是北美开荒者寂寥夜晚的救星，它又帮商人攫取了第一桶金；它触发皇室的利益神经，它促成了美国的产生，却又让美国社会问题丛生；它彰显了文人骚客的才华个性，也融合了华夏千年的文明；它慰藉了许多失落的人生，也见证了无数精彩的一瞬。

酒，浸润着人类的文化，在时光的长河里慢慢流淌。从古至今，它不曾缺席每一次改朝换代、沙场点兵，也从不缺席每一出悲欢离合、人情冷暖，它以不可小觑的力量影响着这个世界。

## 第十一章

# 自虐的商机

人们有时会通过一种适当的自虐来获得享受状态，且会越虐越开心。

——美国心理学家　保罗·罗津

## 蒙古人种

### 第一个试吃辣椒的剽悍民族

人类吃货一直都被美好的味道诱惑而无法自拔，他们无法拒绝香料的诱惑、白糖的甜蜜、茶叶的清香，也无法抵挡咖啡带来的兴奋、各种酒类微醺的幻觉，但这不是重点，重点是他们居然也爱上了一种食物带来的疼痛感，并逐渐沉沦其中、无法自拔。

6000 年前的秋日，巴西中部的塞拉多草原满眼金色、硕果累累。塞拉多是世界上最古老的热带生态系统，无数迁徙过冬的动物和鸟类都经此地中转。此刻，大型动物躺在树下休息，鸟群在天空中盘旋觅食，一派欣欣向荣的景象。

饥饿的鸟群发现远处有一片垂着红色灯笼形果实的植物，它们立刻扑上去啄食。这个疯狂的行为惊呆了旁边的大型哺乳动物。这种让它们平时吃尽苦头的食物，居然被鸟类轻松搞定。

这些红色果实就是辣椒，这种影响了人类味蕾千百年的植物，此刻正默默地生长在这片草原上。那些神色惊讶的哺乳动物们显然已经领教过它的厉害，它们对那种穿肠而过、剧烈灼烧的感觉记忆犹新。但鸟类却毫发无损，它们风卷残云般吃掉这片辣椒，然后展翅飞向远方。鸟类吃辣椒不会嚼碎辣椒籽，所以辣椒种子在鸟类消化系统中循环之后依然完好无损。

随着鸟类的迁移，辣椒随着鸟类粪便随机播撒到全球，一坨坨从天而降的粪便中满含辣椒种子，这些种子遇到合适的温度与湿度，开始生根发芽，开花结果。

没错，现在人们吃到的辣椒基本都来自塞拉多草原鸟类的大便。这些初期的辣椒种子此后经过无数人的培育和选择，才有了今天人们有幸吃到的各色各样的辣椒。

既然辣椒如此厉害，让当时的大型动物都望而却步，为什么还有人敢去试吃，甚至最后辣椒还成为人类的主流调料？到底什么人才是第一个吃辣椒的人呢？答案出乎意料，最早吃辣的并非现在吃辣成瘾的四川人和湖南人，而是现在看起来对辣椒并不感兴趣的蒙古人种。

由于上个冰河时期的地理变迁，亚洲与北美洲之间的白令海峡曾被地壳运动抬升，出现一道陆地，历史上称其为“白令陆桥”，让亚洲和北美洲之间能自由通行。

当时，蒙古游牧民族浑身充斥着荷尔蒙，心向远方，无处释放的洪荒之力让他们激情澎湃，手持圆月弯刀、胯下骠骑快马到处探寻世界的边缘，借助这道北方陆桥，他们从亚洲一路骑马冲到美洲。

蒙古人曾一路南下到达热带地区，由于出发太远，身上的干粮已严重不足，剽悍的蒙古人饥不择食，不但吃下了许多不知名的植物和蘑菇，还顺便尝试了辣椒。他们发现这个红色的小东西着实厉害，吃到嘴里如同火烧，但并不会令人中毒，人在大汗淋漓之后，浑身还有一种妙不可言的通透感。

第一个吃螃蟹的人是可以理解的，毕竟蒸熟了的螃蟹会散发出清香，但第一个吃辣椒的人真挺让人佩服的，毕竟这东西不但吃起来像火烧，还让人在大便时非常难受。照理说，这种极端口味的东西，但凡正常一点的人应该都会放弃，但蒙古大汉们却以异于常人的意志力扛下了这一切，证明了辣椒可以被人体接受。

随后，辣椒开始逐渐被人类纳入食物清单中。定居在中美洲、从事农耕的人类开始批量种植野生辣椒，首批辣椒种植区主要分布在巴拿马、加勒比海、巴哈马一带。

这么犀利的辣椒，为什么还有人执意要去用它虐待自己呢？原来，古人吃辣椒绝不只是为了爽感，而是他们发现经常吃辣的人往往更加身强体壮。今天的科学知识可以让我们知道答案，是因为辣椒中富含铁、钾、镁、维生素A、维生素B、维生素C等元素，对身体极为有利。

2007年2月，《科学》杂志刊登了一篇考古文章，提及早在大约6100年前，人类就已经开始系统化地栽培和烹饪辣椒。这些种植区不少地方离辣椒的原产地巴西非常远，也就是说，辣椒当时已经被鸟屎传播得非常广泛了。

虽然人类很早就开始尝试食用野生辣椒，但驯化辣椒的路漫长而艰难。首先，选择哪些野生辣椒品种来进行培育就非常关键，不辣的肯定不行，不辣的辣椒失去了灵魂和个性，跟普通蔬菜没什么区别。当然，太辣也不行，人类的身体无法承受，因为人类肠道对食物辣度承受力有限，辣度超标对人类健康有害无益。

1912年，美国药物化学家史高维尔提出用“SHU”为单位来表示辣度，检测辣味的方法简单：把某种辣椒的一单位辣椒素提取物不断加水稀释，直到这杯水没有任何辣味为止，这个稀释的倍数就是辣度单位。

全世界最辣的是龙息辣椒，辣度高达248万SHU，也就是说，它的一单位辣椒素需要248万单位的水才可以稀释得没有辣味。人们日常做菜用的小米椒大约辣度在3万SHU。据调查，世界上大概有70%的人可以承受3万~5万SHU的“中辣”，大概25%的人能够承受5万~10万SHU的“特辣”，而最能吃辣的大神，可以承受的辣度为58万SHU的“变态辣”。

为了找到合适烹调用的食用辣椒，人类吃货们开始了旷日持久的辣椒选种育种运动，最后，他们终于选到了一款适合人类口味和食用的野生辣椒。这就是墨西哥的“奇特品（Tepin）”辣椒，它是所有人类驯化的辣椒品种中最古老的祖先，现在全世界食用的辣椒，绝大部分都是这款辣椒培育的变种。

Tepin辣椒果实小巧，外形滚圆，在土耳其被称为“鸟的眼睛”，原产于美洲，可能是鸟类传播的种子。据测试，Tepin辣椒的辣度在10万SHU左右，属于特辣。

从此，辣椒的灼热感改变了人类的饮食体验，那些平淡的食物因为加了辣椒而瞬间变得与众不同。辣椒有帮助消化的作用，它会刺激唾液系统大量分泌唾液，从而带来大量淀粉酶，酶把淀粉变成人体更容易吸收的葡萄糖。

从那些飞鸟凌空拉下一坨鸟粪开始，人类的味觉从此开启了全新时代。接下来，许多食物的命运都将会被改写。

## 弄巧成拙

### 辣椒的防御武器居然坑了自己

没有一种植物天生就希望自己被吃掉，辣椒也是如此。为了对抗自然界中的各种吃货，辣椒也费尽了心思。它通过千百年的努力，进化出一套完美的防御体系，其中最重要的就是——辣椒素。

哺乳动物接触到辣椒素就会产生强烈的灼热感，这种感觉让人或动物会产生一种错觉：身体受到了伤害。于是，他们就会远离辣椒，辣椒因此保护了自己。

为什么吃下辣椒会有灼烧的感觉呢？原来，几乎所有的哺乳动物体内都有一条被称为“瞬时受体电位”（TRP）的通道，一旦TRP通道感知到辣椒素，就会被激活传递出一种虚假警告信号，这种信号告诉人或动物：你的身体正在以42℃燃烧。人或动物就会本能地出于自我保护而远离辣椒。

辣椒以为有了辣椒素就能拒敌于千里，千防万防却没有防住鸟类。鸟类体内没有TRP通道，所以它们吃下辣椒后并不会感受到灼烧感。开心吃辣的鸟类惊呆了哺乳动物，其实并非鸟类特别能吃辣，而是它们对辣椒素不敏感。鸟类吃辣椒并不咀嚼种子，所以辣椒籽经过鸟类肠胃的一番旅行之后还能完好无损，这才能让辣椒随着鸟粪在全球分散传播。

辣椒进化出厉害的辣椒素，本以为可以靠这个毒辣的功能避免被吃掉，但辣椒万万没想到，人类之所以喜欢吃它，正是由于爱上了辣椒素。辣椒得知真相，应该后悔不已，自己修炼千年的杀人技能，反而成为人类“屠杀”它的理由。真是造化弄椒，弄巧成拙。

早期人类喜欢吃辣椒，一方面是他们遵循祖训，认为吃辣椒的人身体会更加强壮；另一方面，他们也发现辣椒不易腐烂，跟辣椒放在一起保存的食物会受到辣椒的保护不易变质。在科技并不发达的年代，辣度较高的辣椒是一种天然的防腐剂。当时，人们已知道吃不净的食物会导致疾病，甚至引发死亡。而辣椒成为对抗这些疾病的良方，其实通过现代科学，我们可以知道这是辣椒素的功劳。

祖训、防腐剂、药用，这三大因素不断强化辣椒的地位，让人们习惯了辣椒的存在，也开始慢慢适应了辣椒的味道。到了近代，人们开始尝试分离辣椒中的“辣成分”，希望通过化学合成来替代辣椒，这样，即使不种辣椒也能得到这种酷爽的口感。

1876 年，英国化学家约翰从辣椒中提炼出了接近纯净状态的辣味，并将其命名为“辣椒素”。1930 年，美国化学家斯蒂芬联合奥地利化学家施佩特首次制成人工合成辣椒素，从此，辣椒素的分子结构彻底被人类破解，即使不用种植辣椒，也可以用化学合成的方式获得辣味。

## 价值的酝酿

### 哥伦布错把辣椒当胡椒

同许多食物一样，把辣椒带到全世界的依然是那个非常关键的男人——哥伦布。应该说全世界的吃货们都欠哥伦布一笔海淘代购费，他为人们带来了太多的美洲食物。

大家都知道，数学不好的哥伦布一番操作猛如虎，最后到达的陆地其实并不是印度而是美洲，但他坚信那是印度，于是他把美洲的原住民称为“印第安人”，这个错误称呼一直延续用到现在。事实上，那里的人跟印度没有任何关系。

1493 年 1 月，返回西班牙的哥伦布带回了番茄、玉米、烟草等新东西，唯独没有找到国王最想要的香料。当时，只有胡椒、丁香、肉桂、生姜这样的硬通货才有价值，才可以帮助西班牙帝国促进贸易、增加财富。不过，哥伦布却不这么看，他觉得自己还找到了一种另类的香料，一种美洲当地住民家家都有的香料。

美洲当地住民叫这种香料 Aji。哥伦布在日志中写道：“此地盛产 Aji，这是当地人的胡椒，而且我认为比黑胡椒更值钱，因为所有人吃东西都会加入这种调味品，Aji还能够强身健体。”

哥伦布说的Aji，就是当地人爱吃的一种辣椒。直到今天，南美洲人仍把辣椒叫作Aji，哥伦布最后错把辣椒当成“新胡椒”，把Aji称为“pepper”，这个单词本来是表示“胡椒”的，这导致此后几百年的误会，直到现在，胡椒和辣椒依然是同一个单词。

奇怪的是，哥伦布犯下的一系列错误都被保留了下来。比如，他错把美洲当成了印度，于是把“加勒比群岛”称为“西印度群岛”，把美洲原住民误称为“印第安人”，把辣椒当成胡椒，这些说法到今天为止也没有被纠正。

1494年，哥伦布建立了第二个美洲殖民点，并以西班牙女王伊莎贝拉的名字命名。哥伦布深知当地民风剽悍，为预防不测，他修筑了坚固的堡垒和碉堡，留下了一部分西班牙人驻守，然后才启航继续寻找香料和财富。但由于粮食紧缺，“伊莎贝拉”堡垒很快就被当地住民盯上。在一个月黑风高的夜晚，饥饿难耐的当地住民组织了一支突击队，试图攻破堡垒抢劫物资。

当天，4个部落组成的联合突击队向“伊莎贝拉”堡垒发起攻击，堡垒里的西班牙殖民者刚开始还信心满满，他们认为堡垒足够坚固，武器也比当地住民更先进，当地住民的武器基本只有木棒和石块。但西班牙殖民者显然有点大意，他们没想到当地人有一种他们没有见识过的“生化”秘密武器：辣椒粉。

进攻中，当地住民密集地朝堡垒内投掷一种装满粉末、混合了辣椒粉的土灰包。这些土灰包在堡垒上空破开，尘烟四起，弥漫在空气之中变成了“催泪弹”，殖民者瞬间被辣得眼泪直流，失去战斗力。最后，完全看不清东西的殖民者被当地住民打得屁滚尿流，破门而入的当地住民戴着麻布面罩轻松杀光了殖民者，抢走了堡垒内食品仓库中的所有食物。

虽然被洗劫一空，但哥伦布意识到辣椒可能存在巨大商业价值，于是他把辣椒带回了欧洲。欧洲吃货们惊讶地发现，这种新胡椒跟以前的胡椒不同，以前的胡椒只能吃里面的籽儿，新胡椒可以全部吃下去。 但遗憾的是，辣椒来到欧洲后没有被广泛用作食物，因为欧洲人发现这不是真胡椒。所以，辣椒最初并不是用在厨房，而是医疗行业。

欧洲当时掀起了一阵用辣椒治病的旋风。辣椒辛辣的体验感，造成了很多人觉得特别有效的错觉，很多医生都认为它有清新口气、缓解焦虑、帮助消化、通肠顺气的功效。

当时，欧洲另外一个强国葡萄牙的冒险者也发现了辣椒，他们同样把辣椒带回到自己的国家种植，但依然没有放上餐桌。在很长一段时间内，葡萄牙贵族都把辣椒种植在庭院中作为景观植物，等到结出灯笼形果实后，贵族们便会邀请朋友来观赏。

但英雄终归是英雄，即使它不得不暂时靠脸吃饭。辣椒已经开始在欧洲逐渐普及，这意味着一场统治人们味蕾的“风暴”正在悄然酝酿。

## 横扫世界

### 辣椒反向驯服人类

随着大航海时代来临，葡萄牙、荷兰、西班牙等国家轮流登场。在这风起云涌的时代，辣椒的命运也随着这些帝国的野心跌宕起伏。

辣椒适应能力强，易于种植，方便存储，更重要的是它强烈的刺激性口感让吃过的人无法忘怀。这些人很难再回到寡淡无味的饭菜，时间一长，辣瘾在心中落地生根，常常跃跃欲试、伺机而动。

辣椒的传播速度惊人，没有任何一种食物能像辣椒这样快速、无差别地征服全球。它生在美洲，很快就征服了欧洲，横扫亚洲、非洲，最后快速成为亚洲烹饪界毫无争议的王者。

据统计，现在全球至少 40%的人都将辣椒列入日常菜谱，其地位之高是其他任何香料都无法比拟的。

欧洲是大航海时代的起点，是哥伦布、麦哲伦的故乡，辣椒在欧洲盛行是自然而然的事，但辣椒是如何征服其他地方的呢？

先说非洲。一提到非洲，人们第一反应都是当时罪恶的奴隶买卖，以及黑三角贸易圈。随着欧洲的奴隶商人到达非洲，辣椒也被带到那里。辣椒跨越海洋来到了非洲广袤的土地，也不可避免地参与罪恶的奴隶交易链条。

葡萄牙奴隶贩子在交易奴隶的时候，除了用白兰地作为货币，还喜欢用辣椒代替现金支付。辣椒是葡萄牙殖民者每日生活的必需品，又因为非洲当地并未种植辣椒，所以辣椒数量有限。当然，作为货币的辣椒一定得是干辣椒，而不是新鲜辣椒，因为新鲜辣椒会腐烂。

奴隶贸易持续了几百年，辣椒也这样在非洲传播了几百年。非洲人开始逐渐接受了这种外地的特殊香料。现在，非洲有种类繁多的辣椒和食品，饭店、餐馆中有大量辣度不同的辣椒酱，非洲人对辣椒的酷爱一点也不弱于中国人。

在非洲吃货眼里，哈瓦那辣椒、苏格兰帽辣椒、鸟眼辣椒、印度魔鬼椒都是非常好吃的辣椒品种，虽然种类各有不同，但他们对辣椒的要求却是一样，那就是必须够辣。

最先发明蔗糖的印度吃货们也终于等来了辣椒。葡萄牙最先把辣椒带到印度的果阿地区，那里如今是印度最富裕的一个邦，以优质的海滩闻名，每年吸引着几十万名国内外游客，现在依然是印度最喜欢辣椒的一个地区。

印度是胡椒的原产地，所以胡椒一直是当地餐饮中的“扛把子”，但自从辣椒进入印度之后，在辛辣味道领域，胡椒渐渐失去了王者之位，继而被更劲道的辣椒取代，因为辣椒的辛辣味道更显著，也更能让人有爽快的体验感。

价格可以改变人类的行为，辣椒在印度取代胡椒，除了辣味更劲道之外，还有经济价值方面的考量。

辣椒更易种植，价格也更低。换句话说，辣椒的性价比更高。在印度人熟悉了辣椒的种植方式之后，辣椒开始迅速超越胡椒成为平民阶层物美价廉的调料，比起胡椒、丁香等价格较贵的调料，它是一般底层百姓可以天天消费的调味料。

辣椒为印度吃货们打开了一道新的美食大门，从此印度人的食谱中多了一种他们从未体验过的刺激，而且还是一种无法令人忘记的体验。他们在恒河边吃完一碗辣椒酱拌饭之后，就再也无法忘怀这种味道。

当然，泰国也没有逃过辣椒的扫荡。葡萄牙人为泰国带去了辣椒。辣椒在泰国大面积种植，以势如破竹之势俘虏泰国吃货，迅速成为泰国当地穷人必不可少的调料。在泰国家庭中，瓶装辣椒酱是当地烹饪料理的常年必备品，无论是炒面条还是烧热菜，他们都会上习惯性浇一大勺辣椒酱。特别是泰国的“辣椒鱼酱”，简直是泰国美食中必不可少的精华。

全世界的人开始反思，这到底是人类驯化了辣椒，还是辣椒驯化了人类？如果再思考一步就会知道答案：辣椒可以离得开人类，但人类已经离不开辣椒了。

## 征服西南
### 为何是云、贵、川称霸中国辣坛?

黄帝是中国古代部落联盟首领，排名五帝之首，炎帝、黄帝联手在涿鹿大败蚩尤，被合称“炎黄”，中国人认为他们是华夏文明始祖，称自己为“炎黄子孙”。

黄帝既会打仗，又会写书，他留下一本神秘莫测的大健康产业指导书籍——《黄帝内经》，在书中详细描述了中国吃货的分布和饮食习惯：“东方之域……其民食鱼而嗜咸”；“西方者，金玉之域……其民华食而脂肥”；“北方者……其民乐野处而乳食”；“南方者……其民嗜酸而食腐”；“中央者……其民食杂而不劳”。意思是：东部喜欢吃海鲜，而口味偏咸；西部人吃肥腻食品；北方游牧民族喜欢乳制品；南方人爱吃酸食、腐食；而中原人则爱吃杂食。

是不是没看到中国人爱吃辣的描述？当然没有，此时距离辣椒进入中国还有1000多年时间。那时候的四川人既没有火锅，也没有麻辣烫，既没有钵钵鸡，也没有冒菜，拥有的不过是寡淡的回锅肉而已。

东晋史学家常璩在《华阳国志·蜀志》中描述秦汉时期的四川人“尚滋味”“好辛香”，这是对四川人口味较早的描述，当然这里的“辛”不是指辣椒，因为当时辣椒还没有传入中国。在辣椒传入中国之前，辛辣调料是指花椒、生姜、茱萸，它们构成中国民间三大主要辛辣调料。特别是茱萸，人们现在仅仅记得“遥知兄弟登高处，遍插茱萸少一人”的诗句，却忘记了它最初的功能是调料。

那么，辣椒是何时才登上中国吃货的餐桌的呢？

我国关于辣椒的最早记载出现在明朝。万历年间，高濂所著一本名叫《遵生八笺》的书中有关于辣椒的记载：“番椒，丛生，白花，子俨秃笔头，味辣，色红，甚可观”[1]，文中的“番椒”就是辣椒。

随便说一句，一个有修养的吃货，应该学会从食材名称看出该食材的家族历史背景。如果一种食材带“胡”字，那么它应该是在两汉、南北朝传入中原，基本是“海淘小王子”张骞小哥带回来的。这时从西域游牧民族传过来的东西都会冠以“胡”字，比如胡桃、胡蒜（大蒜）、胡瓜（黄瓜）、胡豆（蚕豆）等。如果食材名字带有“番”字，那么它应该是唐、宋、元、明时期传入中国的，比如番茄、番石榴、番木瓜、番薯（红薯）、番椒（辣椒）等。如果名字带有“洋”字，那么它基本是清朝才进入中国的。清朝时期，国外大量食物进入中国，清朝觉得用番、胡字眼称呼对外邦不太礼貌，于是就改为“洋”字，所以清朝称呼外国人为“洋人”，很多食物也带有这个字，如洋葱等。

辣椒进入中国，依然得益于哥伦布大交换。当时，西班牙人与明朝商人在菲律宾海湾进行“大帆船交易”，辣椒也从此渠道进入中国。

辣椒最先进入的是离海最近的江浙地区，但辣椒剧烈的刺激味道与江浙地区温和的饮食习惯并不匹配。自古以来，江浙人的口味都偏淡，并不太喜欢食用刺激性很强的辣椒，因此辣椒刚进入时并未登上江浙人的餐桌。走了和在葡萄牙一样的路线：靠脸吃饭。

跟葡萄牙人一样，江浙人把辣椒当成一种景观植物，种植在花盆里，放在家中作为观赏之用，而且它在中国比在葡萄牙的地位还高，不但作为贵族景观，还有很多诗人写诗赞美它，给它起了一系列“高大上”的名字，比如凌霄花、含笑花、情要来、红葵花。

---

① 此条出自弦雪居重订翻刻本《遵生八笺》，出自崇祯年间，万历十九年（1591）雅尚斋刻本《遵生八笺》则无“番椒”这一句。但王象晋《群芳谱》蔬谱卷一记载：“番椒，亦名秦椒。白花，子如秃笔头，色红鲜可观，味甚辣。子种。”该书编写于万历四十二年至天启年间（1614—1621），似为最早关于辣椒的记载。——编者注

辣椒历经艰辛到达中国后，居然达到此生的最高光时刻，摆放在富贵人家的重要位置，与蜡梅、牡丹等观赏花并驾齐驱，享受文人骚客的斐然文采。辣椒终于松了一口气，华夏民族如此友好，那就好好住下吧。但它还是高兴得太早，不久之后，它遇到了强劲的对手——湖南人。这彻底改变了辣椒在中国的定位，也让它作为观赏植物的颜值偶像命运就此终结。

康熙六十年（1721）编成的《思州府志》记录："海椒，俗名辣火，土苗用以代盐"。思州是贵州的古地名，贵州应该是中国最早吃辣地区。这是中国现存最早的食用辣椒记录，所以"老干妈"辣椒酱起源于贵州也就再正常不过了。

湖南、云南逐渐成为中国的食辣主要根据地。辣椒之所以能够快速征服湖南、云南、贵州，其实背后有经济原理和逻辑。

当时湖南、云南、贵州经济相对落后，食盐被官府垄断所以盐价较高，当地百姓均以辣椒替代食盐，增进食欲、帮助下饭，而且辣椒还可以自己种植，这种自给自足、几乎零成本的调味品成为当地人的不二选择。而且，湖南、云南、贵州地区气候温湿，也特别适合辣椒生长。辣椒适应性比粮食更强，不但可以自己食用，还可以卖钱贴补家用。当时中医也认为辣椒有祛湿、发汗的功效，所以市场一直存在。

辣椒快速征服湖南、云南、贵州人之后，开始计划征服地球上最后一个特能吃辣的群族——四川人。

四川是清代重要的盐、糖产地，四川自贡的岩盐跟普通海盐不同，是从地下几百米的深井中抽取地下盐矿精炼成盐。川菜本来是偏甜的风格，自从辣椒到来之后，一切就发生了大逆转，辣椒以迅雷不及掩耳之势横扫四川。

天府之国，蜀人一见辣椒两倾心。

四川人嗜辣的习惯开始养成，一切就都再也回不去了。那种干柴烈火的相遇让四川人欲罢不能，他们忽然厌倦了甜食，到处疯狂找辣椒吃。辣椒也被吓坏了，心想还不如待在贵州呢。

为了一年四季都可以随时吃到辣椒，四川吃货们开始大开脑洞，对辣椒进行了千奇百怪的开发：泡海椒、糟辣椒、辣子酱、干辣椒、辣椒面、油辣子、辣椒糖等。清朝徐心余《蜀游闻见录》记录了四川人对辣的嗜好："惟川人食椒，须择其极辣者，且每饭每菜，非辣不可。"意思是：四川人吃辣椒，喜欢选择最辣的吃，而且顿顿吃饭都非吃辣不可。所以，就有了吃货界的江湖传言，说四川人的吃辣有三重境界：不怕辣、辣不怕、怕不辣。

## 辣为何上瘾

### 辣椒巧妙利用人类弱点

是人类驯服了辣椒，还是辣椒征服了人类？虽然争论这个问题已毫无意义，但辣椒驯化人类味蕾的趋势不可逆转。中国各大城市的川菜馆、湘菜馆比例正在逐步扩大，现代人类的口味在辣椒的改造下，被迫卷入了一个巨大的进化旋涡之中。

人们曾因为辣椒可以强身、治病、驱虫而喜欢辣椒，但现代科学研究表明，辣椒除了含有丰富的维生素C之外，其实并没有太多医用功效。现代人明知道辣椒没有医用功效，依然喜欢辣椒。这其实是因为人们更喜欢被灼烧疼痛的感觉，这种感觉还会上瘾。前文讲过，如果一种商品让人上瘾而对身体又没有危害，这种商品就是符合经济规律的完美商品。

辣椒给食用者的口腔乃至整个身体都留下了火辣的痛感，能够一瞬间使味蕾得到满足，对身体造成剧烈的疼痛刺激，可以改变进食者的精神状态。

如今，全球吃辣人群已经达到30亿人，辣椒全球交易额已经超过4000亿美元，跟辣相关的产业超过万亿美元，数以亿计的人愿意持续为这样的疼痛感买单。

美国宾夕法尼亚大学心理学名誉教授保罗·罗津提出了“良性自虐”理论，用来解释为何有人会做一些可能让身体感受到威胁的事情，自己却非常享受，比如胆小者非常喜欢看恐怖片、坐惊险刺激的过山车、尝试特辣无比的食物等行为。

因为这些行为能使人体作出强烈的反馈，从而激发身体“享受痛苦”的活力、释放压力，看上去过程非常虐人，但完成后会有非常酸爽的感觉，所以，它能促使人类沉迷于一次次“自虐”。比如，跑步会让人浑身酸痛，但是锻炼结束之后的酸爽感让很多人非常享受。吃辣椒时，嘴里感到无比灼热，有一种快被辣椒“烧死”的疼痛感，但吃完后大汗淋漓的感觉又特别过瘾。

在反复尝试吃辣的过程中，吃货们发现吃了辣椒后自己并不会死去，还可以滋生一种“劫后余生、身心俱爽”的畅快和痛快感。

保罗·罗津团队的调查还发现，生活中存在很多类似的现象：54.5%的人喜欢辛辣食物，23.4%的人喜欢感动流泪的时刻，41.9%的人喜欢悲伤音乐，36.5%的人享受用力按摩的身体疼痛，23.2%的人喜欢看血腥暴力的电影，19%的人喜欢捏粉刺、挤痘痘的疼痛和爽快感，17.4%的人喜欢臭奶酪、臭豆腐、臭鳜鱼等刺激味道。

是不是觉得似曾相识？也许上面的数据里就有你的爱好。人类是一种很奇怪的生物，而吃货则是人类中更特殊的存在，他们在不断寻找痛苦的“自虐”过程中感知快乐。一位心理学家说：“疼痛会让你享受当下，忘记那些抽象的、更高层次的思考。”

好莱坞电影《天气预报员》里有句很有名的台词：“成年人的生活里，没有容易两个字。”这道出了成年人普遍面临的生活压力，而“良性自虐”可以给成年人带来不错的暂时享受，从而释放生活的压力。

这不是偶然，而是人类生物进化中的常见现象。遭遇极度痛苦，反而可以刺激人体释放一种“快乐素”来补偿身体：

身体：太痛苦，受不了，快死了。

大脑：你要保重，我还得靠你支撑呢。

身体：吃货主人太作，天天吃辣椒、强力按摩、坐过山车。

大脑：那确实，太吓人了，我都不敢看。

身体：我好痛苦，帮帮我。

大脑：我给你一些快乐素补偿你吧。

身体：什么快乐素？

大脑：内啡肽。

辣椒素是一种含有香草酰胺的生物碱。吃货们大快朵颐辣椒之时，辣椒素与感觉神经元的香草素受体亚型I结合，会传递给大脑一种“疼痛灼烧”信号，大脑感受到疼痛信号后，就会自然开启缓解防御机制，释放一种名叫“内啡肽”的神经递质来缓解疼痛，所以可以让人有一种欣快的感觉，越吃越爽，越吃越想吃。

内啡肽的作用类似吗啡，适用于缓解疼痛和释放身体压力，有助于缓解焦虑和抑郁，除了可以减轻疼痛感，还能促进人体的愉悦感、调节食欲、释放性激素、增强免疫力。也就是说，正是疼痛、酸爽等身体痛苦的到来，让身体释放出内啡肽来防御，从而让人感受到了快乐，所以，“痛并快乐着”听起来似乎有科学理论支持。生活中，比如在跑步的时候会出现肌肉疼痛、全身酸软、极度疲劳的反应，身体对此作出的判断是跑步过程痛苦而且危险，于是，大脑会及时站出来分步骤给予补偿：

首先，它会释放出内啡肽，以此来缓解痛苦、分散压力，让人感受到愉悦。

其次，它会释放内源性大麻素，促使人感受到更多的欣快感和兴奋感。

最后，还会释放肾上腺素和去甲肾上腺素，这两种物质也会给人带来强烈的愉悦感。

所以，原本让人觉得非常劳累的跑步活动，被大脑这么一逆向补偿，瞬间变成一件让人非常愉悦的事情。这个过程不断循环，就能让人一直享受挑战自我、享受痛苦带来的愉悦，很多人最后对跑步上瘾，其实就是这个原理。

如果说多巴胺让人感觉到幸福，那么内啡肽就能让人快乐、放松、释放压力。既然吃辣可以激发身体的逆向补偿机制，最后让人感到如此爽，那为啥还有人不愿意吃辣椒，或者根本就不能吃辣呢?

这跟每个人的身体感知有关系。虽然每个人都知道吃辣椒带来的灼烧感不会对身体有真正的伤害，但在享受和难以忍受的辣度中间，每个人都有一个临界点。在不断的尝试中，身体会自然帮忙选择出“良性受虐”的最佳点。所以，有的人特别能吃辣，有的人不太能吃辣，有的人开始不能吃辣，逐渐变得能吃辣。但是，也有人一点辣都不能吃，这是为什么呢?难道他们不愿意享受由痛苦带来的快乐吗?

这其实跟他们的潜意识有关，他们觉得辣会带来伤害。也就是说，他们潜意识里觉得辣椒一定会伤害自己，所以，等不到大脑来补偿，就放弃了吃辣。

很多吃货不断挑战自己能承受的新辣度，在考验自己意志力的同时，也让自己对于痛苦的掌控力不断加强。当然，他们也会得到更多的逆向补偿。

吃货们会沉迷于这种痛苦带来的快乐，不断尝试各种辣椒组合，从另外一个角度来说，这就是你的辣瘾越来越大了。

## 称霸的逻辑

### 经济学成为辣椒驯服人类的“帮凶”

为何辣椒在其他国家的普及进展缓慢，而在中国的扩散速度却异常惊人呢？是中国人天生对辣椒一见钟情吗？当然不是，辣椒在中国快速普及的原因其实有经济背景。

自明清开始，中国的国力就开始逐渐衰落，百姓生活水平快速下降。历史中的康乾盛世，其实是一个“饥饿的盛世”。根据数据统计，康乾盛世时期，中国的人均产粮达到了秦朝之后的历史最低水平，大部分人都处于吃不饱的状态。所以，盛世都是那些老爷们的，百姓的生活都异常艰苦。山西的《孝义县志》记录康乾时期“良辰佳节七八口之家割肉不过一二斤，和以杂菜面粉淆乱一炊，平日则滚汤粗粝而已”，百姓只有过节才能吃肉，平时都吃粗糠和杂菜而已。

到了民国时期，中国内忧外患加剧，肉类食品更是属于奢侈品。

大多数民众连基本的米、面都很难保证，以杂粮、野菜为主要食物，一旦受到恶劣气候影响，就不得不吃树根、树皮、野菜、草根，饿死的百姓数量连年上升。主粮极度匮乏，杂粮、野菜口感又极差，要想下咽这些粗糙的食物，必须有好的下饭菜。于是，咸肉、腌菜、酱菜等下饭菜得到极大发展，因为主食粗糙，所以下饭的食物必须足够重口味才能抵消主食难吃的口感。

如何才能达到重口味呢？

最容易做到的就是在菜里多加盐，用高咸来达到重口味。但中国很多地方根本不产盐，盐当时由朝廷垄断经营，价格较高，加太多盐会导致菜的成本升高。于是，人们开始用酸、辣来提升口感。极度辛辣也可以达到重口味效果，而且成本不高，普通人家也能消费得起，所以辣椒成为首选，重口味的辣椒特别适合下饭。而且，辣椒价格便宜，因为其种植难度低，既不挑气候、也不挑土壤，农民大都可以自己种植，于是，物美价廉的辣椒迅速传播开来。当然，只有普通百姓倾向于这种重口味的下饭菜，家庭富裕的群体和富足的江浙地区人民则不屑于爱好这样的“低贱食品”，他们有自己的贵族爱好。

经济决定口味，口味影响性格文化。经济发达的江浙地区贵族的口味偏于清淡，以甜、香、润为主，性格以温婉为主，所以，即使辣椒先从江浙地区登陆，最后也未能攻破鱼米之乡的堡垒。

同样，英国是当年的欧洲强国，欧洲人认为蔗糖是贵族食品，所以糖成为一种身份象征，欧洲人以甜食为主，即使是现在，欧洲菜还是甜得让人无法下口。

中国台湾地区饮食也分为两个派别。台湾日据时期，清淡的饮食文化影响甚大。国民党退败台湾后，带去了甜食文化，最后两个派别相互渗透和糅合，产生了现代台湾独特的饮食习惯。

中国喜欢辣椒的地方，曾经都是经济落后地区。辣椒伴随人们度过了那些吃糠咽菜的日子，为平淡的食物增加了无穷滋味。现在，辣椒几乎占领了全国所有城市和大多数餐厅，即使是肯德基、麦当劳这样的国外快餐厅，也少不了跟辣椒相关的食品。

中国的辣味在全国普及的时间并不长，甚至只是近 40 年的事，也就是说，辣椒从湖南、贵州、四川快速流行到全国，是 1980 年之后发生的。这个时间刚好跟中国的改革开放同步。1978 年 12 月 18 日，中共十一届三中全会召开，会议重新确立“解放思想、实事求是”的改革开放思想路线，作出了“决定当代中国命运的关键抉择”。伴随着改革开放，中国发生了当代全球最大规模的人口迁徙。中国的城市化进程进一步加快，城镇化率从 1978 年的 17.92%剧增到 2021 年的 64.72%。

人口的迁移必定会带来饮食文化的交融和变化。就像当年土豆病期间爱尔兰难民也把爱尔兰文化带到美国一样，中国的传统地域饮食文化格局被打破，不但食客在快速流动，厨师也随之流动，他们把自己的家乡菜带到了各个城市。

其中，四川、湖南等地是当年的外出务工大省，这些地方大量的务工人员来到长三角、珠三角等经济发达地区务工。这些爱辣的人难以适应当地清淡、偏甜的饮食，很多厨师也看到了商机，纷纷来这些地方开起了川菜馆、湘菜馆，以满足外来务工者的食辣需求。

零散、碎片化的辣椒餐饮最终逐渐连成一片，形成了横扫全国的辛辣川湘菜产业，不但满足了在外省务工的川湘籍人员，还开始渗透到当地人群中。辣椒的神奇之处就在于吃货会对辣上瘾，只要前几次能扛过来，基本最终都会爱上辣椒。

现在，所有经济发达城市，几乎无一例外都受到了辣味饮食的冲击，本地传统饮食也受到了严峻挑战。为什么是辣味川湘菜挑战所有饮食，而不是也有很多务工人员的其他大省的菜系，比如东北菜、河南菜、安徽菜？

这背后依然是经济学的助力，相信大家都有同样感受。辣味菜肴较之于其他菜肴要更加经济实惠，这是支撑辣味流行的一个重要因素。辣味菜以极高的性价比一路攻城略地，所向披靡。江浙菜、鲁菜、粤菜，以及日本料理等外国菜一般价格较贵，人均消费较高，他们占据了高端餐饮。而川菜、湘菜、云贵菜、湖北菜等传统辣味菜则物美价廉，极具性价比。当然，还有一些价格较低的菜系，如江西菜、东北菜、新疆菜、西北菜等，但它们风格比较单一，缺乏显著特色，未能构成系统性产品，所以覆盖人群有限，传播速度较慢。比如东北菜，大部分以饺子作为招牌，造成人们误认为其产品单一。再比如西北菜，人们的印象就是面食，比如甘肃兰州一带，人们几乎认为只有牛肉面和手抓羊肉。而人们对新疆菜的感知则是烧烤和面馆结合，很难成为招待客人的正餐选择。江西菜则大都是以瓦罐汤来吸引消费者。这些特征比较单一的菜系，很难大面积攻占市场。

川菜、湘菜之所以崛起，不单是因为价格便宜，辣椒刺激味蕾，更重要的是有一套完整的菜品体系，品类非常丰富，且没有给人留下不健康的印象，比如西北菜和新疆菜，大多数都市人群担心肥胖，对面食和烧烤有些望而却步。

为什么在欧洲非常受欢迎的甜食却没能在中国流行呢？

中国早期，购买白糖需要配额，且价格比较高，普通人很难有机会买到。中国在改革开放之前，只有经济发达地区才能毫无压力地消费白糖，所以，江浙沪、香港一带发达地区更爱吃甜食。欧洲是近代最先发展的区域，所以甜食在欧洲处于主导地位。也就是说，甜味并非中国传统平民饮食的味觉特征。现在白糖非常便宜，但中国人长期形成的味觉习惯很难在短期内改过来，而且辣椒强大的刺激感已经攻陷了大多数中国人的味蕾，白糖几乎很难再有机会夺回位置了。

现在，辣味、咸味、酸味三大主力共同构成中国特色的重口味。不仅正餐如此，即使是小吃和零食，这三种味道的搭配也几乎占据主流，比如咸花生、辣豆干、酸鸡爪、咸瓜子、辣条等。特别是辣味零食，它们能够促进唾液分泌、增进食欲，使吃货有种“根本停不下来”的感觉。湖南辣条几乎就是辣味零食的代表，河南的“卫龙”辣条最近几年风靡全国，在全国吃货们的一手推动下，“卫龙”于 2022 年在香港成功上市。

曾经是底层人民喜欢的辣味，现在正成为整个中国的主流口味。辣椒几乎占领了中国八大菜系的每个角落，辣椒在餐饮界有今天的成就，其核心是商业利润最大化诉求。

辣椒具有商业化食材的所有优点：价格便宜，味觉特征强，具有成瘾性。有辣椒含有维生素C等科学结论作支撑，且没有“吃辣会变胖”等不利因素的影响，除了一部分人会担心吃多了“上火”之外，辣椒几乎没有什么缺点。

数据显示，全球接近 90% 的消费者愿意尝试辣味主菜、调味品和零食。可见，无论是国内还是国外，“辣”已然成为一种潮流，成为消费者在众多口味中的首选。

与辣椒紧密相关的火锅底料和川味调料也成为火热赛道，市场规模的年复合增长率达到了 15%。预计到 2023 年年底，中国的火锅底料市场规模将突破 700 亿元人民币，除了规模增长迅速，火锅底料的样式也在不断推陈出新，市场涌现出了多种不同辣味的火锅底料，如冬阴功味、咖喱味、韩式酸辣味、番茄味等。

餐饮行业的经营者也在尽力满足吃货们的需求，香辣、麻辣、甜辣、酸辣、特辣、变态辣、飞天辣等层出不穷，麻辣烫、麻婆豆腐、小龙虾、钵钵鸡等传统麻辣食品大行其道，与辣椒相关的经济产业在全球已突破万亿美元，辣椒一举成为最具经济价值的蔬菜。

以 2019 年为例，我国仅仅麻辣小龙虾一项产业总产值就高达 4110 亿元，而 2019 年全国电影总票房约 642 亿元，意味着全国的导演、编剧、演员、影院一群专业人士忙碌一年，也只顶得上小龙虾产值的 16%而已，这结果出乎了很多人的意料。

现在，中国已成为当之无愧的世界第一大新鲜辣椒出产国。中国辣椒种植面积已经超过 2000 万亩，占全国蔬菜种植面积的 10%，占世界辣椒种植面积的 35%。其产量占全球辣椒总产量的 48%，辣椒经济总产值超过 1000 亿元，产值和效益位居蔬菜作物类第一。

现在，辣椒已经成为人类无法离开的食物，拥有 30 亿粉丝。在数以万计的食材中，辣椒以经济学为武器脱颖而出，在物质缺乏的关键时期成功驯化人类的味蕾。

**辣椒，这种 6000 年前默默生长在巴西塞拉多草原的低矮植物，历经了千山万水的颠沛流离，到如今圈粉无数，也算是一个相当完美的结局。**

## 第十二章

# 吃货的未来

爽口物多终作疾，快心事过必为殃。

——宋　邵雍《仁者吟》

2022 年 11 月 15 日，联合国宣布全球人口数量达到 80 亿，世界人口进入一个新的发展阶段。

100 万年前，人类迁出非洲的时候不过 100 万人，其后相当漫长的一段时间内人口增长极其缓慢。人口飞速增长是近代才发生的事情，人类曾用 20 万年的时间发展到 10 亿人口，而近代仅仅用了 200 多年就发展到了 80 亿人。

一切都变得越来越快。

从 40 亿人翻倍到 80 亿人，人类只用了短短 47 年时间，联合国《世界人口展望 2022》报告预测人口的增长仍将持续，但增长速度将会放缓，到 2080 年全球人口会达到 104 亿人的顶峰，并维持这个数量到 2100 年。

## 天使魔鬼

### 发明化肥和毒气战的居然是同一人

人口增长最快的是 1900—2000 年的 100 年间。快速增长的人口需要更多粮食，而肥料则是粮食增产的重要因素。20 世纪初，农民们发现动物的粪便可以用作肥料，于是，人类在全球范围内开启了一波“全民找屎”运动。不久后，“找屎运动”有了较大收获，有人发现位于秘鲁海岸线 13 英里外的钦查群岛存在大量鸟粪。这个岛屿千万年来一直无人居住，密集栖息着鲣鸟、鸬鹚、鹈鹕等极具攻击性的海鸟，洋流将海洋底部的浮游植物不断卷上岸，给鸟类带来了丰富的营养。随着时间的推移，鸟类粪便不断积累，等到人们发现这个海岛时，鸟粪已经在海岛表面累积了足足 50 米厚。

秘鲁钦查群岛上鸟粪的丰富程度超出人们的预期。人们从未想到鸟粪可以如此之厚，平均厚度足足相当于 20 层楼房的高度。科学家的分析结果显示，钦查群岛的鸟粪氮含量为 11%~17%，这是相当高的含量，如若使用不当，将会烧坏植物的根系。

虽然秘鲁的鸟粪是优质肥料，但经过上千年的累积、发酵、沉淀，这些鸟粪的坚硬程度与石头接近，开采难度超过采石作业。因为在开采鸟粪的过程中会散发出臭气，这些气体不但闻起来难以忍受，而且具有极强的毒性，会造成开采者中毒昏迷，严重者会当场死亡。

19 世纪 30 年代，秘鲁钦查群岛的鸟粪陆续被船只运到欧洲。德国化学家尤斯图斯·冯·李比希对鸟粪的样本进行了化验，然后写出了当时轰动一时的论文——《化学在农业和生理学上的应用》。

这篇论文迅速被翻译成多种语言传播到全球。在论文中，李比希对鸟粪中的氮含量推崇之至。他认为，氮元素对植物的生长有着非常重要的作用，给植物施加氮肥可以让作物产量翻倍，而廉价、现成的动物粪便就是非常好的天然氮肥。

在李比希对鸟粪进行肯定之后，很多经验丰富的欧洲农民马上开始竞相购买鸟粪。我们知道供给和需求决定产品价格，鸟粪的价值被肯定后，采购鸟粪的客户翻了好几倍，导致鸟粪的价格随之一路上涨。在接下来的 40 年内，秘鲁出口了大约 1400 万吨鸟粪，获得了大约 1.5 亿英镑的收益，按照购买力相当于今天的 130 亿美元。其中，英国一国在 1845 年一年进口鸟粪就达到 2.2 万吨。

岛上条件艰苦，遍布蝎子、蜘蛛、蜱虫、吸血蝇等昆虫，挖掘鸟粪时散发出来的气味臭气熏天，让人一不小心就会中毒昏迷，而且岛上还缺少饮用水，只能靠轮船运输有限的淡水。

秘鲁政府垄断了岛上的鸟粪开发，颁布法案将鸟粪开采项目国有化。为了节省人工成本，他们往岛上派了无数罪犯、逃兵和奴隶。虽然看似成本低，但这些罪犯、逃兵都不是善茬，他们拉帮结派、互相斗狠，以至于鸟粪没挖多少，群殴倒是天天上演。全靠罪犯挖掘效率很低，而且罪犯人数也有限，于是秘鲁政府开始招聘工人挖掘，但发现几乎很少有人愿意来，即使来到岛上也很快放弃工作，因为这个岛的生存条件太恶劣了。

1849 年，秘鲁政府干脆放弃了垄断，将独家特许经营权授予秘鲁最大的农场主、奴隶主埃利亚斯。

埃利亚斯心狠手辣，拿到项目后挖空心思引进挖粪工人。其中，最残酷、最缺德的方法就是从中国骗工人。他们在福建一带假装招聘工人去美国挖金矿、修铁路，等到这些中国人上船之后，就被强迫签订去秘鲁采鸟粪的协议。

据统计，那时期至少有 10 万中国工人被骗送往秘鲁钦查群岛挖鸟粪。海洋航船条件与当年的黑三角贸易圈奴隶贸易一样艰苦，大约有 20% 的工人中途死亡。即使活着到达海岛，他们每天也要工作 20 个小时，每日必须完成开采 5 吨鸟粪的任务才有饭吃，每周工作 7 天无休息。如果不能完成任务，不但会饿肚子，还会遭到酷刑和惩罚，导致每年都有上百中国工人跳崖自杀。

由于鸟粪一直供不应求，秘鲁的鸟粪不断涨价，这引发了欧洲鸟粪商人的集体抗议，但秘鲁鸟粪资源独一无二，这种供给有限的商品具有不可替代性，天生就具备定价权。

听起来有点尴尬，但欧洲人当时真的是被屎卡住了脖子。欧洲科学家们也看得非常清楚，欧洲要解决吃饭问题，必须自己解决肥料问题。于是，这些科学家们决心要研制出一种人造鸟粪，以替代秘鲁价格昂贵的自然鸟粪。

1909 年 7 月，德国化学家弗里茨·哈伯实现突破，人类吃货的命运由此改写。他成功把氮气和氢气在高温、高压、催化剂下制成了氨气（$NH_3$），这就是“人工固氮哈伯法”，至今仍在使用。

人造氨气凭借空气中的氮气轻而易举就能制造出氮肥。这神奇地解决了肥料问题，哈伯也获得了 1918 年诺贝尔化学奖。氮肥的大量使用彻底解决了人类的吃饭问题，所以，当时人们称哈伯是“在空气中制造面包的人”。

根据科学家测算，如果没有人工化肥，地球的粮食产量充其量只能养活 40 亿人，如果人口持续增加，就会因为食物短缺造成大饥荒，使得人口因而饿死减少，再回归到正常值。人工肥料被广泛使用后，粮食的产量能够养活更多的人。人口数量出现了快速增长。有科学家测算，我们每个人身体中的氮元素有 50% 是来自“哈伯人工固氮法”。致敬哈伯，人类食物的魔法师，吃货眼中神级人物。

当然，天才也可能具有两面性，他曾经拯救世界，但也打开了一个潘多拉魔盒，毁灭了无数家庭。

哈伯是德国人，他一生经历了两次世界大战。为了帮助德国赢得第一次世界大战，他发明了毒气战，德国随后在战争中使用毒气作为武器，其中，氯气战导致盟军伤亡人数是德军的两倍。然后，哈伯持续研制出光气、芥子气，这些耸人听闻的毒气一个比一个毒性强。其中，芥子气被称为“毒气之王”，哈伯也被人称为“化学战之父”。

在两次世界大战中，毒气至少造成了 500 万人伤亡，哈伯为人类创造了食物，又给人类带来了无法磨灭的伤痛和恐惧，因此，哈伯被评价为：一面是天使，另一面是恶魔。

## 拿破仑的悬赏

### 被战争催生出的罐头

黑格尔曾经评价拿破仑：“世界之所以平衡，是因为有上帝的存在，欧洲的天秤之所以保持平衡，是因为有拿破仑，拿破仑就是神的存在。”

这里要谈到的是拿破仑为吃货带来的两件至关重要的东西。第一件是前文中提及的在他的主导下用甜菜提炼出了砂糖，让砂糖价格迅速降低，继而成为寻常百姓家的消费品。第二件则更加具有战略意义，它就是人们都非常熟悉的食品——罐头。

18 世纪末，拿破仑带领大军横扫欧洲大陆，强悍的战斗力让他所向披靡，势如破竹。在拿破仑大规模征战之时，粮食供给成了非常重要且困难的问题。

拿破仑特别擅长闪电战，部队随时随地都可能会来一次“说走就走的旅行”，所以，如何保障数 10 万大军的机动吃饭就成了亟待解决的难题。

1800 年，拿破仑发出悬赏公告，称如果有人能够发明出一种食品保鲜术，便可以获得 1.2 万法郎的奖赏。按照当时普通工人平均月薪 14.5 法郎来计算，这笔赏金相当于一个普通工人 70 年的收入。显然，这笔巨款悬赏具有极大的诱惑力，各地科学家、商人都行动起来，加入这场“保鲜运动”。

法国人尼古拉·阿佩尔在烹调过程中发现一个现象：如果把食物高温煮沸，再放进一个隔绝空气的玻璃容器里保存，就可长时间不变质。然后，他经过反复试验，将牛肉、禽肉等食物分别用沸水煮 30~60 分钟，再放入广口瓶中，用软木和蜡将瓶口密封，最后终于成功发明了世界上第一个玻璃罐头，并于 1810 年拿到了这笔悬赏。

罐头的发明支持了拿破仑的战争，也让普通吃货们欢欣鼓舞。这就意味着食品可以长途运输，全球吃货可以轻松吃到世界任何地方的美食，但这种玻璃罐头存在很多缺点，比如容易破碎、容易透光等，而透光容易让食品变质。

1810 年，英国商人彼得·杜兰德改进了罐头盒材料，使用镀锡铁皮作为罐头盒子，随后他获得了这个专利，这就是俗称的“马口铁”罐头，也就是现代意义上的铁盒罐头。

这种铁盒罐头与玻璃罐头相比，更加便于运输，不易破碎，不透光，食品保存的时间也更长。但这种“马口铁”罐头开始都以手工制造为主，生产效率较低，一个熟练工人一天最多只能生产 40 多只盒子，这个速度显然难以满足世界吃货们对于罐头的需求。

1822 年，马口铁罐头从欧洲传入美国。1846 年，美国机械师亨利·埃文斯埋头一顿研究，研制了一款高效率制罐机器。一个普通工人操作一台制罐机一天能制造 500 多只罐头盒，比手工制造产量提高了 10 倍。

真正让罐头大放异彩的是第二次世界大战。在恶劣的环境下，当年拿破仑面临的后勤食品供应问题又出现在盟军指挥官面前，因此，这种容易运输、便于空投、方便储存的铁盒罐头就显示了其重要作用。

从 1941 年到 1945 年间，美国花费了近 4 亿美元采购午餐肉罐头，以解决在前方作战的士兵的吃饭问题，但由于当时技术水平和食品工业化能力不足，这种午餐肉罐头味道极差，美国士兵称这些罐头为“魔鬼肉”“下水肉”，长期食用这种罐头，给美国士兵内心留下了挥之不去的心理阴影。

有趣的是，铁盒罐头是 1810 年发明的，开罐器直到 1958 年才发明出来，所以，最合适的灵魂伴侣，需要你耐心等待。

罐头是人类极其重要、堪称奇迹的发明，是人类食品工业化的起点，人类从此开启了食品工业化的序幕。罐头启发了人们，原来食品也可以像汽车、床垫一样批量生产，大量存储，长途运输。高温灭菌、工业密封、隔绝空气等技术让食品工业化生产变成可能。

从此以后，人类的食品工业化发展开始加大步伐，今天超市中各色各样、数以亿计的包装食品，都是食品工业化时代的产物。

## 冷冻技术

### 吃货的需求造就了冷链技术

在拿破仑的悬赏下，人们发明了罐头，但吃货们不能一直吃罐头，他们都非常清楚，要想能随时吃到美食，就必须学会保存食材。

从古至今，保存食物都是一个大难题。几千年来，吃货们分别尝试了盐腌、发酵、烟熏、脱水等防腐技术，最后逐渐发现了一个规律：只要隔绝空气，就可以阻止食物腐败。

为了隔绝空气，苏美尔人学会了把食品装进罐子，然后在罐子里灌入大量的油，这样一来，既不需要冷藏，也不用加防腐剂，食物就可以保存好几个月。

17 世纪，安东尼·范·列文虎克发明了显微镜，这个伟大的发明让人们彻底搞懂了食物变质的原因。显微镜能观察到人类肉眼看不到的微生物，食物腐败可能与这些看不见的小东西有关系。

1799 年，科学家拉扎罗·斯帕兰扎尼在显微镜底下观察到了细菌的细胞分裂繁殖活动，原来微生物也会繁殖，随着繁殖速度加快，食物腐败速度也会加快。

接下来，要想办法杀死这些微生物。

刚开始，人们在食物中加入大量硼砂杀灭微生物，然后保存，但硼砂是一种有毒物质，虽然可以杀死微生物，也会损害人类健康，可谓“杀敌一千，自损八百”。

不久后，吃货们经过持续观察发现，温度越低，微生物的活动就越少，只要温度足够低，微生物不但无法活动、繁殖，甚至会被低温杀死，于是低温保鲜法逐渐流行。

经过不断测试，人们发现食物温度必须保持在–5℃以下才能抑制微生物的活性。但事实上，–5℃还不够，因为食物中往往含有水和其他物质，为了保证食物处于绝对冰冻状态，温度必须维持在–18℃以下才长期保存食物。

1806 年，一部分美国波士顿贸易商正在做一笔“大生意”。他们用船去北极搬运冰块，再把巨大的冰块卖给运输商人，他们用冰块来帮助运输食物，以保证食物保持新鲜。

1851 年，第一列使用天然冰块运送食物的货运火车测试成功。他们成功把一整车黄油从纽约运到波士顿。冰块的低温保证了黄油质量，从此开启了史无前例的“冷链物流”时代。

波士顿人惊喜地发现，在冰块的帮助下，虽然经过长途运输，黄油依然保持着新鲜的口感，但由于冰块造价高昂，又是一次性消耗产品，这种方法还没办法得到普及。

1822年，英国著名物理学家法拉第发现二氧化碳、氨、氯等气体在加压条件下会变成液体、压力降低又会变回气体的现象，在由液体变为气体的过程中会吸收大量热量，使周围温度迅速下降。法拉第虽然没有发明冰箱，但他的发现为后人发明压缩机等人工制冷技术提供了理论基础。

1851年，哈里森发明了第一台人工制冷压缩机。哈里森不是科学家，他是澳大利亚《基朗广告报》的老板。他在一次用醚清洗铅字的时候，发现醚涂在金属上有强烈的冷却感。醚是一种低沸点液体，很容易蒸发，还会瞬间吸收周围热量，这一点跟酒精类似。经过研究，哈里森制出了使用醚和冰箱压力泵的冷冻机，并把它应用在澳大利亚维多利亚的一家酿酒厂，供酿酒时制冷降温用，这就是冰箱的雏形。

1873年，德国化学家、工程师冯·林德发明了以氟为制冷剂的工业冰箱，随后他将工业用冰箱加以改进，使之小型化，于1879年制造出了世界上第一台人工制冷的家用冰箱。

1939年，通用电气公司推出“双温”电冰箱，也就是现在大家熟悉的冰箱模式：一部分冷冻，一部分冷藏。这个产品具有真正的划时代意义，重新定义了食物的储存方式。所以，吃货在使用冰箱之时，应该对法拉第、哈里森、冯·林德、通用电气怀有三分感激，正是他们的努力，才让人类今天能在家中自由储存食物。

冷冻技术彻底颠覆了食品行业，它补全了食品工业化的最后一块拼图。从此，新鲜食品与脱水食品一样可以进行长途运输和储存，这意味着食品的生产、加工、供应、储备全部实现了工业化。

随着“Z世代”消费群体崛起，冷冻食品的消费量快速上升。“Z世代”是指“95后”群体，我国数量约为2.6亿人，占总人口的20%。他们更愿意寻求高品质、高颜值、快捷、营养的食品，于是速冻食品、冷冻食品成为这个群体的重要选择。

## 食品工业化浪潮

### 打破食物时间和空间的束缚

食品工业化浪潮开启后，人们开始前赴后继、绞尽脑汁地把食品包装起来，使之能够长期储存，再长途运输到全世界。

吴百福，生于日本殖民时期的台湾地区，自小父母双亡，长大后经营了一家纤维针织品工厂，但不久后第二次世界大战爆发，吴百福的工厂在一起空袭中被炸毁。

1948年，吴百福正式加入日本国籍，改名安藤百福，38岁的他开始尝试经营食品。此时，“二战”已经结束，日本被美国两颗原子弹轰炸，广岛和长崎遭到毁灭性打击。在日本投降后，美国给予了日本大量援助物资，其中数量最多的是小麦面粉，缺乏食物的日本人几乎餐餐皆是面包。但这些面包口感不是太好，作为一个出生在美食云集的中国台湾、福建一带的中国人来说，安藤百福对口味的要求更加高，他更偏向中国传统面食，不喜欢西方人的面包，他一直尝试能够利用美国面粉做出更方便、更好吃的面食。他给自己研究的面食产品设定了几个必要特点：简单便捷、可口、营养卫生，还能在常温下长期存放，而且价格要低，能让普通人消费得起。

他找来一台制面机，日复一日地开始了实验。他本来以为做面食应该并不困难，但实际上并非如此，各种原料之间的配比非常讲究，采用不同流程做出来的面食口感完全不同。

刚开始，安藤百福尝试将咸肉汤和面粉混合在一起，然后进行晒干处理，他认为食用的时候用热水一泡就能出现香浓的面食。但他没想到，咸肉汤中的谷氨酸钠和盐会发生反应，热水泡的时间短了面条不熟，若泡稍微长一点的时间面条又很快就黏成一团，口感全无。

此后的四五年时间里，安藤百福重复了上千次试验，几乎做出了面粉能做的所有形式的面条，效果都不太好，最后泡出来的面条口感很差。事情偶然有了转机，有一天，安藤百福的夫人叫他吃饭。这天夫人做了一道日本常见的美食——天妇罗，这是一种在日本餐桌上非常常见的食品，就是将一些蔬菜、海鲜裹上一层面粉经过快速油炸后捞起，待稍冷后即可食用。

安藤百福看到经过油炸的天妇罗表面有无数密密麻麻的小孔，他瞬间有了灵感：如果把面食先油炸，让它表面形成无数小孔，等待开水浸泡的时候，这些小孔应该可以加速吸水，这就可以减少浸泡时间，让面条快速泡熟。

这一招果然有效，安藤百福的试验终于大获成功。面条经过油炸后，水分会散发，这成功解决了面条保鲜的问题。而且，面条表层会在滚油中形成微小洞眼，加入开水后，这些小孔就会像海绵一样吸入开水，面条很快就会变熟、变柔软，再加上一些调料包混合，普通人也可以快速做出一道味道鲜美的面条。

安藤百福把这种面条的制作方法称为“瞬间热油干燥法”，并且成功申请了专利。安藤百福曾在回忆录中写道：“我开发的方便面是一种只要加入热水就能食用的速食面，食用起来非常方便。当然，此商品的成功需要使其工业化，使之能进行大量生产。”

这就是人们熟悉的方便面，它让无数人在极端条件下能吃到香辣热乎的面条，日本食品界评价其为“具有与拉面不一样的美味，是一款方便的新产品”。

1958年8月25日，安藤百福推出全球第一款方便面——鸡汤拉面。这种方便面便宜、美味、方便、保存时间长，迅速打开了日本市场。不久后，他又推出海鲜风味、牛肉风味的方便面，制作方式和调料不断创新，满足了各种消费者对于口味的需求。

从1961年开始，日本方便面市场迎来黄金时代。据相关数据统计，1961年日本方便面企业为70多家，1963年年底已超过100家，1964年年底至1965年更是一下子增至360家。

1971年，安藤百福又发明了杯装方便面，随即火遍美国等西方国家，风靡全球。方便面被美国人誉为20世纪最伟大的发明之一。安藤百福推出的杯装方便面再一次刷新了消费者认知，纸质碗里，泡面、调料、餐具一应俱全，几乎适合在任何场合食用。全球方便面厂商纷纷开始效仿。

2022年，全球方便面销售数量达到1400亿包。也就是说，全球每人每年平均要食用18包方便面，这是一个非常惊人的数字。其中，中国方便面消费排世界第一，平均每人每年食用27包。

安藤百福的方便面发明历经了各种坎坷，但同样由面粉和水混合而成的另一种食品的成功却充满了偶然，它就是比方便面销量更大、让更多人喜欢的食品工业化的杰出代表——饼干。

19世纪50年代的一天，一艘英国帆船驶入被称为“船员坟墓”的法国西部比斯开湾，帆船遭遇了强风和巨浪，在暴风雨中逐渐失去控制，最终撞上礁石沉没。

幸存下来的部分船员奋力游到一个小岛上。饥肠辘辘的他们在岛上没找到能吃的东西，随后潜入船舱取出船上被海水浸泡的面粉、糖和奶油。他们把被浸泡的面粉、糖和奶油混合在一起，揉成薄饼，贴在岛上的礁石上暴晒。烈日很快把这些薄饼烤熟，他们惊喜地发现，这些烤面饼又松又脆，味道很好。

船员们一个多月后获救回到英国，为了纪念这次脱险，他们在英国用同样的方法烤制了薄煎饼，并用“比斯开湾”为其命名，因此，饼干的英文名就是“biscuit”（比斯开）。

罐头、方便面、饼干，既是食品工业化的奠基产品，也是最成功的食品工业化产品。随着人类食品工业化的蓬勃发展，更新鲜、更健康、口感更丰富的食品被陆续开发出来。

食品加工商人也不甘落后，他们不断突破食品加工的模式，进行跨界创新，把其他行业机械化生产也引到食品行业中，食品行业从此全面采用机械化生产线。19 世纪时，食品商人引入蒸汽机辅助食品加工，20 世纪又快速把电力引了进来。这些用机器生产的食品，无论颜值还是味道都得到了明显改善，它们具有规格化的几何形状，质地和味道完全可控，解决了手工产品不规范、不好看、味道随机性太强等问题。

## 基因工程
### 逆天而行是福是祸?

人口越来越多，食物需求量也越来越大。

2000 年，全球食品工业化逐渐完善，也迎来了第 60 亿个宝宝的诞生。面对全球一路狂奔的人口数量，除了食品工业化，农业生产也需要更多技术加持。

世界的城镇化进程不断加快，城市居民越来越多，而种地的人口越来越少，但写字楼里无法长出小麦，只有形成批量种植、批量生产、批量销售的农业种植工业化模式，才能解决城市的吃饭问题。

最先得到解决的是鸡肉问题。

农场主们为了得到更高的肉鸡产量，开始模仿工业化养殖模式，于是，“笼养肉鸡技术”应运而生，人类开启了集约化、大规模笼养肉鸡时代。

1949 年，科学家研究出生长维生素，让肉鸡的生长速度增快了好几倍。第二年，有人又发明抗生素饲料，解决了一直困扰着农场主的鸡瘟问题，肉鸡养殖场快速增加到 4 万家，工业肉鸡养殖技术彻底解决了吃货们的鸡肉供应问题。

种植粮食的农场主们也在焦虑，他们只有一个愿望：增产、增产，还是增产。

为了提高产量，选种、育种开始成为全球性科研话题。全世界的农业科学家开始投入优良种子的培育，他们采用了杂交技术，不断培育开发出新品种。

科学家深入研究日本矮株小麦、中国台湾小麦、印度尼西亚小麦，希望可以找到不论阳光照射长短，只要有足够肥料，130 天以后就可以成熟收获的小麦品种。

墨西哥的进展最快，他们成功培养出上万种杂交小麦。如今，全球种植的小麦品种大都来自墨西哥。小麦等作物的种子技术得到改良，在人工化肥、杀虫剂、除草剂的进一步加持下，受益最大的美国小麦 25 年间产量翻了一倍多。

对于亚洲国家来说，稻谷是一种比小麦更重要的作物。拥有 14 亿人口的中国，就是一个以大米为主要粮食的国家。

1964 年，中国刚刚经历了三年困难时期，让老百姓吃饱肚子是中国迫在眉睫的难题。袁隆平等杂交水稻专家临危受命，负责攻关生长快速、高产、对土地要求低的杂交水稻。

1973 年，中国的第一代杂交水稻研发成功，随后开始在全国大面积推广。由于杂交水稻亩产比普通水稻高 20% 以上，中国水稻产量随着杂交水稻的推广节节攀升，中国的粮食问题得到彻底解决。2022 年，中国的水稻产量接近 2.2 亿吨。

袁隆平先生发明了“三系法”籼型杂交水稻，成功研究出“二系法”杂交水稻，创建了超级杂交稻技术体系，使中国杂交水稻研究始终居世界领先水平。1999 年，为了表彰袁隆平先生对于农业杂交水稻的贡献，经国际小天体命名委员会批准，由中国科学院北京天文台施密特CCD小行星项目组发现的一颗小行星被命名为“袁隆平星”。

据统计，中国每年消耗 800 亿千克肉类。每千克牛肉、猪肉、鸡肉分别需要的粮食为 5 千克、4 千克、2 千克，所以，中国吃货们每年消耗肉类背后也是巨量的粮食需求。

中国还是白酒消费大国。2022 年，吃货们一共消费了 700 万千克白酒，按照白酒酿造的比例，每千克白酒需要 5 千克粮食来酿造，所以，推杯换盏的白酒产业背后，还是对粮食的需求。当然，稻谷还是米粉、米糕、米线等小吃的主要原料。

1970 年，联合国粮食及农业组织一反数年前的悲观预测，改称地球农业有供应 1570 亿人所需食物的潜能。

世界发展越来越快。人们已无法再满足普通的种子培育方法，开始采用更为极端的方法改良种子，这就是颇具争议的转基因工程。

1983年，生物学家尝试提取一些作物的优秀DNA，然后移植到另一种植物中，于是，这些植物就有了其他植物的优秀新特性，比如个大、味道甜、抗干旱、产量高、抗虫害等特性。再后来，科学家们不仅局限于从植物来提取基因，他们甚至从动物、病毒、细菌、昆虫身上提取优秀DNA，移植到植物身上，让植物瞬间获得同类杂交无法获得的跨物种特性。

这是人类近万年作物栽培史上的一场空前革命。它极大地促进了作物的质量和产量，使农作物进入了超越杂交、超越自然生长的过程。但是，这种逆天操作也引起了无数争论，这种跨物种的基因食品到底有没有危害？

吃货们分成两大阵营，一方认为转基因作物产量高、口感好，值得推广；另一方却认为这样跨物种的巨大改造，可能会让食用者在未来产生无法预知的灾难性后果，甚至会彻底破坏人类基因库。

这些年来，世界各地爆发了上百次“反转基因食品”大游行，人们强烈反对转基因食品，称这种转基因的方式是让“食物殖民化”，会造成普通物种、转基因物种相互杂交，让自然物种灭绝，制造出新的未知生态物种，对大自然产生颠覆性灾难。

人类不断挑战极限，农业工业化、食品工业化发展如火如荼，在科技加持下，人类一次次打破自然规则，触摸伦理道德边缘。这些违反自然的操作，也让人隐隐担心，食物是否会改变人类的基因，最后摧毁人类呢？百年之后再来回望，我们此刻到底做对了什么，又做错了什么呢？没有人知道答案。

## 食物的报复
### 贪婪带给人类的健康灾难

人类的发展速度越来越快，做事也越来越极端。为了提高粮食产量，人们开始大量使用杀虫剂、除草剂，先后发明出DDT、六六六、百草枯等剧毒农药，这些药物致死率高、毒性极强且残留时间长。

据世界卫生组织统计，全世界每年至少会发生50万例农药中毒事件，死亡11.5万人，85%以上的癌症、80余种疾病都与农药残留相关。

2019年5月，旧金山高等法院一个陪审团裁决，孟山都公司的草甘膦除草剂导致用户患上癌症，这也是孟山都被人诟病最多之处，粮食中大量的农药残留导致了癌症病人的快速增多。

人类改造物种、杀害病虫，解决了一些旧问题，却产生了更多新问题，解决了吃饭问题，又把人类带入了更大的健康旋涡。这究竟是掌握了解决世界食物难题的办法，还是制造了更多危机，残害自身呢?

终于，发展越来越快的人类发现了问题，开始慢了下来。人们开始吃“绿色食品”，大量食品标注了“非转基因”，科技一路狂飙，吃货们却开始群体性后撤。

曾经，人类花了上万年来发现糖、研制糖，历经充满血泪和艰辛的黑三角贸易，但很快就发现，糖居然是人类最大的健康杀手，过量食用糖会导致血糖过高，诱发糖尿病，60%的疾病都与糖有关系。糖会诱发包括青光眼、白内障、视神经萎缩、黄斑变性、视网膜脱落、眼底血管瘤、眼底出血、泪囊炎、玻璃体浑浊在内的一系列恶性眼疾。于是，“控糖”成为人们热议的健康话题，“零蔗糖”也成为健康食品宣传的噱头。这说明，人类已经开始警惕糖的危害，人类疯狂追逐了上万年的糖终于彰显出它阴暗的另外一面。

肉类摄入过量便会转化成脂肪，造成血液的酸化、毒化，使人体呈酸性，进而毒害内脏，引发退化性、老化性慢性病。食用肉类过多还会在无形中让人摄入大量动物脂肪和胆固醇，引发冠状动脉硬化、高血压、心脏病和脑卒中等疾病。

于是，以蔬菜、粗粮、水果为主的“轻食”正成为受人欢迎的餐饮方式。在健康面前，人类吃货不得不控制对肉食的贪欲。求生欲终于战胜了食欲，对疾病的恐惧终于挡住了美食的诱惑，他们宁愿吞口水也要控制饮食。

2022 年，来自挪威卑尔根大学的团队开发出一个研究模型，能够判断饮食模式对预期寿命的影响。该研究显示：人类的寿命会随着水果、蔬菜、全谷物、精制谷物、坚果、豆类、鱼、鸡蛋、牛奶、红肉、加工肉类和含糖饮料摄入量的持续变化而发生变化，尤其是应该多吃豆类、全谷物、坚果，少吃肉类。最后，研究人员制订出一种延长寿命的最佳饮食方案：多吃蚕豆、豌豆、小扁豆等豆类，以及燕麦、大麦和糙米等谷物，还有一些坚果，建议大家尽量少吃肉类。

研究人员通过饮食对比，发现年轻人从 20 岁开始转向这个方案，可以使寿命延长 10 年以上；如果晚一点，从 60 岁才开始转变饮食习惯，也可延长 8 年寿命。

一切似乎又回到了原点。

## 健康的吃法

### 如何做一个可持续发展的吃货?

2019年4月，世界著名医学期刊《柳叶刀》发布了全球饮食领域的首个大规模重磅研究，详细剖析了全球195个国家和地区饮食结构造成的死亡率和疾病负担。

《柳叶刀》这项跨度近30年的调查，给出了一个颠覆性结论：全球范围内每年造成上千万人死亡的错误饮食习惯，主要是钠、杂粮、水果的摄入量问题。

2017年，在1000多万人中，因为高钠饮食死亡的有300万人，因为粗粮吃太少而死亡的有300万人，因为水果没吃够而死亡的有200万人。《柳叶刀》还专门谈到了中国的饮食问题，他们得出一个结论：中国因为饮食结构问题造成多发疾病，比如心血管疾病死亡率、癌症死亡率一直居高不下，目前是全球人口数量前20名国家中的第一名。当然，中国人疾病的主要问题还是钠摄入超标、水果和粗粮摄入不足。

《柳叶刀》推荐钠的每人每日摄入量为3克，中国每日人均钠摄入量达到了8克，远超健康剂量；每人每日推荐水果摄入量是250克，中国每日人均水果摄入量只有60克左右；每人每日推荐粗粮摄入量为125克，而中国每日人均粗粮摄入量只达到了30克。

既然看到了问题，那么中国吃货们要解决的问题就简单了。重点可以从三个方面改善：少吃钠盐，多吃水果，多吃粗粮。

首先应该少吃盐。因为饮食中钠的摄入大部分都来自食用盐，做饭少放盐能大大降低钠盐摄入。所以，在购买食材之时，要注意看产品的钠含量，避免烹饪时重复加盐。在烹饪时，还可以用天然有味道的食材去替代食盐，比如用香菇、香菜、白糖、醋、洋葱、酱油等来提味，尽可能减少食盐量，还要少吃快餐、腌制品、凉拌菜等含盐量高的食物。

其次，要多吃水果，而且是坚持每天吃。要以“彩虹水果”为主，也就是吃多种颜色的水果，每天吃的水果颜色越多，摄入的营养成分会越均衡和丰富。《柳叶刀》建议每天至少吃两种及以上水果。当然，吃水果也要选对时间，晚上尽量少吃水果，水果的食用时间以饭后1小时为宜，也不宜空腹吃水果。糖尿病患者食用水果首选西瓜、苹果、猕猴桃等含糖量较低的。

最后，要习惯多吃粗粮。中国人喜欢粳米、白面，但长期大量摄入这种单一的碳水化合物是不健康的，还要适当摄入谷物、杂粮、豆类、薯类等粗粮。当然，年龄不同，粗粮的摄入量也有不同的要求。学龄前儿童每天的粗粮摄入量控制在30克，青少年每天的粗粮摄入量保证在150克，中年人每天的粗粮摄入量控制在100克以内，老年人每天的粗粮摄入量以50克左右的燕麦、薯类、谷物为主。

从豪华丰富的盛宴，到简单朴素的食谱，看起来是个令人沮丧的轮回，人类似乎又回到了原点。

人类用了上万年来研究蔗糖，现在不得不全民控糖；人类曾经欢呼发明了可乐，现在成年人几乎是谈碳酸饮料而色变；人类发明了汉堡，但因为对热量的恐惧又远离了它；中国人创造了八大菜系、数万种美食，但如果想要活得健康，最后还是不得不回归到轻食、淡食、水果和粗粮。

人类利用科技不断圈养牲畜、围海养殖，然后变着法做出各种色香味俱全的菜品，但科学告诉我们：人类的许多疾病就来自摄入过多的热量、脂肪、蛋白。要想保证健康长寿，就必须学会做减法，回到更加传统的吃法，吃更多素菜、豆类、谷物、坚果。

我们拼尽全力所追求的东西，最终成为反噬人类健康的蛊毒。因为饮食带来的上百种病痛正在折磨着人类，这像是一个轮回，也像是造物主对人类开的一个玩笑，更像是千百年被人类食用的食物的报复。

但丁在《神曲》里根据恶行的严重性顺序从轻到重排列了七宗罪，“贪食”赫然在列。

美食和许多事物一样，适量即可，过犹不及。全球吃货们，在享受美食的旅程中，希望你们要学会节制舌尖上的欲望，方可进退有度，幸福一生。

# 后记

一切都变得越来越快。人们正在经历前所未有的食物变化，食品工业化趋势不断加剧，数以亿计的食物被工业制造出来，以满足不断增加的人口需要。根据预测，2200年全球人口将增至200亿人，要养活如此巨量的人口，人类的饮食也将会发生颠覆性革命，你一定非常好奇，食物到底会朝着什么方向演进呢？

下面，让我们一起来预测吃货的未来，看看100多年后的吃货会面对什么样的食物和生活。

**预测1：传统的牲畜养殖业、种植业都将会退化，肉类全部由合成代替**

肉类的生产过程会消耗大量的粮食，且会释放出更多二氧化碳。畜牧业制造了全球20%的温室气体，是排在煤炭等能源燃烧之后的第二大温室气体来源，特别是数量占比较大的牛肉和猪肉，平均每生产1千克牛肉就要排放300千克的二氧化碳，每生产1千克猪肉则会排放100千克的二氧化碳。

因此，未来“植物合成肉”会最先开始流行，这是一种以植物原料为主的人工合成肉。早在2012年，美国别样肉客公司的首款“植物鸡肉条”就已经投产，他们用豌豆蛋白、水、糙米、椰子油、甜菜汁、土豆为原料模仿真实的肉。这种合成肉包含真实肉类的氨基酸、脂类、碳水化合物、矿物质等全部物质，口感、营养与肉类几乎一致。

除此之外，“细胞培养肉”也会成为一种主流，这是人工制造肉的另外一种思路。科学家会提取动物某个部位的细胞进行培育，让它在实验室里进行细胞分裂长大，从而获得一种“真实肉”。比如，人们喜欢吃猪耳朵，科学家就利用猪耳朵上的细胞在实验室培养“生产”成千上万猪耳朵，不必去养整头猪。这种肉类培养的思路被认为更高效、更清洁、更环保、更精准，虽然方法成本很高，但优点是获得的产品是真实肉，而非合成肉。

牛奶等奶制品在未来也不需要养殖奶牛来提供，“植物合成奶”将会替代它，未来的“植物合成奶”以坚果或谷物为原料制成，这类产品优势非常明显：不含动物蛋白成分，适合素食主义者或对动物蛋白过敏的人，而且不含乳糖，对乳糖不耐受者、糖尿病患者或想减肥和控制体重的人来说，简直就是福音，而且微量营养成分可以自由添加，更为科学。

### 预测 2：原料养殖业兴起

未来的科技不断进步，所有食物的构成元素都会被一一破解。人体所需的必要元素清单也会全部被知晓，吃货所需要的肉、蛋、奶、油等食物全部可以由工业化车间合成，而合成食物需要各种基础原料，于是，这些原料的养殖业或将会成为热门行业。

未来的养殖业、种植业主要是为获取合成食物提供原料，而不是直接给人们提供食物。比如，为了获取更高含量的蛋白质，人们可能会大量养殖蟑螂、蛆虫等原料性生物，蟑螂蛋白质含量为 60%~70%，是非常好的原料性生物。因此，蟑螂等现在人们并不喜欢的物种，在未来可能会成为养殖行业的宠儿，从它身上提取的蛋白质将会成为数万种人造食物的核心原料。

还有诸如南极磷虾这类蛋白质含量在20%的浮游生物也会受到重视，极有可能成为未来养殖的热门。南极磷虾营养丰富，不但含有大量的蛋白质，还可以提供维生素A等十几种人体需要的微量元素，而且它跟蟑螂一样，繁殖力惊人，几乎是取之不尽的生物资源。蓝鲸之所以可以成为地球上体积最大的生物，很大一部分原因是磷虾的产量充足，给蓝鲸提供了大量食物。

### 预测3：食品饲料化势不可当

随着传统养殖业的退化，合成肉类软硬合适，且没有骨头、筋之类难以咀嚼的部分。人类的咀嚼能力可能会慢慢减弱，肠胃系统也更适应软质、流质类的软性食物。此刻，吃货分层开始出现，经济能力一般的人群，更倾向于容易消化的、类似糊状的合成食物，这种食物价格便宜，随处可以买到，还能保证人体所需的营养。而消费能力较强的人则有不同要求，不但需要营养全面，还希望能够有颜值，期望食物有多样化的外观和造型，比如，要创造出类似天然乳猪、虾和鱼肉的样子。

因此，“3D打印食物”技术会成为未来食品加工中的流行方式，那些糊状的、饱含营养的食品用3D打印机制作成不同的造型，虽然增加了成本，但在视觉上会感受更好。当然，有更高消费能力的人会选择“细胞培养肉”，虽然价格会更高，但这是一种真实的肉。

### 预测4：化合物香料

曾经，全世界疯狂地前往东方寻找香料，人们对于香料的渴望似乎早已刻在骨子里，但未来香料可能会发生更彻底的变化。

未来香料不再是胡椒、辣椒、八角、茴香、桂皮、香叶、丁香、花椒等植物皮或果实，而是一个个化学分子式。人们破解每一种香料的分子式后，可以在化学实验室里制造出各种香料产品，味道与真实香料并无二致。比如，辣椒的辣味，其实就是辣椒素在发挥作用，科学家已经破解了它的分子式为$C_{18}H_{27}NO_3$，未来还会有各种诸如此类的香料分子式会被一一公布。

在知晓了香料的化学分子式后，人们可以进一步自由配置香料，在未来，还可能出现“香料师”职业，他们能对香料化合物进行进一步配置，从而产生成千上万种新的鸡尾酒式的香料。

是不是看起来非常让人绝望?

未来吃货的生活看起来似乎一点也不美好，但是不必悲观，上述仅仅是人们生活的一种方式而已，那些对食物不讲究、无要求的人们可以用以上方式满足自己的日常生活所需。而那些资深吃货们却完全不一样，他们并不会就此屈服于命运，也不会如同动物一般接受科技的支配与饲养，所有变化都可能会激发他们的原始动力，让他们想尽办法对抗科技对美食体验的削弱。

这些资深吃货们一方面不屑于饲料般的食物和合成肉类，另一方面依然坚持不断探究传统的食物方式，他们坚持人工种植作物、人工自然养殖畜类，致力于还原传统食材。

接下来，我们继续预测，一起看未来资深吃货们会拥有的美好生活。

### 预测5：AI餐饮时代来临

资深吃货们未来再也不用担心到底吃什么健康。AI与大数据的崛起将会彻底解决这个问题，人们的穿戴监控设备将会实时计算身体数据，给出每餐的最佳营养配比。

对于一般人群来说，只需购买食物的各种原料，AI设备会自动根据每个人的身体需求调配出糊状营养品，并加入一些人工合成的香料，最终生成味道和营养都不错的美食，当然，他们也可以购买一台3D食物打印机，打印出喜欢吃的食物的形状。

资深吃货们不会满足于此，他们会采购AI厨房，下载全世界所有的菜谱数据库，AI厨房可以随时根据指令做出大师级菜肴。他们不用像如今一样去外面餐馆排队等候，也不用担心食材质量、操作间卫生状况，AI厨房能一键帮他们做出营养、美味、健康、色香味俱全的佳肴。

### 预测6：定制化基因工程

未来基因工程将会非常发达，根据上百年的大数据积累，AI已经非常清楚人们的口味和喜好，并有针对性地进行基因剪辑和改造。也就是说，未来的基因工程可能会去掉某种食物味道中不好的部分，而保留、强化味道中更好的部分，甚至能增加新味道。

因此，未来所有食物都可能比现在更可口，因为食物的味道都是根据大众口感计算而得出来的。未来大部分食物都是定制化基因工程产品。比如，苦瓜可能保留了清热解毒的功能，但通过基因剪辑去掉苦味，甚至增加软糯的口感，让人极大地满足口感需求的同时，还能够收获它的优点。而且，人们还可以通过蔬菜种植平台定制属于自己的食材，在预售完成后，农场主会根据食客的要求进行针对性种植，比如，某一块地的辣椒被一批四川人预定，农场主在种植的时候，可以进行加辣，到期后收获的辣椒将比其余的辣度更高。

### 预测7：能治病的美食

未来，生病不再像现在一样痛苦，随着科技的发展，科学家们会研发出能代替药物的食物。这种食物既非常美味，又可以预防、治疗疾病。

以食代药成为热门方向，化合物药物虽然效果立竿见影，但一般都存在巨大的副作用。药物美食则可以继承和发扬中医优点。药膳理念将再次被人重视，中医文化也会再次焕发出活力。到时，人们生病后，只需要得到医生的一个食谱，就可以边吃饭边治疗疾病。当然，那时候的药物美食跟今天的保健食品会有很大区别，基因工程将会让药物美食的功能更倾向于治疗疾病，而不是保健。

### 预测 8：彻底摆脱农药残留问题

21 世纪，农药残留给人们造成了巨大灾难，据统计，大部分癌症发病都跟农药残留有关。未来科技进步将给吃货带来福音，农药技术会出现颠覆性革新，人们将会远离农药危害。

一方面，未来的农药会是只针对害虫的专用农药，对人体无害，甚至人类误食也没有伤害。这种农药的普及将让人类逐渐免除农药残留危害。

另一方面，随着基因工程的发展，人们也可以在农作物中加入新基因，新基因会释放出害虫避之不及的味道，从而让作物免受虫害。

吃货改变了世界，世界也会改变吃货。未来，科技和AI时代的到来必将深刻影响人类的生活。生存与发展是人类永恒的两大主题。长期看来，人类无论将来面临什么状况，都会竭尽所能地让生活变得更加美好。